Rolff/Zimmermann · Kindheit im Wandel

Hans-Günter Rolff/Peter Zimmermann

Kindheit im Wandel

Eine Einführung in die Sozialisation im Kindesalter

3. Auflage

Beltz Verlag · Weinheim und Basel

Über die Autoren:

Hans-Günter Rolff, Dr. rer. pol. Dipl.-Soz., geb. 1939, ist Professor für Schulpädagogik und Bildungsplanung an der Universität Dortmund und Leiter des dortigen „Instituts für Schulentwicklungsforschung".

Peter Zimmermann, Dr. paed., Dipl.-Päd., geb. 1950, ist Akademischer Rat im „Institut für Schulentwicklungsforschung" der Universität Dortmund.

Die Deutsche Bibliothek – CIP-Einheitsaufnahme

Rolff, Hans-Günter:
Kindheit im Wandel : eine Einführung in die Sozialisation im Kindesalter / Hans-Günter Rolff ; Peter Zimmermann. – 3., unveränd. Aufl. – Weinheim ; Basel : Beltz, 1993
(Reihe Pädagogik)
ISBN 3-407-34049-4
NE: Zimmermann, Peter:

Überarbeitete Neuausgabe 1990
3., unveränderte Auflage 1993

Lektorat: Peter E. Kalb

Herstellung: Klaus Kaltenberg
Satz: Satz- und Reprotechnik GmbH, Hemsbach
Druck: Druckhaus Beltz, Hemsbach
Umschlagabbildung: Dieter Menne
Umschlaggestaltung: Atelier Warminski, Büdingen
Printed in Germany

ISBN 3 407 34049 4

Inhalt

Teil I
Sozialisation zwischen allseitiger Erfahrung und einseitiger Reduzierung

Teil II
Beschreibung und Analyse des Wandels

Teil I

Sozialisation zwischen allseitiger Erfahrung und einseitiger Reduzierung

Kindheit ist heute anders als je zuvor. Noch zu unserer Generation hatten die Eltern fast alles erlebt, was ein Kind erleben konnte. Aber schon die Generation nach uns machte Erfahrungen, die wir als Kind nicht kannten. Sie sah fern, las bebilderte Zeitungen, telefonierte unbeschränkt und ausgiebig, und sie spielte mit Plastik- oder Elektronikspielen, die eine Spielwarenindustrie für sie herstellte, eine Industrie, die im übrigen auch Kindercassetten, Kinderspeisen und Kindersendungen erzeugte.

Aber heißt das, daß Kindheit heute eine völlig neue Kindheit ist? Schlicht mit Ja beantworten können wir diese Frage nicht. Das Thema „neue Kindheit" ist offenbar verzwickter, als es auf den ersten Blick erscheint. Denn die Redeweise der neuen Kindheit ist wohl sehr populär, aber nicht sehr präzis. So ist ein rechteckiger Fisch oder ein Fischburger verglichen mit dem Fisch im Wasser unnatürlich; aber es handelt sich dennoch nicht einfach um eine völlig neue Art von Fisch. Neue Kindheit heißt auch nicht, daß Erfahrungen spurlos verschwinden, sicher ist nur, daß sie sich verändern.

Forschung zu diesem Thema liegt kaum vor. Nebenbei gesagt wird die Forschung über die Aufzucht von Kälbern besser finanziert als die Forschung über das Aufwachsen von Kindern. Zudem sind die wenigen Forschungsberichte, die wir zu diesem Thema kennen, aus der Sicht von Erwachsenen geschrieben. Es fehlt Kinderforschung aus der Sicht der Kinder, die eine ganz andere sein könnte als die von Erwachsenen. Sicher wissen wir nur, daß Kinder heute mehr konsumieren und in völlig neuartiger Weise in eine Welt technischer Bilder verstrickt sind. Dieses Leben nennen manche mit einer gewissen Plausibilität eine neue Kindheit. Wie dieses Leben im einzelnen aussieht und was das für Erziehung bedeutet, wollen wir im folgenden etwas genauer untersuchen. Eine erste Annäherung versuchen wir, indem wir die Kindheit vor einigen Jahrhunderten mit der heutigen vergleichen.

1 Worum es uns hier geht

Seit Ariès und de Mause wissen wir, daß ein so scheinbar selbstverständlicher Tatbestand wie die „Kindheit“ als bewußt wahrgenommener und auch wahrgemachter prinzipieller Abstand zwischen Erwachsenen und Kindern sich erst langsam im Laufe des 16. Jahrhunderts entwickelte. Kinder gab es natürlich immer, jedoch im Mittelalter beispielsweise war die Lebenssphäre der Kinder von der der Erwachsenen weder räumlich noch kulturell in nennenswerter Weise getrennt. Im sogenannten „Großen Haus“ arbeiteten und spielten Kinder wie Erwachsene. Auch im Äußeren war die Unterschiedslosigkeit sichtbar. Sobald ein Kind den Windeln entwachsen war, wurde es in eine Kleidung gesteckt, die derjenigen der Erwachsenen seines Standes völlig glich. Ohne eine besondere Art pädagogischer Betreuung oder Beeinflussung lernten Kinder, was sie zu ihrem Leben brauchten. Durch Nachahmung und Gewöhnung eigneten sich die Heranwachsenden im Mittelalter die notwendigen Handgriffe und Kenntnisse an, um ein Handwerk auszuüben oder um den Boden zu bestellen u. v. m. Besondere pädagogische Institutionen für Kinder waren im Mittelalter unbekannt. Kinder wurden aufgezogen, aber sie genossen keine Erziehung, die gezielt und systematisch unter pädagogischen Gesichtspunkten vorgenommen wurde.

Ein für heutige Erwachsene nahezu selbstverständlicher Aspekt, daß Kinder ganz spezifische Probleme haben, war der mittelalterlichen Gesellschaft unbekannt. Ungefähr im siebten Lebensjahr nahmen die Kinder ihren Platz neben den Erwachsenen ein – ein besonderes Interesse an Kindheit kannte man ganz einfach nicht, und folglich gab es auch keinen besonderen Begriff von Kindheit.

Dies änderte sich allmählich im Laufe des 16. und vor allem im 17. Jahrhundert. Ariès macht es anschaulich anhand von Bildern deutlich. Die mittelalterliche Kunst stellte Kinder lediglich als verkleinerte Erwachsene dar. Muskulatur, Ausdruck und die übrigen Merkmale hatten nichts spezifisch Kindliches. Erst im 17. Jahrhundert wurden zum Beispiel Kinderportraits üblich. Auch wurden Kinder verstärkt zum Mittelpunkt der Komposition von Familienbildern. Kinder bekamen nun auch eine spezielle von den Erwachsenen unterschiedliche Kleidung, besonderes Spielzeug, was Ariès als Weg der Ausgrenzung der Kinder aus der Welt der Erwachsenen beschreibt (Ariès 1988).

Diese „Entdeckung“ der Kindheit war jedoch kein Produkt der Künstler oder Spielzeugmacher, sondern ein Ergebnis der vorherrschenden Anschauungen und sozialen Umstände. Genauer: Kindheit als ausgegrenzter Lebensbereich ist ein Produkt der bürgerlichen Gesellschaft. Die verstärkte Verlagerung der Produktionsarbeit außerhalb des „Großen Hauses“ führte auch zu dessen allmählicher Auflösung. Das Ergebnis war im 15. und 16. Jahrhundert die Entstehung der modernen (Kern-)Familie, die auch eine neue Aufgabe übernahm. Sie war nicht nur die Institution, die Gut, Stand und Namen erhalten sollte, sondern zudem mora-

Soz Th. 1

lische Anstalt, hervorgerufen durch das neu erweckte Interesse der Moralisten, Pädagogen und Kirchenmänner an der Erziehung und einem Bewußtsein von pädagogischer Verantwortlichkeit. Kindheit galt nun als „grundständige“ Zeit, die zur Formung des Menschen als notwendig angesehen wurde. Kinder wurden nicht mehr als für das Leben reif angesehen; sie bedurften nun einer Art „Sonderbehandlung“. Der soziale Ort hierfür wurde die private bürgerliche Kleinfamilie wie auch die Schule.

Was die Familie an Erziehung oder Ausbildung nicht leisten konnte, wurde zunehmend der Schule übertragen. Konsequenz war ein außergewöhnlicher Aufschwung der Schule während des 17. Jahrhunderts. Erziehung und Unterricht waren durch eine Vielfalt von Lehr- und Erziehungsmeinungen bestimmt. Alles, was die Diskussion der Moralisten, Pädagogen, Kirchenmänner, Philosophen und Aufklärer bewegte, fand sich in der Art des Unterrichts wieder. So gab es in Schulen die Vermittlung naturwissenschaftlicher Erkenntnisse, neben lateinischem auch nationalsprachlichen Unterricht, an anderen Schulen wurden wiederum altphilosophische Unterrichtsstoffe vermittelt. Der Unterricht wurde nach scholastischen, aber auch nach moderneren Methoden gestaltet. Man sieht: Mit der „Entdeckung“ der Kindheit beginnt auch gleichzeitig die Diskussion um die Art und Weise der „richtigen“ Erziehung und Ausbildung.

Für Ariès sind all dieses die Anfänge der Leidenszeit der Kinder. Mit Beginn der Moderne wurden sie aus der Ungezwungenheit des Aufwachsens im „Großen Haus“, d. h. aus einer ganzheitlichen Lebenswelt herausgedrängt und ausgegrenzt und fanden sich in den pädagogischen Anstalten und Veranstaltungen wieder.

Eine geradezu konträre These zur Geschichte der Kindheit ist bei Lloyd de Mause zu finden, mit Ariès der populärste Forscher zur Geschichte der Kindheit. Er geht von einer psychoanalytischen Interpretation der Qualität der Beziehung zwischen Kindern und Erwachsenen in der Geschichte aus und kommt zu dem Ergebnis, daß die Geschichte der Kindheit als Fortschrittsgeschichte zu bewerten sei. Nach den Beschreibungen von de Mause erging es den Kindern im Mittelalter und in der frühen Neuzeit gar nicht so gut, wie wir es von Ariès geschildert bekommen. Falsche Ernährung und fehlende Hygiene zogen eine hohe Kindersterblichkeit nach sich. In ärmeren Familien wurden „unnütze“ Esser ausgesetzt, oder man ließ sie verhungern. In besser gestellten Familien wurden Kinder häufig in auswärtige Pflege gegeben. Nicht wenige Kinder erstickten im Bett, in dem sie mit den Eltern oder mit anderen Erwachsenen schliefen. Viele Kinder wurden geschlagen, gequält und sexuell mißbraucht.

Bis hinein ins 17. Jahrhundert fehlte nach de Mause den Eltern die „emotionale Reife“, um ihren Kindern Empathie und Unterstützung zukommen zu lassen. Die Evolution der Eltern-Kind-Beziehungen hat dazu geführt, daß heutige Kinder umsorgt, geliebt und beschützt aufwachsen können – ein Modernitätsglaube, der häufig kritisiert wurde. Andererseits legt de Mause viel Material für die Leidensgeschichte des Kindes in der vorbürgerlichen Zeit vor, so daß es einem schwerfallen kann, sich der Verfallsthese von Ariès anzuschließen, Kindheitsgeschichte sei die Geschichte von zunehmender Gewalt, Ausgrenzung und Disziplinierung von Kindern.

Vermutlich sollten Pädagogen beide Ansätze aufnehmen: Es ist die Kritik der Erziehung als Disziplinierung und Domestizierung ernst zu nehmen, aber zu warnen ist ebenfalls vor einer Idyllisierung der nicht pädagogisch reglementierten Kindheit des Mittelalters.

Unstrittig ist auf jeden Fall bei beiden Ansätzen, daß Kinder als gesonderte Gruppe und mit spezifischen Bedürfnissen ins Blickfeld des pädagogischen Interesses geschichtlich erst dann geraten, wenn sie aus der Welt der Erwachsenen ausgegliedert werden und als Sonderbereich gelten, aber daß sich dadurch die Erwachsenen auch Gedanken über die Entwicklungsmöglichkeiten in der Kindheit machen und Kinder vor allem als eigenständige Menschen anerkannt werden.

Viele, die zur heutigen Kindheit eine rein pessimistische Vorstellung vertreten, von einer Verarmung von Kindheit sprechen, laufen Gefahr, der Sehnsucht nach der Vergangenheit zu verfallen. So gibt es nicht wenige Pädagogen, die sich im Unterricht Schüler wünschen, wie sie angeblich selbst einmal waren: Diszipliniert, fleißig, ruhig, lernwillig und mit Ordnungssinn versehen.

Wir teilen diese „Schwarz-Weiß-Malerei" nicht. Und wir teilen auch nicht die Sehnsucht nach disziplinierender Dressurpädagogik. Ein sehnsüchtiger Blick muß eher schon in die Zeit der Renaissance zurückgreifen, wo wir – wie es scheint – ein Idealbild finden: die vielseitig bis allseitig entwickelte Persönlichkeit. Der florentinische Kaufmann im 15. Jahrhundert z. B. war ein solch vielseitiger Mensch. Er war nicht nur Kaufmann und Staatsmann, sondern „... oft zugleich ein Gelehrter in beiden alten Sprachen; die berühmtesten Humanisten müssen ihm und seinen Söhnen des Aristoteles Politik und Ethik vortragen; auch die Töchter des Hauses erhalten eine hohe Bildung..."[1]

Aber dieser Vielseitige ist noch gar nichts gegen den wahrhaft Allseitigen, von Jakob Burckhard am Beispiel Leon Battista Alberti illustriert:

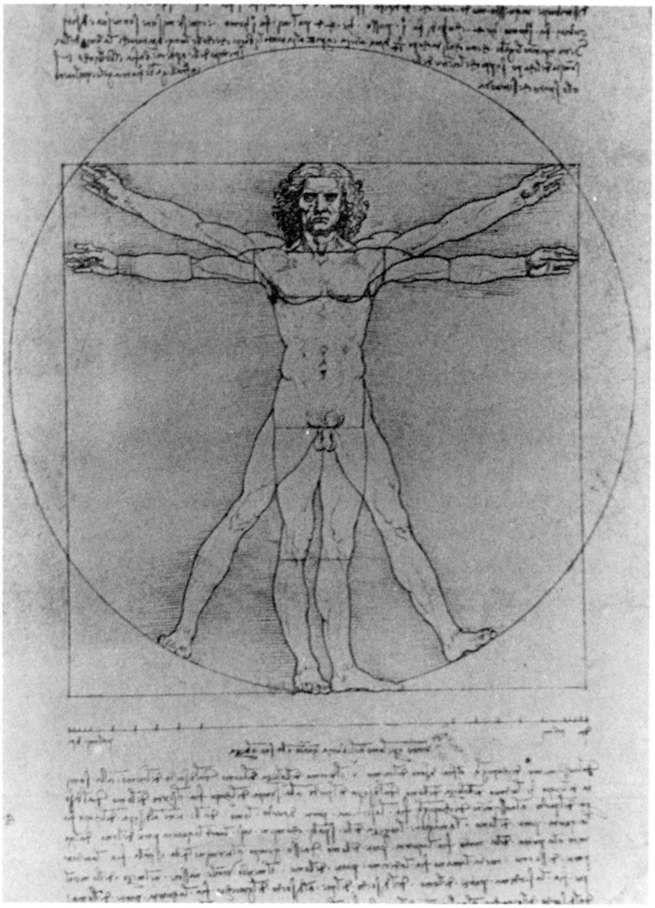

„In allem, was Lob bringt, war Leon Battista von Kindheit an der erste. Von seinen allseitigen Leibesübungen und Turnkünsten wird Unglaubliches berichtet, wie er mit geschlossenen Füßen den Leuten über die Schulter hinwegsprang, wie er im Dom ein Geldstück emporwarf, bis man es oben an den fernen Gewölben anklingen hörte, wie die wildesten Pferde unter ihm schauderten und zitterten – denn in drei Dingen wollte er den Menschen untadelhaft erscheinen: im Gehen, im Reiten und im Reden. Die Musik lernte er ohne Meister, und doch wurden seine Kompositionen von Leuten des Faches bewundert. Unter dem Drucke der Dürftigkeit studierte er beide Rechte, viele Jahre hindurch, bis zur schweren Krankheit durch Erschöpfung; und als er im 24. Jahre sein Wortgedächtnis geschwächt, seinen Sachensinn aber unversehrt fand, legte er sich auf Physik und Mathematik und lernte daneben alle Fertigkeiten der Welt, indem er Künstler, Gelehrte und Handwerker jeder Art bis auf die Schuster um ihre Geheimnisse und Erfahrungen befragte. Das Malen und Modellieren – namentlich äußerst kenntlicher Bildnisse, auch aus dem bloßen Gedächtnis – ging nebenein. ... Dazu kam eine schriftstellerische Tätigkeit zunächst über die Kunst selber, Marksteine und Hauptzeugnisse für die Renaissance der Form, zumal der Architektur. Dann lateinische Prosadichtungen, Novellen u. dgl., von welchen man einzelnes für antik gehalten hat, auch scherzhafte Tischreden, Elegien und Eklogen; ferner ein italienisches Werk, vom Hauswesen in vier Büchern, ja eine Leichenrede auf seinen Hund ... Endlich aber wird auch die tiefste Quelle seines Wesens namhaft gemacht: ein fast nervös zu nennendes, höchst sympathisches

Miterleben an und in allen Dingen ... Es versteht sich von selbst, daß eine höchst intensive Willenskraft diese ganze Persönlichkeit durchdrang und zusammenhielt; wie die Größten der Renaissance sagte auch er: „Die Menschen können von sich aus, sobald sie wollen"[2].

Diese „Größen" der Renaissance konnten natürlich ihre Vielseitigkeit allseitig nur auf Kosten der großen Mehrheit ausbilden. Das zitierte Dokument soll auch nicht als Leitbild für die Persönlichkeitsentwicklung in unserer bestehenden oder einer gewünschten Gesellschaft gelten, sondern soll lediglich aufzeigen, was möglich sein kann.

Der Ausschnitt aus der Biographie von Leon Battista Alberti erweist uns sehr drastisch den Dienst für die u. E. wesentliche Problematik von Sozialisation. Er hilft uns, das Spannungsfeld des anstehenden Themas zu umreißen. Und zwar können wir zwei Pole abstecken, zwischen welchen sich Sozialisation bewegt, nämlich zwischen allseitiger Erfahrung und einseitiger Reduzierung. Was allseitige Entfaltung heißen könnte, davon geben uns die Universalmenschen der Renaissance eine nicht zu überbietende Vorstellung.

Genau im Spannungsfeld von Entfaltung und Reduktion müssen die Bedingungen und Möglichkeiten (die allemal gesellschaftliche sind) des Wandels von Kindheit aufgespürt und interpretiert werden.

Wir gehen nicht von vornherein von einer Verarmung der Kindheit aus, um in allen Artikulationsformen heutiger Heranwachsender eine reduzierte Persönlichkeit zu entdecken und um dieser die Sozialisation vorangegangener Generationen als einer „geglückten" gegenüberzustellen. Wir sind aber auch nicht der Meinung, Kindheit heute sei reiner Fortschritt, da es den Kindern insgesamt „besser gehe", auch wenn in der Schule weniger geprügelt wird, Kinder weniger gezwungen sind zu arbeiten und die heutigen Erwachsenen fähig sind, „... auf die Stufen der kindlichen Bedürfnisse zurückzugehen und sie richtig einzuschätzen, ohne ihnen eigene Projektionen beizumessen" (de Mause 1977, S. 20f.).

Wir meinen, daß der Wandel von Kindheit von negativen und positiven Elementen, von Reduktion und Fortschritt zugleich angetrieben wird, aber nicht in einem Nebeneinander, sondern zusammengekettet in einem widersprüchlichen Verhältnis. So ist es wohl als fortschrittlich zu bezeichnen, daß Kinder nicht mehr (zum Teil körperlich schwer) zu arbeiten brauchen, doch verlieren sie dadurch auch einen wesentlichen Erfahrungsraum. Und wenn es auch gut ist, daß die Erwachsenen sich um die kindlichen Bedürfnisse kümmern, führt dies oftmals zu einer Verunsicherung auf der Seite der Erwachsenen, ob nun wirklich die „richtigen" Bedürfnisse erkannt werden und zu Hilferufen an Experten. In der Sache selbst – in der Kinderarbeit oder im elterlichen Erziehungsweg – sind so gesehen fortschrittliche und enteignende Elemente miteinander verbunden.

Wird der Wandel von Kindheit in diesem Widerspruchsverhältnis dargestellt – was uns gar nicht anders möglich erscheint, wenn nicht der Vorwurf der Einseitigkeit gelten soll – und die Gewichtung erkannt, ist auch die Versuchung gebannt, eine vorschnelle Wertung des Wandels zu formulieren.

2 Veränderung der Eltern-Kind-Beziehung

In jedem neueren Beitrag über den Wandel von Kindheit ist zu erfahren, daß einer der wichtigsten Gründe für ein verändertes Verhalten von Kindern in der Veränderung der Familie selbst liegen soll. Häufig werden LehrerInnen zitiert, die Verweigerungen, Furcht vor Kontakten oder Ängsten der SchülerInnen – vor allem in der Grundschule – mit einem Scherbenhaufen im Familienleben der Kinder verknüpfen. Schnell werden dann beispielsweise Scheidungskinder zu Problemkindern. Ähnlich wird mit Kindern von Alleinerziehenden oder auch mit den „typischen" isolierten Einzelkindern verfahren. Waren es bisher die neuen Medien, die zur Vereinsamung und kommunikativen Einschränkung führen, sind es jetzt die Angst vor Trennung, das Leben ohne Geschwister oder das Mißtrauen, wenn Mutter oder Vater neue Beziehungen eingehen.

Wir streiten nicht ab, daß sich in den zeitgenössischen Eltern-Kind-Verhältnissen vieles verändert hat. Wir warnen jedoch vor einfachen Ursache-Wirkungs-Zuschreibungen, führen sie doch zu voreiligen Wertungen des Wandels von Kindheit. Bevor Bewertungen vorgenommen werden können, muß die aktuelle Wirklichkeit einmal genauer analysiert werden. Wir wollen deshalb im folgenden versuchen, die Veränderung der Eltern-Kind-Verhältnisse in den unterschiedlichen Ausformungen darzustellen. Unstrittig ist, daß die Familie die erste und sicherlich eine der einflußreichsten Sozialisationsinstanzen ist. Deshalb macht es auch Sinn, die Veränderungen von Familienformen zu erörtern. Wir beginnen wiederum mit einem kurzen Blick zurück in die Geschichte.

2.1 Neue oder alte Familienform?

Noch vor zweihundert Jahren, d. h. in der vorbürgerlichen Zeit, war das heutige dominierende Familienbild unbekannt. Die Familie war mit der Hausgemeinschaft identisch, jeder in diesem sogenannten „ganzen Haus" war in dem gemeinsamen Leben und Arbeiten eingebunden (vgl. Sieder 1987, Shorter 1975). Die Blutsverwandtschaft spielte hierfür keine Rolle. Der untrennbare Zusammenhang von Leben und Arbeiten war beherrscht von der patriarchalischen Gewalt des „Hausvaters". Diese war je nach der ökonomischen Bedeutung des Haushalts mehr oder weniger stark. Bei der besitzlosen Bevölkerung, bei Taglöhnern u. ä., bildeten sich nur ansatzweise diese Strukturen heraus. Ehe und Familie ergaben sich in den engen Zusammenhängen der Sozialstrukturen, geheiratet wurde nach Stand, Zunft und Besitz (Rosenbaum 1982). Die Heirat diente dem Erhalt oder Vergrößerung des „ganzen Hauses", und für persönliche Wünsche war kein Raum. Eine große Zahl der Erwachsenen konnte oder durfte überhaupt nicht heiraten. Ihnen fehlten Besitz, Erbe, Mitgift oder ein Beruf. Die Kirche und die weltlichen Obrigkeiten versuchten sogar Eheschließungen der ärmeren Bevölkerungsschichten zu verhindern, indem sie für eine Heiratserlaubnis verschiedene Auflagen vorsahen – meistens Besitz oder eine bestimmte Geldsumme[3].

Wurde in dieser Zeit eine Ehe geschlossen und eine Familie gegründet, dann waren diese gekennzeichnet durch ein hohes Maß an Verläßlichkeit, Stabilität und Halt[4]. Das garantierten die starke soziale Kontrolle der Sippe oder des Familienbandes, die Auswahlprinzipien von Herkunft und Stand, aber auch das Interesse am gemeinsamen Erhalt der Familienwirtschaft.

In den Familien der Handwerker, Kaufleute und bedingt der Bauern waren die Grenzen zwischen Produktions- und Reproduktionsarbeit unscharf, während sich, vor allem im späten 18. und 19. Jahrhundert, im Bürgertum eine zeitliche und örtliche Trennung von Familienleben und Erwerbsarbeit herausdifferenzierte. Dies hatte auch Folgen für die Definition der modernen Familie.

„Während der ‚Hausstand' – das legale Konstrukt für die Sozialform des ‚ganzen Hauses' – in der Folge nicht mehr als systematischer Rechtsbegriff verwendet wurde, rückte das Ehe- und Familienrecht in den Vordergrund. Mit der ‚Entpolitisierung des Hausstandes' wurden die Individuen aus der hausherrlichen Gewalt entlassen. Das wurde durch die Aufhebung der Rechtswirksamkeit der Zünfte (Gewerbefreiheit), die Bauernbefreiung und neue Formen der Steuergesetzgebung unterstützt" (Sieder 1987, S. 128).

An die Stelle des „ganzen Hauses" trat jetzt der Familienvater mit seiner Erwerbsarbeit außer Haus, sei es in der Kanzlei, im Kontor, in der Lehrer- oder Predigerkanzel oder im Leitungsbüro einer Fabrik (vgl. Sieder 1987, S. 28ff.). Damit einher ging die Herausbildung eines intimen und privaten familialen Binnenraumes, Basis des „bürgerlichen Familienmodells". Kennzeichen dieses Modells waren die „glückliche Familie", die „liebevolle Frau" und die „gehorsamen Kinder", eine Ideologie, die sich in der Realität mit widersprüchlichen Folgen zeitigte. Die Frau war beispielsweise nun nicht mehr Arbeitsgefährtin oder die Wirtschaftsleiterin des „ganzen Hauses", sondern eben die „liebevolle Ehefrau", was nicht nur Fortschritt, sondern auch eine weitgehende Einschränkung des weiblichen Lebenszusammenhangs bedeutete.

Mit dem 19. Jahrhundert bestimmte das „bürgerliche Familienideal" nicht nur das familiale Zusammenleben des Bürgertums, sondern durchdrang sämtliche gesellschaftlichen Schichten und Klassen[5]. Es wurde damit auch letztlich zum Vorläufer der „traditionellen Familie" des 20. Jahrhunderts[6]. Drei Aspekte dieser Entwicklung sind besonders zu erwähnen. Erstens: Mit dem Übergang vom „ganzen Haus" zur „privatisierten Familie" veränderte sich auch das Verhältnis der Ehepartner. Die Selbstverständlichkeit der Koppelung von nützlichen und vernünftigen Zwecken mit der Partnerwahl begann brüchig zu werden; es kam eher darauf an, daß Frau und Mann gefühlsmäßig zueinander paßten, d. h. sich liebten. Zweitens: Es entwickelte sich so etwas wie eine patriarchalische Binnenstruktur der Familie, Ernährer und Besitzer der Autorität über Frau und Kinder. Diese Entwicklung wurde begleitet von einer „sentimentalen Auffüllung des innerfamiliären Bereichs" (Weber-Kellermann 1976, S. 107). Die im 19. Jahrhundert nach bürgerlichem Vorbild sich etablierende Familienform war in den 60er Jahren des 20. Jahrhunderts für viele Anlaß, neue Formen des Zusammenlebens zu suchen und zu erproben. Drittens: Die gesellschaftlich durchgesetzte Norm des bürgerlichen Familienideals ermöglichte es nahezu allen Erwachsenen, eine Ehe einzugehen und eine Familie zu gründen. Die endgültige Befreiung von haus- und standesrechtlichen Beschränkungen fand für die moderne Familie in den 60er Jahren ihren Abschluß wie auch Höhepunkt (Sieder 1987, S. 280). Heutige Kinder haben wiederum mit einer neuen Entwicklung zu tun, die erst begonnen hat: Die normative Kraft von Ehe und Familie schwindet dahin, doch überzeugende Alternativen sind nicht in Sicht.

2.2 Zum Wandel der Familie

Das Wort „Familie" geht allen leicht von den Lippen, doch was versteht man eigentlich präzis darunter? Derzeit gibt es keine allgemein anerkannte Definition von Familie, weder in der Alltags- noch in der Wissenschaftssprache. Eine für uns plausible Charakterisierung der Familie bietet die Soziologin Nave-Herz in Anlehnung an eine Definition von Neidhardt, die sie um mehrere Aspekte erweitert. Für sie ist eine Familie eine Verbindung, in der Eltern oder ein Elternteil mit ihren bzw. seinen Kindern zusammenleben, zumeist in einer Haushaltsgemeinschaft. Nave-Herz unterscheidet Drei-Generationen-Familie (Großeltern, Eltern, Kinder), Eltern-Familie und Ein-Eltern-Familie, hier wiederum die Mutter- und die Vater-Familie[7]. Erwähnenswert sind dabei auch die Entstehungszusammenhänge. Ein-Eltern-Familien können z. B. durch Trennung, Scheidung oder über die Geburt, selten Adoption, eines Kindes entstehen. Auch Wechsel von einer Familienform in die andere sind auf der Tagesordnung.

Die Familie, bestehend aus einem erwerbstätigen Vater, einer Mutter als Hausfrau und zwei oder mehr Kindern im schulpflichtigen Alter, war 1955 in den USA der Kern für 60% aller Haushalte. Vergleichszahlen für die BRD liegen uns nicht vor. Für ganz Europa gilt, daß 90% aller, die zwischen 1930 und 1945 geboren wurden, heirateten und zum überwiegenden Teil auch Kinder bekamen (Sieder 1987, S. 256).

Heute wissen wir, daß damit der Höhepunkt einer „Familialisierung" erreicht war. Seit den 60er Jahren zeigen die familienstatistischen Trends in eine andere Richtung: Die Eheschließungszahlen sinken, die Scheidungsrate nimmt zu, die Anzahl kinderloser Ehen ebenfalls, eine statistische Zunahme der unverheiratet zusammenlebenden Paargemeinschaften ist zu verzeichnen, die Anzahl alleinerziehender Eltern wächst, und heutige Kinder wachsen vermehrt ohne Geschwister auf. Zu den demographischen Entwicklungen gehört zudem auch, daß immer mehr Kinder berufstätige Mütter haben.

Zu einigen von diesen Trends wollen wir im folgenden Daten präsentieren und anschließend fragen, ob sich aus den daraus ersichtlichen Veränderungen tatsächlich negative Auswirkungen auf die Sozialisation heutiger Heranwachsender begründen lassen, wie das in vielen Veröffentlichungen herausgestellt wird.

Neben dem Wandel familialer Strukturen und Rollenverteilung ist noch ein weiterer Aspekt erwähnenswert: Das Eltern-Kind-Verhältnis hat sich grundlegend verändert. Kinder dienen nicht mehr lediglich der Versorgung der Eltern im Alter, der Fortführung der Familientradition und der Weitergabe des Familiennamens; sie sollen dem Leben der Eltern einen Sinn geben. Genau das bleibt nicht ohne entscheidende Auswirkungen auf die kindliche Sozialisation. Eltern denken heute über richtige oder falsche Erziehungsmethoden intensiv nach, lesen Ratgeber oder suchen Hilfe bei Erziehungsexperten, verfolgen Fernsehsendungen über Erziehung und kindliche Entwicklungen. Wir werden diesen Trend im Kapitel 2.3 am Beispiel der Idee der „perfekten Sozialisation“ problematisieren.

2.2.1 Demographische Trends

Zentrale Bedeutung für die Diskussion veränderter Sozialisation durch den Wandel der Familienformen hat eine Veränderung der Rollenverteilung in der Familie selbst, durch die Erwerbstätigkeit der Mutter. Von ungefähr 6 Millionen erwerbstätigen Frauen sind derzeit immerhin über 4 Millionen Mütter[8], die über Bildung und Beruf mehr Unabhängigkeit (auch von ihren Männern) gewinnen und vermehrt nach Selbstverwirklichung im Beruf suchen, aber teilweise auch aus ökonomischen Zwängen arbeiten müssen. Auf die Kinder bezogen zeigt sich, daß 1987 von 11121000 Kindern im Alter von unter 18 Jahren 40,7% erwerbstätige Mütter hatten (bei alleinerziehenden Eltern waren es hier auch erwerbstätige Väter). Aus Tabelle 1 wird weiterhin deutlich, daß selbst im Alter von unter 6 Jahren jedes dritte Kind (33,4%) eine erwerbstätige Mutter hat. Mit diesen Daten ergibt sich für 30 bis 40% aller Kinder im Vorschul- und Schulalter ein Aufwachsen in Familien, in denen die Eltern lange Zeit täglich außer Haus sind.

Immerhin zwei Drittel (66,5%) der erwerbstätigen Mütter mit Kindern im Alter

Tabelle 1: Kinder und Jugendliche unter 18 Jahren von erwerbstätigen Eltern (in 1000)

Kinder und Jugendliche im Alter von...	in Familien mit erwerbstätigen Eltern bzw. Elternteilen				
	erwerbstätige Mütter		erwerbstätige alleinerziehende Mütter bzw. Väter		
	abs.	%	abs.	%	insgesamt
...unter 18 Jahren	4497	40,7	704	6,4	11052
...unter 15 Jahren	3375	38,8	493	5,7	8708
...unter 6 Jahren	1165	33,4	145	4,2	3487

Quelle: Mikrozensus 1987, Statistisches Bundesamt 1989, S. 90ff.

Tabelle 2: Erwerbstätige Frauen mit Kindern und Jugendlichen unter 18 Jahren nach ihrer wöchentlichen Arbeitszeit (1987)

	Normalerweise geleistete Wochenarbeitszeit von erwerbstätigen Müttern...			
...mit Kindern und Jugendlichen im Alter von	b. einschl. 20 Std.	21 bis 39 Stunden	40 und mehr Std.	insgesamt
unter 18 Jahren	33,5	28,5	38,0	100
unter 15 Jahren	34,7	27,3	38,0	100
unter 6 Jahren	34,9	25,0	40,1	100

Quelle: Mikrozensus 1987, Statistisches Bundesamt 1989, S. 90, 99.

unter 18 Jahren gehen zu mehr als 20 Wochenstunden einer Erwerbstätigkeit nach (siehe Tabelle 2). Dies bedeutet zugleich, daß etwa jedes vierte Kind außer Mutter und Vater noch bestimmte Zeiten mit zusätzlichen Betreuungspersonen verbringt, vorausgesetzt, die Eltern wollen ihre Kinder nicht allein lassen.

Die Beteiligung von Müttern am Erwerbsleben ist stark abhängig vom Alter der Kinder und von der Kinderanzahl. Je jünger die Kinder sind, desto weniger wird von der Möglichkeit Gebrauch gemacht, erwerbstätig zu sein. Alleinerziehende Mütter weichen hierbei ab; aus wirtschaftlichen Erwägungen sind sie ja zumeist gezwungen, arbeiten zu gehen, obwohl sie vermutlich lieber bei ihrem Kleinkind bleiben würden. Die Erwerbstätigkeit fällt offenbar um so leichter, je weniger Kinder da sind. Frauen mit nur einem Kind sind häufiger erwerbstätig als Frauen mit zwei und mehr Kindern (siehe Tabelle 3).

Vielleicht liegt in der Möglichkeit, bei einem Kind eher erwerbstätig bleiben zu können, auch eine der Ursachen für die große Anzahl von Ein-Kind-Familien. Von den 11121000 Kindern unter 18 Jahren in der BRD 1987 waren 3856000 Einzelkinder, d.h. jedes dritte Kind wuchs ohne Geschwister auf (Mikrozensus 1987). Der Trend zur Ein-Kind-Familie könnte sich fortsetzen, verstärkt durch die zunehmende Zahl von Alleinerziehenden. Fast Dreiviertel der alleinstehenden Mütter und alleinstehenden Väter haben derzeit nur ein Kind (vgl. Tabelle 4).

Auffallend ist aber auch der große Anteil von Ehepaaren, die nur mit einem Kind

Tabelle 3: Erwerbstätige Frauen nach Anzahl der Kinder (in 1000)

Erwerbstätige Frauen...	insgesamt		verheiratet zusammenlebend		alleinstehend	
	abs.	%	abs.	%	abs.	%
...mit einem Kind	2305	54	1785	50	521	70
...mit zwei Kindern	1508	35	1329	38	178	24
...mit drei Kindern	369	9	336	9	26	4
...mit vier u. mehr Kindern	96	2	88	2	–	–
insgesamt	4278	100	3538	100	741	100

Quelle: Statistisches Bundesamt 1989, S. 99.

Tabelle 4: Familien im April 1988 mit Kindern unter 18 Jahren

Anzahl der Kinder in der Familie	insgesamt		Ehepaare		alleinst. Frauen		alleinst. Männer	
	in 1000	%	in 1000	%	in 1000	%	in 1000	%
1 Kind	3756	54	3062	51	589	72	105	81
2 Kinder	2408	35	2200	37	183	22	25	19
3 Kinder	595	9	555	9	35	4	–	–
4 Kinder und mehr	152	2	140	2	10	1	–	–
insgesamt*	6911	100	5957	100	817	100	130	100

Quelle: Statistisches Bundesamt 1989, S. 57.
* Bei den Prozentangaben ergeben sich Ungenauigkeiten durch Rundungen.

leben. Das sind 54% aller Familien mit Kindern. Welche Beweggründe haben Ehepaare, nur ein Kind haben zu wollen? Ein weit verbreitetes Argument lautet, daß die Ein-Kind-Familie die beste Vermittlung bei der Entscheidung zwischen traditioneller Familienbildung und „moderner" Orientierung verheißt. Huinink[9] spricht in einer empirischen Untersuchung zum Entscheidungsverhalten von Ehepaaren mit Kindern in diesem Zusammenhang von „halbtraditionell orientierten Partnerschaften". Diese wären in hervorragender Weise Kandidaten für Ein-Kind-Familien. Einmal, weil sie sich der traditionellen gesellschaftlichen Verpflichtung zur Reproduktion verpflichtet fühlen, zum anderen aber, weil sie „modern" orientiert sind. Modern bedeutet in diesem Zusammenhang, daß die Ehepartner in der Ein-Kind-Familie nicht auf individuelle, autonome Lebensplanung verzichten wollen. Insbesondere die Berufsorientierung der Frau hat eine gewichtige Bedeutung bei der Entscheidung für nur ein Kind. Mit einer wachsenden Kinderzahl verringert sich zumeist vornehmlich der Freiraum der Frau, um eigene Wünsche und Bedürfnisse zu realisieren.

Die Interpretation der vorliegenden Daten muß noch ergänzt werden: Es ist darauf hinzuweisen, daß es sich um eine Momentaufnahme, nämlich aus dem Jahre 1987, handelt. In den Mikrozensusdaten sind die Kinder erfaßt, die in diesem Jahr in einer Familie leben. So wird die Zahl der Einzelkinder oft überhöht angegeben, weil die zugrundeliegenden Berechnungen meist auch jene Kinder als Einzelkinder zählt, die bereits erwachsene Geschwister haben oder später noch jüngere Geschwister erhalten könnten. Gesagt werden kann nur: Derzeit wachsen ein Drittel aller Kinder – zumindest zeitweise – als Einzelkind auf. Über den genauen Trend für die Zukunft kann nichts ausgesagt werden, da ja in den jüngeren Familien noch weitere Kinder geboren werden. Wie wir wissen, steigt ja auch die Geburtenzahl in der Bundesrepublik an. Es kann also sein, daß damit auch die Zahl der Zwei-Kind-Familien zunimmt. Tatsächlich waren 1987 nur 20% aller Kinder von 35–39 Jahre alten Müttern Einzelkinder[10].

Gerade für die Diskussion um Müttererwerbstätigkeit, Einzelkinder und außerfamilialer Betreuung ist es interessant zu wissen, für wieviele Kinder überhaupt

Tabelle 5: Kindergartenbesuchsquoten nach Kindern verschiedener Altersgruppen in Familien

Familienform	Besuchsquote der Kinder im Alter von... bis unter... Jahren				
	3–4	4–5	5–6	6 u. älter*	insgesamt
insgesamt	33,0%	70,0%	84,9%	85,1%	68,0%
bei verheiratet zusammenl. Eltern	32,3%	70,1%	85,0%	85,5%	67,8%
darunter: bei erwerbst. Mutter	41,7%	75,4%	89,2%	87,5%	73,8%
bei alleinst. Elternteil	40,4%	68,9%	82,3%	82,1%	70,0%
darunter: bei erwerbst. Mutter	52,4%	73,1%	88,9%	87,5%	76,5%

* Kinder, die noch nicht zur Schule gehen.
Quelle: Statistisches Bundesamt 1989, S. 149.

Plätze im Kindergarten vorhanden sind. Der Versorgungsgrad mit Kindergartenplätzen hat sich von 1970 bis 1978 in relativ kurzer Zeit verdoppelt, wie aus den offiziellen Daten[11] ersichtlich wird. Seit Ende der siebziger Jahre stehen demnach für rund vier Fünftel aller Kinder im Alter von drei bis sechs Jahren Kindergartenplätze zur Verfügung, wobei allerdings die einzelnen Bundesländer sehr unterschiedlich hohe Versorgungsgrade aufweisen[12].

Die tatsächliche Inanspruchnahme der Kindergartenplätze liegt bei Fünf- bis Sechsjährigen und den Kindern ab 6 Jahre, die noch nicht die Schule besuchen, mit rund 85% am höchsten, während nur jedes dritte Kind zwischen drei und vier Jahren einen Kindergarten besucht (vgl. Tab. 5). Diese Quoten wären bei einem höheren Versorgungsgrad mit Kindergartenplätzen vermutlich noch deutlich höher. Bei Kindern von Alleinerziehenden liegt die Besuchsquote der 3–4jährigen mit 40,4% deutlich höher, bei Kindern ab 4 Jahre dagegen liegt sie bemerkenswerterweise unter der von Kindern verheiratet zusammenlebender Eltern. Geht die Mutter einer Erwerbstätigkeit nach, so zeigt sich eine spürbare Erhöhung der Besuchsquoten in allen Altersgruppen: In Familien von verheiratet zusammenlebenden Eltern sind damit fast drei Viertel (73,8%) der Kinder im Kindergartenalter trotz der Erwerbstätigkeit der Mütter zumindest teilweise versorgt; bei alleinstehenden Elternteilen liegt die Besuchsquote mit 76,5% am höchsten, selbst unter den 3–4jährigen sind hier mehr als die Hälfte im Kindergarten. Allerdings dürften die üblichen Öffnungszeiten (von 8–12 Uhr) die meisten Elternteile – in der Regel die Frauen und Mütter – selbst an der Aufnahme einer Halbtagsbeschäftigung eher hindern. Klemm u.a.[13] referieren, daß nur rund jeder neunte Kindergartenplatz eine Ganztagsbetreuung sicherstellt.

Die schon angesprochenen Einzelkinder sind typisch für die Familienform, der sogenannten Ein-Eltern-Familie. Aus Tabelle 4 wird deutlich, daß in der Bundesrepublik fast eine Million Ein-Eltern-Familien (953000) leben. Demnach ist fast jede siebte Familie mit Kindern unter 18 Jahren eine Ein-Eltern-Familie. Fast in drei Vierteln dieser Familienform lebte zum Zeitpunkt der Erhebung nur ein Kind. Alleinerziehende sind in der Regel Frauen: von den 953000 Ein-Eltern-Familien sind 821000 Mutter-Familien.

Die Statistik zeigt allerdings nur die formellen Kategorien familiärer Strukturen, nicht dagegen die durchaus verbreiteten und etablierten Zwischenformen: Paar lebt unverheiratet mit nichtehelichem Kind; verwitwetes, getrenntlebendes oder geschiedenes Elternteil lebt mit Freund/Freundin; getrenntlebendes oder geschiedenes Paar erzieht auch nach der Trennung sein Kind gemeinsam; Elternteil mit Kind lebt in einer Wohngemeinschaft. Freilich kann damit auch ein Zusammenleben mit weiteren Kindern verbunden sein. Die Palette dieser Möglichkeiten verdeutlicht nicht nur, daß die Statistik vermutlich ein eher oberflächliches und trügerisches Abbild familialer Realität und einen unvollständigen Überblick über die verschiedenen Familienformen liefert. Auch die häufig anzutreffende Annahme, das Zusammenleben mit nur einem Elternteil und das Fehlen von Geschwistern bedeute gleichzeitig eine Reduktion auch der außerfamilialen Sozialkontakte, wird hierdurch zumindest unsicher. Jedenfalls sind genauere statistische Erhebungen und qualitative Forschungen angezeigt.

Relativ dünn ist auch der Forschungsstand zu einer weiteren für uns interessanten Familienform, der Stieffamilie. Mit Stieffamilie wird ein Typ von Familie bezeichnet, in der ein erwachsenes Paar mit mindestens einem Kind lebt und mindestens ein Erwachsener nichtleiblicher Elternteil ist. Eingeschlossen ist darin die große Zahl möglicher und praktizierter Varianten, die reichen können von der zuvor ledigen Mutter mit Kind, die einen Mann geheiratet hat oder auch ohne Heirat mit ihm zusammenlebt, bis zu einem „binuklearen" Familien-System, bei dem beide leiblichen Elternteile neue (Ehe-)Beziehungen eingegangen sind und wiederum Kinder bekommen haben.

Stieffamilien sind – anders als es das wissenschaftliche und öffentliche Interesse in den letzten Jahren glauben macht – kein historisch neues Phänomen im westlichen Kulturkreis. So waren im England des 16. Jahrhunderts bei einem Drittel der Eheschließungen Personen beteiligt, die bereits einmal verheiratet gewesen waren. Im 17. Jahrhundert war dies noch bei etwa 25%, im 19. Jahrhundert noch bei 19% der Eheschließungen der Fall. Der abnehmende Anteil dürfte im Rückgang der Sterblichkeit mit begründet sein, denn der Tod des Ehepartners war in der Vergangenheit der häufigste Grund für Wiederheirat und erneute Familiengründung. Im 20. Jahrhundert hingegen bilden sich Stieffamilien überwiegend nach vorausgegangener Trennung und Scheidung. Die abnehmende Akzeptanz kirchlicher Normierung von Ehe und Familie und damit einhergehend die gewachsene persönliche Freiheit, die eigene Ehe zu lösen, einerseits, und andererseits Verschiebungen in der Familienbasis von der Existenzsicherung zum Gefühl[14] sowie gewachsene individuelle Ansprüche an die Qualität von Ehe- und Familienbeziehungen ließen Scheidungs- aber auch Wiederverheiratungsraten in den letzten Jahrzehnten stark ansteigen. Mit zunehmender Verbreitung wurden die sogenannten Fortsetzungsehen zu einem durchaus normalen und sozial akzeptierten, wenngleich nicht zum bevorzugten Muster der Familiengründung.

Zur Häufigkeit des Vorkommens von Stieffamilien und Stiefkindern in der Bundesrepublik existieren – Indiz für die bisherige Vernachlässigung des Themas – nur Schätzungen, das Datenmaterial ist ungenau und veraltet. Für 1981/82 wurde die Zahl der bundesdeutschen Stieffamilien mit verheirateten Partnern auf etwa 660000, die mit unverheiratet zusammenlebenden Partnern auf ungefähr 125000 geschätzt. Insgesamt waren rd. 10% aller Familien mit Kindern zu diesem Zeitpunkt Stieffamilien. Die Zahl der in diesen Familien lebenden minderjährigen Stiefkinder dürfte bei über 1,1 Mio. gelegen haben, dies wären knapp 9% aller unter 18jährigen Kinder in der BRD (vgl. zusammenf.: Deutsches Jugendinstitut 1988, S. 45, S. 79).

Genauere Zahlen gibt es zu Ehescheidungen und Scheidungskindern. Die Zahl von Scheidungen hat in den letzten Jahren enorm zugenommen. 1960 erfolgten 14% aller Ehelösungen durch Scheidung, 1987 waren es bereits 31%. 1987 wurden rund 96000 minderjährige Kinder von Scheidungen ihrer Eltern betroffen[15]. Unter Beachtung der heutigen Scheidungshäufigkeit, der durchschnittlichen Kinderzahl der Ehen und der durchschnittlichen Kinderzahl geschiedener Eltern schätzt der Bevölkerungswissenschaftler Schwarz, daß ein Sechstel der heute ehelich geborenen Kinder sogenannte Scheidungswaisen werden[16]. Da die Scheidungshäufigkeit zunimmt, kann davon ausgegangen werden, daß auch die Anzahl der Scheidungskinder in Zukunft steigen wird.

Fassen wir zusammen: Kinder wachsen heute vermehrt mit berufstätigen Müttern in Ein-Eltern-Familien, als Einzelkinder und als Scheidungskinder auf. Was dies für ihre Persönlichkeitsentwicklung bedeuten könnte, soll im folgenden diskutiert werden.

2.2.2 Erwerbstätigkeit von Müttern und kindliche Entwicklung

Lange Zeit war die Erwerbstätigkeit der Mutter ein beliebtes, allzuoft ein kurzschlüssiges Argument, um Störungen in der Persönlichkeitsentwicklung von Kindern zu begründen. Kurzschlüssig ist dieses Argument, wenn die Zeitdauer, die eine Mutter mit dem Kind verbringt, bei einer Erwerbstätigkeit als zu kurz angesehen wird und damit der Zeitdauer eine besonders bedeutsame Sozialisationswirkung zugesprochen wird. In ihrer Arbeit über mütterliche Berufstätigkeit schlußfolgert Lehr, daß für die Erziehung von Kindern nicht die mit ihnen verbrachte Zeit, sondern die Einstellung und die Persönlichkeit der Eltern der allerwichtigste Faktor sei[17]. Mütter, die den ganzen Tag mit ihrem Kind verbringen, können belastender auf die Entwicklung der Kinder wirken als Mütter, die sich lediglich einige Stunden um ihr Kind kümmern, dafür aber um so aufmerksamer und geduldiger. Aber auch diese Feststellung ist nicht ohne weiteres verallgemeinerbar. Es kommt hierbei darauf an, ob die betreffende Mutter freiwillig oder unfreiwillig zu Hause bleibt und ob sie tatsächlich den Wunsch hat, arbeiten zu gehen oder lieber bei ihrem Kind bleiben würde. Im einen Fall kann es zu unausgesprochenen Vorwurfshaltungen gegenüber dem Kind kommen, im anderen Fall könnte die Mutter-Kind-Beziehung mit Schuldgefühlen belastet werden. Die zunehmende Erwerbstätigkeit von Müttern hat in der Tat zwei Seiten: Zum einen verwirklichen Frauen auch neben der Kindererziehung ihren Wunsch, im Beruf zu bleiben, zum anderen arbeiten viele Frauen aus finanziellen Gründen gezwungenermaßen.

Ob sich die Erwerbstätigkeit von Müttern (oder auch von alleinerziehenden Vätern) nun negativ oder positiv auf die Sozialisation der Kinder auswirkt, kann auch mit Forschungsergebnissen nicht eindeutig und endgültig beantwortet werden. Vor allem kinderpsychologische Studien untersuchen den Zusammenhang von mütterlicher Erwerbstätigkeit, der damit zumeist verknüpften außerfamilialen Betreuung und kindlichen Sozialisation.

Fthenakis analysiert in einem neueren Sammelreferat auch die Rahmenbedingungen, unter denen eine außerfamiliale Betreuung organisiert wird. Weitgehende Übereinstimmung findet er bei der Beobachtung, daß die Pflegebedingungen stabil sein sollten. Es wurde bei den Studien, die Fthenakis analysiert, auch betont, daß es auf die Qualität der Betreuung ankommt. Bei gut ausgebildeten Betreuungspersonen und entsprechend gut ausgestatteten Betreuungsstätten kann von einer Förderung der intellektuellen und sozialen Entwicklung ausgegangen werden. Die Bedeutung des Einflusses einer qualifizierten Betreuung gerade im Vorschulalter wird auch von einer der wenigen neueren deutschen Studien herausgestellt. Als Rahmenbedingungen einer erfolgreichen außerfamilialen Betreuung wird in einem Berliner Forschungsprojekt unter anderem auf die Erarbeitung von praxisfähigen Konzepten zur Gestaltung der Eingewöhnungssituation hingewiesen. Die Daten des Projektes lassen darauf schließen, daß über Eingewöhnungsphasen Risiken der Fremdbetreuung verringert werden[18].

Günstige Rahmenbedingungen vorausgesetzt, lassen sich für die soziale und intellektuelle Entwicklung von Kindern in außerfamilialer Betreuung reichlich positive Effekte aufführen. Kinder erwerbstätiger Mütter entwickeln beispielsweise stärker partnerschaftliches Denken und ein positiveres Bild der weiblichen Geschlechtsrolle. Fremdbetreute Kinder unterscheiden sich vor allem in zwei sozialen Dimensionen von Kindern, die zuhause aufgewachsen sind: Einmal zeigen sie positivere Beziehungen zu Gleichaltrigen, zum anderen wurden Unterschiede in der Häufigkeit positiver sozialer Interaktionen, in der Komplexität des Spiels, im sozialen Vertrauen, im Interesse an Gleichaltrigen und in der Beliebtheit bei Gleichaltrigen festgestellt[19].

Ähnlich positive Ergebnisse erbrachte die viel diskutierte Untersuchung zur Tagesfremdbetreuung des Modellprojekts „Tagesmütter“[20]. Die in dem Projekt beobachteten Kinder zeigten hinsichtlich sozialemotionaler Entwicklung und in der Intelligenzentwicklung keine Nachteile gegenüber Kindern, die von der eigenen Mutter betreut wurden. Aber auch in dieser Untersuchung wird auf eine Rahmenbedingung hingewiesen: „Die Zufriedenheit der Mutter mit ihrer Situation als Frau, ihre Sicherheit, mit der sie ihre eigenen Interessen, Berufstätigkeit und Mutterrolle balanciert, beeinflußt die Entwicklung des Kindes und die Mutter-Kind-Beziehung langfristig stärker als die Umstände der Betreuungsform“[21].

Da Kinder in außerfamilialer Betreuung regelmäßig Trennungen von ihren Eltern erfahren, wurden in der kinderpsychologischen Forschung auch besonders emotionale Aspekte bedacht. Ändert sich durch die Betreuung die Eltern-Kind-Beziehung? Zu dieser Frage hat sich eine starke Kontroverse entfacht: Auf der einen Seite argumentieren jene, die behaupten, daß vor allem im Kleinkindalter eine Fremdbetreuung zur Beeinträchtigung der Mutter-Kind-Bindung führen kann; auf der anderen Seite finden Kinderforscher keine empirische Evidenz für einen solchen Zusammenhang. Letztere zitieren Studien wie die des englischen Psychiaters Rutter, die von Field et. al. und Weinraub et. al.[22] oder auch das schon erwähnte Modellprojekt „Tagesmütter“, um damit zu belegen, daß bezüglich der Mutter-Kind-Beziehung keine Unterschiede zwischen familial und außerfamilial betreuten Kindern vorzufinden sind. Zu den Kritikern dieser positiven Einschätzung gehört Belsky, der in einem Sammelreferat zu dem Schluß kommt, daß ein früher Besuch einer Tagesbetreuungsstätte in der Entwicklung von Kindern einen Risikofaktor darstellen kann[23].

Allen Untersuchungen ist u. E. gemeinsam, daß sie zu vorschnellen Schlußfolgerungen verführen. Gerade bei Forschungsfragen zu emotionalen Aspekten sind die Studien mit Vorsicht zu genießen; fast immer wird beispielsweise versucht, eine Einschätzung der Mutter-Kind-Beziehung in testartigen Prozeduren oder über Befragungen der Mütter zu gewinnen. Das ist schon problematisch genug. Zudem konnte bislang niemand etwas über langfristige, vor allem innerpsychische Auswirkungen einer außerfamilialen Betreuung von Kindern nachweisen, weder im positiven noch im negativen Sinne.

Verstärkt wird in der letzten Zeit auch eine Neuorientierung der empirischen Vorgehensweisen eingeklagt. Bisher werden zu wenig Faktoren neben der Tagesbetreuung beachtet: Als kleines Beispiel sei auf die Zeitstrukturisierung und Standardisierung der Zeit von Kindern erwerbstätiger Mütter hingewiesen. Anders ausgedrückt: Kinder müssen in ihrer gesamten Erfahrungswelt beobachtet werden, was eine ökologische Ausrichtung der Kinderforschung implizieren würde. In der Sozialisationsforschung sind hier aber weitgehend Leerstellen vorzufinden.

2.2.3 Aufwachsen als Einzelkind

Kurzschlüssige Argumente dominieren auch, wenn die sozialisatorischen Auswirkungen des Aufwachsens als Einzelkind diskutiert werden. Nach den vorliegenden Daten kann behauptet werden, daß das Aufwachsen als Einzelkind eine durchaus typische Form von Kindheit geworden ist. In der Öffentlichkeit ist dieses Einzelkind immer noch mit starken Vorurteilen im defizitären Sinn belastet. Sie seien altklug, eigensinnig, schwierig und nicht in der Lage, zu teilen, usw. Eine vermeintliche Sondersituation – nämlich das Aufwachsen ohne Geschwister – stempelte sie flugs zu Sonderlingen ab. Diese Meinung wird durch psychologische Betrachtungen weiter gestärkt. Vor allem in amerikanischen Zeitschriftenaufsätzen werden Untersuchungen zitiert, die Einzelkinder als öfter depressiv und kontaktscheu beschreiben: Einzelkinder würden häufiger zu Schizophrenien, Drogen- und Alkoholkonsum neigen, sie seien ehrgeizig, launisch und ichbezogen[24].

Die Berichte aus amerikanischen psychotherapeutischen Praxen sind keinesfalls repräsentative Aussagen über die Persönlichkeitsentwicklung von Einzelkindern, sondern können eher als Spielmaterial für Stigmatisierungen gelten. Sie werden schnell entkräftet, wenn sie mit den zahlreichen positiven Bildern von Einzelkindern verglichen werden. Dann erscheinen Einzelkinder als kooperativer, selbstbewußter, unabhängiger, weniger ängstlich und zurückhaltend.

Ernst und Angst[25] haben Einzelkinder und Kinder mit unterschiedlicher Geschwisterzahl und Stellung (Erstgeborenes, mittleres Kind usw.) Persönlichkeitstests unterzogen und verglichen. Wenn Kinder aus dem gleichen sozialen Milieu kommen, dann unterscheiden sich Einzelkinder bezüglich Selbstbewußtsein, Kooperationsfähigkeit, Verantwortungsbereitschaft, Schulleistung und Anfälligkeit für psychische Krankheiten in keinem Punkt von Geschwisterkindern.

Kürthy[26] hat in einer Studie 818 Studenten befragt und die Antworten von Einzelkindern mit denen von Geschwisterkindern (insbesondere von Mittel-Kindern) verglichen. Einzelkinder erschienen insgesamt selbständiger, idealistischer, aufgeschlossener, ernsthafter, selbstsicherer, zärtlicher – aber auch streitsüchtiger und egoistischer.

Blake[27] hat in einer Studie von der University of California 150000 Kinder und Erwachsene befragt. Die Ergebnisse zeichnen ein positives Bild von Einzelkindern. Sie haben mehr Zeit für die Ausbildung als Kinder mit Geschwistern, beweisen bessere sprachliche Ausdrucksfähigkeit, haben mehr Anregungen durch Reisen, nehmen öfter Führungspositionen ein und werden von KollegInnen als geselliger als Geschwisterkinder beschrieben.

Mit solchen Ergebnissen wird das eingangs beschriebene Meinungsbild über die Defizite zwar relativiert, doch überzeugende Untersuchungen fehlen immer noch. Eines kann jedoch festgehalten werden: Pauschale Antworten zur Sozialisation von Einzelkindern sind unangebracht; man kann nicht sagen, daß ihre Situation besser oder schlechter ist; sie ist zunächst nur anders. Dies wollen wir an zwei Punkten verdeutlichen.

Eine Besonderheit des Aufwachsens als Einzelkind liegt in der Art der Sozialkontakte. Vor dem Kindergartenalter gibt es verschiedene Möglichkeiten: Einmal kann das Einzelkind allein aufwachsen und muß mit keinem anderen Kind teilen oder sich streiten und sich durchsetzen; oder es hält sich tagsüber in einer Kinderkrippe oder Tagespflegestelle auf und ist dann in der Regel mit gleichaltrigen Kindern zusammen. Hier erlebt das Einzelkind schon sehr früh das Problem von Konkurrenz und Rivalität. Das Geschwisterkind hingegen ist üblicherweise mit einem älteren oder jüngeren Kind zusammen, wobei Rivalitäten sicherlich nicht ausgeschlossen werden können, doch besteht eher die Chance, Hilfe zu bekommen oder zu geben und Verantwortung füreinander zu übernehmen, d.h. auch Solidarität zu üben.

Einzelkinder im Kindergartenalter sind ebenfalls zumeist mit Kindern gleichen Alters zusammen. Die weiter vorn präsentierten Daten zeigen, daß der größte Teil aller Kinder einen Kindergarten durchläuft. Einzelkinder haben demnach durchweg Kontakte zu anderen Kindern. Doch sind diese Sozialkontakte nicht mit Geschwisterkontakten vergleichbar, denn sie sind ständig unter Kontrolle der Erwachsenen. Kinder können sich zu Hause zurückziehen oder nach draußen gehen, wenn sie sich vom Erwachsenen abschotten wollen. Kindergartenkinder haben diese Möglichkeit des Unkontrolliertseins nicht. Zudem bleiben die Sozialkontakte im Kindergarten immer an die Gesamtgruppe gebunden.

Nach der Kindergartenzeit sind Einzelkinder auf die Schule angewiesen, wenn sie Freundschaften suchen. Die Schule wird angesichts abnehmender Straßensozialisation und zahlreicher Einzelkinder der zentrale Ort der Freundschaftsbildung und der Aufnahme von Kontakten.

Die wachsende Anzahl von Einzelkindern kann zukünftig (für Kinder wie auch gesamtgesellschaftlich) ein Zurückgehen von Verwandtschaft bedeuten. Hiermit ist gemeint, daß die sozusagen gratis erhaltenen Sozialkontakte über Tanten, Onkeln, Cousinen oder Neffen der den Einzelkindern nachfolgenden Generationen fehlen werden. Als Folge dieser Entwicklung wird noch stärker erlebte unmittelbare soziale Verpflichtung den Eltern gegenüber erwartet. Problematisch wird es sodann, wenn als Sozialkontakt eine enge Beziehung lediglich zwischen Kind und Mutter übrigbleibt, häufig als Problem der Übermütterung oder Übererziehung oder auch als Mutter-Kind-Symbiose thematisiert bzw. kritisiert. Problematisch wird es auch, wenn es stimmt, was im Januar 1990 in dem Wochenmagazin „Stern“ zu lesen war, nämlich daß Einzelkinder extreme Konsumkinder seien. In einer von dem Magazin beauftragten Untersuchung wurden Kinder und Jugendliche nach ihren Wünschen und Ausgaben gefragt. Es kam heraus, daß Einzelkinder sich besonders stark an den Konsumgewohnheiten ihrer Eltern, also Erwachsener, orientieren und jegliche „kindtypischen“ Wünsche und Einkäufe vermissen lassen.

In der letzten Zeit wird häufig die Einzelkindproblematik mit Schwierigkeiten in der Schule, vor allem in der Grundschule in Verbindung gebracht. Vermutet wird, daß die Klagen der Grundschullehrerinnen und -lehrer über Anpassungsschwierigkeiten der Kinder und Störungen des Unterrichts mit Diskrepanzerlebnissen von Einzelkindern zusammenhängen kann, die in der Schule plötzlich in größeren Gruppen zurechtkommen müssen. Doch wie angedeutet sind dies bloße Vermutungen, und es muß aufgrund der aufgeführten Einzelkindstudien vor vorschnellem Konstruieren von Kausalzusammenhängen gewarnt werden.

2.2.4 Aufwachsen in Ein-Eltern-Familien

Ebenso vorsichtig sind die Sozialisationsbedingungen von Kindern in sogenannten Ein-Eltern-Familien einzuschätzen.

Negative Auswirkungen für Kinder treten – so berichten frühere Untersuchungen – weniger bei Tod eines Elternteils auf als durch Nichtehelichkeit oder Scheidung, wobei die möglichen Gründe im Mitgefühl der Umwelt bei Verwaisung, in den anderen Fällen hingegen in den Vorurteilen der Umwelt liegen. Der Verlust eines Elternteils ist dabei für ein Kind offenbar um so schwieriger zu verkraften, je kürzer er zurückliegt, je enger die Beziehung war und je länger es dauert, bis eine neue Bezugsperson Ersatz bieten kann[28].

Unvollständige Familien und unkonventionelle Familienkonstellationen werden hinsichtlich ihrer angenommenen Sozialisationswirkungen seit eh und je vornehmlich unter Defizitaspekten untersucht, als Störungen und Brüche in den Familienbeziehungen. So berichten zahlreiche Untersuchungen in der Bundesrepublik, England und den USA über Zusammenhänge zwischen Verhaltensstörungen der Kinder einerseits und Scheidung, häufigem Streiten der Eltern oder dem Fehlen eines Elternteils andererseits, wobei es im wesentlichen Phänomene sind, die als „aggressive“ oder „delinquente“ Verhaltensformen eingestuft wurden. Auf die Problematik der normativen Bewertung dessen, was als Verhaltensstörung anzusehen ist, wird jedoch in diesen Studien offenbar ebensowenig eingegangen wie auf den sozialen Handlungskontext der beobachteten Phänomene, nämlich ihren interaktionsspezifischen Definitions- und Aushandlungsprozessen. So kommentiert beispielsweise Havers eher zurückhaltend, daß „sich durch gestörte Familienverhältnisse oder Fehlen eines Elternteils das Risiko für das Auftreten von Verhaltensstörungen erhöht“[29].

Was die subjektive Verarbeitung der familiären Situation anbetrifft, so finden sich auch bei Napp-Peters[30] Hinweise auf gesundheitliche und psychische Störungen und Auffälligkeiten, welche aber lediglich über die Eltern erhoben wurden. Gleichwohl erscheint es zumindest fragwürdig von beobachteten Verhaltensweisen unmittelbar auf ein vorab als problematisch definiertes Familienleben (in diesem Fall das Aufwachsen mit nur einem Elternteil) zu schließen.

Napp-Peters hat allerdings ermittelt, daß fast 40% der alleinerziehenden Elternteile angeben, ihr Kind habe nur wenige oder keine Freunde. Ein Viertel der Kinder konnte pro Tag nur ein bis zwei Stunden mit Vater oder Mutter verbringen; in der sonstigen Zeit befinden sich die Kinder bei anderen Betreuungspersonen oder in betreuenden Einrichtungen (z. B. in Kinderhorten) oder sind allein zuhause, was insbesondere bei Schulkindern auftritt: 30% der Kinder zwischen 6 und 16 Jahren sind während der – zumeist berufsbedingten – Abwesenheit des Elternteils allein zuhause. Rund 15% aller Kinder der untersuchten Ein-Eltern-Familien sind zwischen zwei und fünf Stunden unbeaufsichtigt allein zuhause[31].

Wie Wagner-Winterhager[32] feststellt, stimmen bisherige Studien darin überein, daß die Versorgung und Betreuung der Kinder für die erwerbstätigen Alleinerziehenden das größte Problem darstellt, insbesondere bei ganztägiger Abwesenheit von der Wohnung von rund neun bis zehn Stunden. Mit der Problematik der Versorgung und Betreuung geht einher, daß der Alltag der betreffenden Kinder in hohem Maße von standardisierten und normierten Zeitstrukturen bestimmt wird. Kindliches Zeiterleben wird zwangsläufig eingebettet in Zeitrhythmen der Berufstätigkeit, der Betreuungsinstitutionen und der privaten Lebensführung des alleinerziehenden Elternteils. Inwieweit diese für Kinder recht frühen Anpassungen an die Zeitstrukturen der Erwachsenen Einfluß nehmen auf die leiblich-sinnlichen Erfahrungen von Welt, bedarf noch einer genaueren Klärung.

Jenseits vermuteter Erziehungsprobleme und -defizite zeigt sich jedoch ein anderer, der Lebenslage von Kindern in Ein-Eltern-Familien kennzeichnender Aspekt: Die bisherigen empirischen Befunde deuten darauf hin, daß für Ein-Eltern-Familien insbesondere die ökonomische Situation dem Familienleben erhebliche Restriktionen im Hinblick auf Lebensstandard und Zeitbudgets – also

„materielle und zeitliche Mangellagen“ – auferlegt. So weist die Studie des BMJFFG nach, daß ein Drittel (32,5%) aller alleinstehenden Mütter mit ihrem Einkommen unter der Sozialhilfeschwelle liegen, bei den alleinstehenden Vätern sind es ein Siebtel (13,9%); bei ledigen Müttern liegt diese Armutsquote sogar bei 46,5%. Alleinerziehende Mütter mit minderjährigen Kindern leben zu 11,5% von Sozialhilfe als überwiegendem Lebensunterhalt. Etwa die Hälfte aller alleinerziehenden Mütter bestreitet den Lebensunterhalt mit einem Nettoeinkommen von DM 1200–1400; bei alleinerziehenden Vätern liegt dies bei durchschnittlich DM 1600–2000.

Napp-Peters[33] weist in ihrer Untersuchung darauf hin, daß für Alleinerziehende die aufgrund der restriktiven ökonomischen Lage und der Zeiten der Erwerbstätigkeit entstehenden Alltagsprobleme für die Betreuung und Versorgung der Kinder wiederum Konsequenzen für den Umfang und die Intensität sozioemotionaler Kontakte zwischen Elternteilen und Kindern hat. Vor diesem Hintergrund wäre es sinnvoller, Fragen nach besserer Vereinbarkeit von Erwerbstätigkeit und Kinderaufzucht nach verbesserten außerfamilialen Kinderbetreuungen und ökonomischer Absicherung von Alleinstehenden mit Kindern in den Vordergrund zu stellen, anstatt mit voreiligen Bewertungen der Sozialisation von den betreffenden Kindern zu operieren.

2.2.5 Aufwachsen als Scheidungskind

Seit langem werden Kinder in Scheidungsfamilien mit Stigmatisierungen bedacht. Von Seiten der klinischen Forschung wird eher in eine negative Richtung gewiesen. Die Sozialforschung liefert hingegen Ergebnisse, die zu entdramatisieren geeigent sind.

Schattner/Schumann zitieren im Zusammenhang von Scheidungskindern, die eine Wiederverheiratung erleben, aus einer der wenigen repräsentativen Studien: „Die Mehrzahl der Kinder schien zufriedenstellende Familienbeziehungen zu haben, ähnlichen schulischen Erfolg zu erzielen wie Kinder in anderen Situationen und für ihre eigene Zukunft gleiche positive Erwartungen zu haben ... Für die Mehrzahl der Kinder gab es keinen klar erkennbaren nachteiligen Effekt, und es unterschied sie nur wenig von ihren Altersgenossen, die mit beiden leiblichen Eltern zusammenlebten. Dennoch gab es genügend Hinweise auf Unglück und Entwicklungsschwierigkeiten bei einer Minderheit von Stiefkindern, die darauf schließen lassen, daß Wiederverheiratung nicht als sofortiges Allheilmittel für die vielen Probleme der Ein-Eltern-Familie gesehen werden darf, insbesondere nicht, wenn die Probleme aus der Sicht der Kinder gesehen werden“[34]. Es kann zum Beispiel für Kinder auch eine sehr schmerzvolle Erfahrung sein, wenn mit einer neuen Familie eine neue Umgebung und die Aufgabe von Freundschaften verknüpft ist.

Stiefkinder haben anscheinend auch eine bestimmte Meinung zum „Familienkonzept“. Furstenberg hat in einer Untersuchung festgestellt, daß jedes dritte Kind bei der Frage nach den Familienmitgliedern den Stiefelter überging, den außerhalb lebenden leiblichen Elter jedoch miteinbezog[35]. Diese Kinder dachten demnach noch streng in Verwandtschaftsbezügen und nicht an die tatsächlich gelebte Haushaltsform. Ferner ist es eine oft gemachte Beobachtung, daß die Kinder den Erziehungsstil des Stiefvaters an dem des leiblichen Vaters messen, was nicht selten bei zu heftigem Eingreifen des Stiefvaters zur Intervention der Mutter führt und dadurch auch noch Partnerschaftsprobleme aufwirft.

Wallerstein/Blakeslee haben von 1971 bis 1986 in den USA 131 Scheidungskinder in 60 Familien beobachtet und betreut. Über die psychologischen Auswirkungen einer Scheidung liegt jetzt ein erster Bericht vor[36]. Die Erkenntnisse der Studie, so interessant und wichtig sie sein mögen, sind aber nicht auf alle Familien übertragbar; sie gelten „für Familien der Mittelschicht in der postindustriellen Welt" (ebenda, S. 355). Welche Erfahrungen Familien anderer Sozialschichten machen, wird aus dieser Forschung nicht ersichtlich. 48% der 131 Kinder waren Jungen, 52% Mädchen. Zum Zeitpunkt der Trennung war ein wenig mehr als die Hälfte 8 Jahre alt oder jünger und 47% waren zwischen 9 und 18 Jahren alt.

Die Ergebnisse der Studie von Wallerstein und Blakeslee stimmen aus der Sicht der Kinder eher bedenklich. Für die Eltern mag eine Scheidung so etwas wie eine Befreiung aus einer untragbaren Situation darstellen, für die Kinder aber nicht. Auch wenn Scheidungskinder nach Jahren die Entscheidung der Eltern gutheißen, so berichten sie dennoch von Gefühlen des Leidens und vom Fehlen der Geborgenheit. Fast alle Kinder der Scheidungsfamilien behaupten, daß ihre Kindheit und ihre Pubertät von der Scheidung überschattet waren. Eine große Anzahl der von den beiden Wissenschaftlerinnen begleiteten Kinder berichten, daß sie sich als Teenager psychisch und emotional im Stich gelassen gefühlt haben. Gerade in der Pubertät wurden diese Heranwachsenden „von inneren Zweifeln und von Zukunftsängsten gequält"[37].

Ein Punkt sollte unter sozialisatorischen Gesichtspunkten besonders hervorgehoben werden: Ein Scheitern der elterlichen Ehe dominiert noch nach 15 Jahren die eigenen Beziehungen der Kinder. Die Scheidungskinder spürten als junge Erwachsene, daß ihnen ein Modell einer liebevollen und dauerhaften Partnerschaft fehlte, obwohl es gerade ihr Ziel war, mit allen Kräften eine dauerhafte Liebesbeziehung einzugehen. Viele kämpfen noch immer mit Angst- und Schuldgefühlen. Die Hälfte der Untersuchungsgruppe ist nach eigenen Berichten jetzt im Erwachsenenalter deprimiert, häufig aggressiv, einige verachten sich selbst.

Es gab aber auch etliche Kinder, die gut zurechtkamen. Einige, weil sie sich bewußt vom Beispiel ihrer Eltern abgegrenzt haben, andere, weil die geschiedenen Eltern in der Lage waren, bei Erziehungsfragen zu kooperieren. Wieder andere Kinder erlebten mit, wie die geschiedenen Eltern ihr Leben wieder erfolgreich aufbauen konnten. Auch hilfreiche Beziehungen zu einem oder beiden Elternteilen, zu Stiefeltern, Geschwistern oder Großeltern sind ein Faktor, der eine erfolgreiche Verarbeitung einer Scheidung gewährleisten kann.

Es ist anzunehmen – und dies kann vermutlich, auch vor dem Hintergrund familientherapeutischer Erkenntnisse, verallgemeinert werden –, daß eine rücksichtsvoll und pragmatisch durchgeführte Scheidung den Kindern weniger schadet als eine aufrechterhaltene Ehe, in der sich die Partner terrorisieren oder physische Gewalt ausüben. Kinder können dann sogar eher miterleben, daß Lebensprobleme auch über konstruktive Trennungsprozesse gemeistert werden können. Am besten verkraften offenbar Kinder eine Scheidung, wenn sie entweder noch unter 15 Monate oder über 15 Jahre alt sind[38].

2.3 Kinder als Projekt – Neue Erziehungsideen und ihre Folgen

In der heutigen Eltern-Kind-Beziehung hat sich vieles verändert. Die Entscheidung für ein Kind wird nicht mehr aus Versorgungsgründen im Alter oder für die Weitergabe des Familiennamens getroffen, sondern als Sinnerfüllung des eigenen Lebens gesehen. Dies hat Auswirkungen auf das Aufwachsen heutiger Kinder. Sie werden umhegt und gepflegt, Eltern sind bemüht, auf die Gefühle ihrer Kinder einzugehen. Der Kindheitsforscher Lloyd de Mause hat in diesem Zusammenhang mit seiner Einschätzung der Kindheitsgeschichte recht, Erwachsene verfügen heute über mehr Empathie als vergleichsweise vor 100 Jahren.

Dieser positiv einzuschätzende Aspekt des Wandels von Kindheit hat aber auch eine problematische Seite: Etliche moderne Eltern verschreiben sich einer Idee von perfekter Sozialisation.

In diesen Familien werden Kinder immer weniger so hingenommen wie sie sind, mit ihren geistigen und körperlichen Eigenheiten. Kinder werden in fortgeschrittenen Industriegesellschaften zunehmend zum Zielpunkt ebenso ehrgeiziger wie planvoller Bemühungen: Möglichst alle Mängel sollen korrigiert werden und möglichst alle Anlagen sollen gestärkt werden. So absolvieren Kinder heute zahlreiche Trainings, Kurse, Förderprogramme. Sogenannte Spielpädagogen oder Animateure bringen ihnen sogar bei, wie sie ihre Freizeit verbringen sollen, die eigentlich ja selbstbestimmt sein sollte.

Das Ziel der Familienerziehung ist dann immer weniger das wohlgeratene und zufriedene Kind, sondern das *perfekte* Kind[39]. Kindererziehung wird auf diese Weise zum wissenschaftlichen Projekt. Im Extrem zum Projekt „Boris, der Tennisstar“ oder „Marvin, der Experte für künstliche Intelligenz“.

Dies betrifft sicherlich in erster Linie Kinder von meist gut verdienenden Eltern. Solche Kinder haben alles, was zur modernen Kindheit gehört: pädagogisch wertvolles Spielzeug, Computer-Lernsysteme, aber auch eine schicke Garderobe. In den internationalen, unverschämt teuren „Learning Centers“ werden vierjährige „Genies“ am Flügel oder an der Geige ausgebildet. Es gibt Eltern, die wollen schon ihren acht Monate alten Säuglingen mit Lernkarten das Zählen beibringen. „Head start“ heißt das Zauberwort. Im Kleinkindalter werden heutige Kinder zum Karrierevorsprung angetrieben, und Erziehung verkommt dann zum Wettrennen um die ersten Plätze in unserer Gesellschaftshierarchie.

Viele Eltern bemerken nicht, daß ihre Kinder dabei auf der Strecke bleiben. Kindliche Bedürfnisse und solcherart Anspruchshaltung der Eltern sind selten vereinbar, Kinder steigen innerlich aus. Es ist dann nicht verwunderlich, daß in der Grundschule chronische Leistungsverweigerer beobachtet werden oder Kinder mit typischen Symptomen von Streß in die Schule kommen. Sie sind nervös, unruhig, klagen über Schlafstörungen und Magenbeschwerden. Die Sozialforscher Engel und Hurrelmann haben in einer Untersuchung festgestellt, daß schätzungsweise rund 40% heutiger Kinder unter Streßsymptomen leiden[40].

Die Gründe, die hinter den Erziehungsideen dieser ehrgeizigen Eltern stehen, sind evident. Fortgeschrittene Industriegesellschaften, in denen theoretisches Wissen mehr zählt als alles andere Wissen, sind Leistungsgesellschaften, in denen Leistung durch Examina und Zertifikate ausgedrückt wird. Ohne diese Zertifikate ist die Sicherung des Sozialstatus kaum möglich, geschweige denn sozialer Aufstieg.

Deshalb steht die Familie unter einem Erziehungsdruck, der historisch ohne

Vorbild ist. Und das zu einem Zeitpunkt, zu dem traditionelle Familienerziehung problematisiert wird, aber eine Alternative zur Familienerziehung sich noch nicht etabliert hat. Übererziehung und völlige Vernachlässigung von Erziehung sind die widersprüchlichen Folgen.

Das stellt die Schule vor Erziehungsaufgaben, denen sie bisher nicht gewachsen ist. Die Wiedergewinnung des Erzieherischen ist eine Zukunftsaufgabe der Schule, deren Lösung auf der anderen Seite ohne Unterstützung aus dem schulischen Umfeld überhaupt nicht möglich ist, also ohne Unterstützung aus der Nachbarschaft, den sozialen Einrichtungen, den Kirchen usw.

3 Zur „Innenseite“ der Kindheit – Psychoanalytische Sozialisationstheorie

Im Medienzeitalter werden nicht erst Jugendliche, sondern bereits kleine Kinder über unsere Gesellschaft „aufgeklärt“. Kinder sind zunehmend gut über Umweltbedrohungen informiert und erleben und verarbeiten sie als „Innenweltbedrohung“, ohne daß sie ihre Gedanken, Ängste und Phantasien mit ihren Eltern besprechen. Der Psychologe Horst Petri spricht hier von „vergifteten Beziehungen“ zwischen den Generationen. Kinder werden in der Familie mit ihren Ängsten ganz einfach allein gelassen und „verlieren das Vertrauen in eine schutzbietende und die Gefahren gemeinsam tragende Elterngeneration“ (Petri, FR vom 04.11.89).

Mit diesem Aspekt des Wandels der Eltern-Kind-Beziehung wird ein Bereich von Sozialisationsforschung angesprochen, der sich mit der „inneren Natur“ der Heranwachsenden befaßt. Dieser Bereich ist für die Analyse von veränderter Sozialisation so wichtig, daß wir im folgenden darauf ausführlich eingehen wollen. Vorweg müssen wir einige Grundbegriffe klären und theoretische Konzepte erläutern.

Sozialisation ist ein sozialwissenschaftlicher Grundbegriff, der nicht mit Erziehung identisch gesetzt werden darf. Sozialisation hebt auf die Vergesellschaftung des Subjekts ab – eine anthropologische Notwendigkeit. Sozialisation ist vom Resultat her indirekte, „funktionale“ Erziehung.

Mit Erziehung im gebräuchlichen Sinn ist aber die absichtlich gewollte, geplante, systematische Erziehung gemeint, in der Pädagogik „intentionale“ genannt. Sozialisation bezieht sich demgegenüber auf gesellschaftlich bedingte Prozesse, die nicht unbedingt intentional sein müssen.

Der Begriff „Sozialisation“ wurde bereits um die Jahrhundertwende von Emile Durkheim, einem französischen Soziologen, benutzt und vom Erziehungsbegriff klar abgegrenzt. „Erziehung ist die Einwirkung der Erwachsenengeneration auf diejenigen, die noch nicht reif sind für das Leben in der Gesellschaft. Sie zielt darauf ab, beim Kinde eine Reihe physischer, geistiger und sittlicher Kräfte zu wecken und zu fördern, die die politische Gesellschaft ... und das jeweilige Milieu ... von ihm fordern ... Erziehung ist methodische Sozialisation“ (Durkheim 1973, S. 50; vgl. auch Hurrelmann/Ulrich 1980, S. 198ff.).

Doch vollzieht sich Sozialisation nicht nach dem Modell eines Schwamms, d.h. der „Sozialisierte“ ist nicht bloß die Summe der Milieueinflüsse, die er aufsaugt. Er ist anders und mehr. Er ist *Ergebnis der individuellen Verarbeitung und Auseinandersetzung mit innerer und äußerer Natur*. Damit ist auch ein dialektisches Paradox angesprochen: Gelungene Vergesellschaftung setzt nämlich ein Stück Distanz zur Gesellschaft voraus. Ohne diese Distanz wäre eine eigenständige Verarbeitung gesellschaftlicher Ansinnen und Anforderungen nicht möglich, wäre der Heranwachsende doch verführt, wie ein Schwamm alle Umwelteinflüsse nur aufzusaugen.

Die äußere Natur taucht in den Sozialisationstheorien als Milieu oder Umwelt auf, insbesondere in den sozialökologischen Erklärungsansätzen. Die Analyse der inneren Natur im Sozialisationsprozeß ist vor allem Gegenstand der *psychoanalytischen Sozialisationstheorie*. In diesem ersten Kapitel wollen wir uns vor allem um die innere Natur kümmern, in dem folgenden um die äußere.

Die für die Untersuchung der inneren Natur unverzichtbare Psychoanalyse orientiert sich hinsichtlich der Sozialisation an zwei Schwerpunkten, die hier zwangsläufig stark verkürzt und damit auch nur vergröbert dargestellt werden können (vgl. dazu Freud, Bd. V. Wir zitieren jeweils die Fischer-Studienausgabe, Frankfurt/M.):

- An einem *Strukturmodell*, d.h. an der Theorie der psychischen Struktur als Aufbau von Ich und Über-Ich;
- und an einem *Entwicklungsmodell*, d.h. an der Genese des Sexualtriebs – beschrieben als Reifungsprozesse der Sexualität.

Die psychische Struktur bildet sich aus drei Schichten: Es, Ich und Über-Ich. Das Es, ein „Kessel von brodelnder Erregungen" (Freud), bildet den Triebpol, die Energie der Persönlichkeit. Seine Inhalte sind psychischer Ausdruck der Triebe, teils erblich und angeboren, teils verdrängt und erworben (vgl. Laplanche/Pontalis 1975, S. 147ff.). Daß die Inhalte des Es angeboren sind, ist leicht verständlich, sind sie doch von der Natur der Triebe bestimmt. Daß sie aber auch erworben sein können, ist schon schwerer einsehbar. Hier ist zu bemerken, daß der psychische Ausdruck des Trieblebens auch von der Außenwelt beeinflußt wird. Der Sexualtrieb ist von den jeweiligen gesellschaftlichen Bedingungen zum Teil so geprägt, daß diese Bedingungen sich in der Natur des Trieblebens niederschlagen. Das Es strebt zunächst einmal energievoll zur schrankenlosen Befriedigung des Triebs.

Ungehemmte Triebe lassen aber kaum ein Zusammenleben zu. Hemmungslose, unkontrollierte Triebbefriedigung führt im Extrem zum Chaos, zu Zerstörung bis hin zum Tod. Deshalb muß eine Regel- und Kontrollinstanz die Persönlichkeit lenken. Diese Instanz ist eine zweite, eine psychische Schicht der Persönlichkeitsstruktur, das Ich.

Das Ich vermittelt zwischen dem Energieandrang des Triebpols, den Freud auch *Lustprinzip* (die Libido) nennt und den Anforderungen der Außenwelt, die auf Überleben und Zusammenleben ausgerichtet sind. Diese Anforderungen nennt Freud das *Realitätsprinzip. Das Ich vermittelt also zwischen Lustprinzip und Realitätsprinzip*. Freud beschreibt das so:

> „Als Grenzwesen will das Ich zwischen der Welt und dem Es vermitteln, das Es der Welt gefügig machen und die Welt mittels seiner Muskelaktionen dem Es-Wunsch gerecht machen" (Freud, Bd. III., S. 322).

Die Anforderungen der Außenwelt, das Realitätsprinzip, kommen auf den Menschen zuerst im Kindheitsalter zu, und zwar als Verbote und Gebote der Eltern. Nun sind wir aber triebhafte Wesen, die sich nur ungern Verboten unterwerfen, und durch Zwänge wird das Selbstwertgefühl gekränkt. Andererseits können wir uns diesen Geboten, Verboten und Regelungen nicht entziehen. In dieser widersprüchlichen Situation taucht als Hilfe eine dritte Schicht der Persönlichkeitsstruktur auf: Das Über-Ich. Es bildet sich durch die Verinnerlichung der elterlichen Gebote, Forderungen und Verbote. Die Funktion des Über-Ichs ist sozusagen als Gewissen, als Selbstbeobachtung zu verstehen.

Diese psychische Instanz übt in uns die Fähigkeit, die Triebe zu kontrollieren und hierbei insbesondere das Aufschieben von Befriedigung.

Die Fähigkeit zur rationalen Triebkontrolle war ein entscheidendes Merkmal des Sozialcharakters, der noch vor 20 Jahren dominierte und den wir der Einfachheit halber an dieser Stelle als „alten Sozialcharakter“ kennzeichnen wollen. Der Begriff Sozialcharakter entstammt aus der Tradition der Psychoanalyse, allerdings der gesellschaftskritischen Seite. Fromm hat ihn geprägt, aber vor allem hat er sich in der amerikanischen Soziologie eingebürgert. Riesman definiert den Begriff wie folgt:

„Was meinen wir nun, wenn wir von ‚sozialem Charakter‘ sprechen, nicht von ‚Persönlichkeit‘, einem Terminus, wie er in der modernen Sozialpsychologie zur Bezeichnung des ganzen Selbst mit seinen ererbten Temperamenten und Anlagen, seinen biologischen und seelischen Komponenten, seinen flüchtigen und auch seinen mehr oder weniger permanenten Eigenschaften benutzt wird. Wir meinen auch nicht Charakter an sich, wie der Begriff gegenwärtig vielfach gebraucht wird, als einen Teil der Persönlichkeit, geformt durch Erfahrungen und nicht durch Vererbung (womit nicht gesagt sein soll, daß es leicht wäre, eine Grenze zwischen diesen beiden zu ziehen). Charakter in diesem Sinne ist die mehr oder weniger sozial und historisch bedingte Struktur der individuellen Triebe und Befriedigungen: die Verfassung, in der der Mensch der Welt und seinen Mitmenschen gegenübertritt.

‚Sozialer Charakter‘ dagegen ist der Teil des ‚Charakters‘, wie er bestimmten Gruppen gemeinsam ist und der, wie er von den meisten zeitgenössischen Sozialwissenschaftlern definiert wird, das Produkt der Erfahrungen dieser Gruppe darstellt. Der so verstandene Begriff des sozialen Charakters erlaubt uns, wie es in diesem Buch durchgehend geschieht, von dem Charakter von Klassen, Gruppen, Völkern und Nationen zu reden“ (Riesman 1958, S. 20).

Triebkontrolle und Triebaufschub drückte sich beim „alten Sozialcharakter“ darin aus, daß er fleißig war, lernen und später „mal was werden“ wollte. Das heißt, seine psychische Struktur war so angelegt, daß er in der Lage war, Befriedigung in die Zukunft zu verlagern, z. B. Lebensstandard, Luxus erst dann erwartete, wenn er auch dafür etwas *geleistet* hatte.

In dieses Verhalten wirkt eine Instanz unterstützend ein, die in der Psychoanalyse als Ich-Ideal bezeichnet wird. Das Ich-Ideal, eine Abspaltung aus dem Über-Ich, stellt ein Vorbild dar, an das wir uns anzugleichen versuchen. Es ist die Idealisierung von Qualitäten, z. B. ein erfolgreicher Arzt zu werden, ein außergewöhnlicher Sportler zu sein usw., die man selbst gerne hätte, die man anstrebt und sich deshalb in seinem Verhalten danach ausrichtet.

Leistung und hohe Bildungsabschlüsse sind also auch Idealisierungen, die vom Ich-Ideal ausgehen und ein Charakteristikum der psychischen Struktur des „alten Sozialcharakters“ erklären lassen.

Um nun diese stabile psychische Struktur zu erhalten, d. h., um als volles Mitglied in die Gesellschaft aufgenommen werden zu können, muß der alte, von Fromm und Adorno auch „autoritär“ genannte Sozialcharakter mehrere Entwicklungsphasen durchlaufen. Freud hat die verschiedenen Phasen in „Drei Abhandlungen zur Sexualtheorie“ (Freud, Bd. V) ausführlich erörtert.

Durch die biologische Determination hat jede Phase eine animalische Grundnatur, die den jeweiligen Anforderungen der Gesellschaft angepaßt werden muß. Die erste Anpassungsphase der menschlichen Sexual- und Sozialentwicklung bezeichnet Freud als *orale Phase*. Er beobachtete, daß der erste Kontakt des Säuglings mit anderen Menschen, zumeist der Mutter, durch die Nahrungsaufnahme geschah. Kontaktfeld ist hierbei der Mund, den Freud als erogene Zone faßt. Mit dem Mund erkundet der Säugling, welche Dinge orale Befriedigung verspricht, er steckt sich erst einmal alles in den Mund. Die Außenwelt nimmt der Säugling unkonturiert wahr, die Mutter bleibt diffus, einzig ein Objekt, das zu einem „ozeanischen“ Gefühl führt.

„Die Sexualität ist hier von der Nahrungsaufnahme noch nicht gesondert, Gegensätze innerhalb derselben nicht differenziert. Das Objekt der einen Tätigkeit ist auch das der anderen, das Sexualziel besteht in der Einverleibung dessen, was späterhin als Identifizierung eine so bedeutende psychische Rolle spielen wird“ (Freud V, S. 103).

Wenn sich das Muskelsystem entwickelt und das Kind seine analen und uretalen Schließmuskeln beherrscht, verliert die orale Zone an Bedeutung, und die *anale Phase* beginnt. Mit ihr beginnt auch die Reinlichkeitserziehung der Eltern, und Freud behauptet, daß das Kind in dieser Phase ein Interesse der Eltern an seinem Darminhalt erkennen würde und mit der Darmentleerung ein Gefühl von Schenken und Wert verbinden würde (vgl. Freud, Bd. X, S. 402–410).

Im dritten oder vierten Lebensjahr wechselt laut Freud der Schwerpunkt der Empfindsamkeit von der analen auf die genitalen Zonen. Dies ist der Beginn der *infantil-genialen Phase*, in der das Kind die Geschlechter erkennt.

In der infantil-genitalen Phase treten nun Schwierigkeiten besonderer Art auf. Das Kind erkennt seine Geschlechtlichkeit und die seiner Familienmitglieder. Und es passiert noch etwas: Mutter und Sohn schmusen gern. In dieser Phase der psychosexuellen Entwicklung fühlt sich der Sohn besonders an die Mutter gebunden, während er dem Vater Eifersucht entgegenbringt. Dieses Problem nennt Freud den *Ödipuskonflikt*. Freud schreibt hierzu:

„Die Vateridentifizierung nimmt nun eine feindselige Tönung an, sie wendet sich zum Wunsch, den Vater zu beseitigen, um ihn bei der Mutter zu ersetzen. Von da an ist das Verhältnis zum Vater ambivalent; es scheint, als ob die in der Identifizierung von Anfang an enthaltene Ambivalenz manifest geworden wäre. Die ambivalente Einstellung zum Vater und die nur zärtliche Objektstrebung nach der Mutter beschreiben für den Knaben den Inhalt des einfachen positiven Ödipuskomplexes“ (Freud, Bd. III, S. 299).

„Ödipus“ ist von Freud dem Stoff der Tragödie von Sophokles „Ödipus Rex“ entnommen. Diese Tragödie wiederum beruht auf einer griechischen Sage. Ödipus war der König von Theben, und ein Orakelspruch sagte voraus, daß er seinen Vater töten und seine Mutter heiraten würde. Damit dies nicht eintreten konnte, wurde Ödipus ausgesetzt, aber dann doch gerettet und von dem König von Korinth aufgenommen. Nach vielen Jahren kam Ödipus wieder einmal nach Theben, und in einem Streit tötete er tatsächlich, ohne es zu ahnen, seinen Vater. Weiter ist zu erfahren, daß er danach Theben von der Sphinx befreite und als Lohn den Thron von Theben und die Königin, mit der er später mehrere Kinder hatte, erhielt. Diese Königin war nun aber seine Mutter, und als Ödipus von einem Seher die Wahrheit erfuhr, stach er sich beide Augen aus. Blind und leidend irrte er von seiner Tochter Antigone begleitet in der Fremde umher.

In der Psychoanalyse liest es sich nun so: Der Sohn liebt die Mutter und sieht den Vater als Rivalen an. Doch trotz aller Rivalität entsteht für das Kind ein Konflikt zwischen Liebe und Haß, denn es braucht und liebt beide, Vater und Mutter. Um aber eine „gesunde" Entwicklung durchzumachen, d. h. um die nächste psychosexuelle Phase zu erreichen, muß das Kind die traumatische Erfahrung machen, daß es seine Liebe, im Falle des Sohnes, zur Mutter, beschränken muß. Der Grund dafür, daß der Sohn die Beschränkung vollzieht, liegt nach Freud in der *Kastrationsangst*, in der Angst vor der Rache des väterlichen Rivalen:

> „Wenn die Liebesbefriedigung auf dem Boden des Ödipuskomplexes den Penis kosten soll, so muß es zum Konflikt zwischen dem narzißtischen Interesse an diesem Körperteil und die libidinöse Besetzung der elterlichen Objekte kommen. In diesem Konflikt siegt normalerweise die erstere Macht; das Ich des Knaben wendet sich vom Ödipuskomplex ab" (Freud, Bd. V, S. 248).

Der Sohn identifiziert sich mit den Verboten, mit der Stärke des Vaters – der *Vater als Sieger*. Dadurch besinnt sich der Sohn verstärkt auf sein eigenes Geschlechtsbild, nämlich auf das männliche Bild, wie es auch der starke Vater zeigt. Damit ist für den Sohn die ödipale Konfliktsituation gelöst, ein stabiles Über-Ich ist die Folge.

Die entsprechende Entwicklung beim Mädchen ist in der „klassischen" Psychoanalyse nicht sehr überzeugend dargestellt und ist Anlaß zu vielen Kritiken, auf die wir noch zurückkommen werden.

Sei es nun wie beim Jungen mit einem stabilen Über-Ich oder beim Mädchen mit einem abgeschwächten Über-Ich, mit der Geschlechtsrollenidentifikation steht der phasengerechten Weiterentwicklung nichts mehr im Weg. Mit dem Untergang des Ödipus ist in der infantil-genitalen Phase die primäre Sozialisation abgeschlossen, und mit der vierten Phase, der *Latenzphase*, beginnt die sekundäre Sozialisation.

> „. . . der Ödipuskomplex muß fallen, weil die Zeit für seine Auflösung gekommen ist, wie die Milchzähne ausfallen, wenn die definitiven nachrücken" (Freud, Bd. V, S. 245).

Mit der Latenzperiode endet in der Sicht der Psychoanalyse die Kindheit. Es bilden sich die sekundären Geschlechtsmerkmale heraus, die geschlechtliche Reife ist erreicht.

> „Ein höchst komplizierter Apparat ist so fertig geworden, der seiner Inanspruchnahme harrt" (Freud, Bd. V, S. 113).

In dieser Phase wird das Kind auf die vermehrte Triebzufuhr der Pubertät vorbereitet, d. h. es wächst die Kontrolle, die das Ich und das Über-Ich auf das Triebleben ausüben.

Die Latenzphase eröffnet hiermit den Zugang zur letzten Stufe der gesamten psychosexuellen Entwicklung, zur Phase der *Adoleszenz*, die mit der Pubertät gekoppelt ist. Pubertät beschreibt die körperliche Manifestation der sexuellen Reifung, während der Begriff Adoleszenz die psychischen Anpassungsversuche in der Persönlichkeitsentwicklung meint. Von einem „erfolgreichen" Abschluß der Adoleszenz wird in der Psychoanalyse dann gesprochen, wenn die Trieborganisation und die Ich-Entwicklung harmonisch und phasengerecht verlaufen sind und als Bestandteile der Persönlichkeit integriert sind.

In „klassischer Weise" ist mit dem Untergang des Ödipuskonflikts die frühkindliche psychosexuelle Entwicklung abgeschlossen, d.h. es hat sich ein stabiles Über-Ich, und es hat sich eine stabile Identifikation mit dem gleichgeschlechtlichen Elternteil geformt. Der Vater spielt hierbei eine wesentliche Rolle, denn seine Stärke und Strenge bildet den Anlaß, daß das ödipale Agieren aufgegeben wird.

Die Väter heutiger Kinder sind nun gar nicht mehr so „stark", sie eignen sich deshalb nicht mehr als Identifikationsobjekt.

Schon zu Beginn der 60er Jahre bemerkte Alexander Mitscherlich, daß Kinder sich zunehmend weniger verpflichtet fühlen würden, die Verbote, Wertvorstellungen und Verantwortungen der Eltern zu übernehmen (Mitscherlich 1963).

Dafür gewinnt die Mutter geradezu schicksalhaft an Bedeutung. Natürlich ist sie auch verunsichert, ist auch sie „schwach" in den sich so schnell entwickelnden gesellschaftlichen und technologischen Verhältnissen. Aber an der Macht der Mutter in den ersten Lebensjahren der Kinder haben diese Entwicklungen noch nicht einschneidend gerührt. Aus der Dominanz heraus haben sie sogar noch eine Art „psychisches Interesse" der Mutter verstärkt, die ihr Kind mehr für sich braucht als je zuvor, und zwar aus folgenden Gründen:

- die räumliche Trennung wird durch kleine Wohnungen immer unmöglicher, Mutter und Kind sehen sich also viele Male täglich.
- Die reine Hausfrauentätigkeit befriedigt kaum; dadurch gerät die Erziehung des Kindes schnell zum Profilierungsfeld. Eine etwaige Berufstätigkeit der Mutter bringt auch keine Selbstentfaltung, sondern ist eigentlich nur Zubrot.

Diese Gründe können dazu führen, daß die Mutter das Kind immer stärker als unmittelbares Befriedigungsobjekt einnimmt. Ein „schwacher" Vater und eine „schwache" Mutter, die sich wegen ihrer „Schwäche" verstärkt ihrem Kind zuwendet, weisen auf eine *Mutterdominanz* hin.

„Mutterschwäche" als Mutterdominanz ist die Basis, gilt als Prädisposition für eine ausgeprägte *Mutter-Kind-Symbiose*.

Das Wort Symbiose bezeichnet in der Biologie eine enge funktionale Verbindung zweier Organismen zu beiderseitigem Nutzen. In der Psychoanalyse beschreibt es ein enges Verhältnis zwischen Mutter und Kind (vgl. dazu Mahler 1972).

Die Seite der Mutter haben wir schon geklärt: Es ist die Stabilisierung und Kompensation der eigenen Persönlichkeit („Mein Kind, das kann ich gar nicht genug lieben!"), quasi eine affektive Funktionalisierung des Kindes.

Durch diese Überliebe und Übermutterung („overprotection") wird dem Kind die Möglichkeit genommen, sich der symbiotischen Verbindung zu „entwöhnen", was dazu führt, daß der Ödipuskonflikt vom Kind aus unabgeschlossen und offen bleibt.

Der narzißtische Sohn gibt zwar das ökipale Agieren auf, d.h., die sexuelle Beziehung zur Mutter aber nicht wegen eines starken Vaters und Kastrationsangst, sondern er vermeidet von vornherein die Auseinandersetzung, um einer Kränkung, einer Niederlage, aus dem Weg zu gehen.

Der „schwache" Vater ruft auch keinen Penisneid mehr bei der Tochter hervor. Schutz, Wärme und Stärke wird eher von der Mutter repräsentiert. Das Offenbleiben des Ödipuskonflikts hat zur Folge, daß die im primären Narzißmus angelegte Mutterbindung bestehen bleibt (mit Mutterbindung ist nicht die Bindung an das aktuelle Mutterobjekt gemeint, sondern aqn das grandiose, allmächtige präödipale Objekt). Das eine Ziel des Ödipuskonflikts, die Aufgabe der inzestuösen Strebungen (Inzest: Blutschande) ist zwar erreicht (durch Vermeidung), aber eine stabile Geschlechtsrollenidentifikation ist nicht vorhanden, denn Sohn und Tochter beharren unbewußt auf der Mutterbindung.

Auch das Über-Ich ist nicht so wie es sein sollte. Die hemmende, kontrollierende und leitende Funktion des Über-Ichs ist abgeschwächt. Sexuelle und aggressive Triebe halten sich deshalb immer weniger an Regeln. Das stabile Über-Ich des alten, autoritären Sozialcharakters ist nicht mehr aufzufinden.

Mit dem Untergang des Ödipuskomplexes und der damit verbundenen Schwäche des Über-Ichs beschreibt die Psychoanalyse in plausibler Weise wichtige Aspekte der „Innenseite" der neuen Kindheit. Kritisch ist dazu allerdings anzumerken, daß dieser Aufsatz zu pauschal argumentiert. Jedes Kind scheint davon betroffen zu sein, ob nun in einer erfolgreichen oder in einer „offenen“ Lösung. Als Urkonflikt manifestiert sich der Ödipuskonflikt in jeder einzelnen Biographie. Die jeweils historisch-gesellschaftliche Situation spielt hierbei kaum eine Rolle. Um dem Ödipuskonflikt als universelle Grundsituation zu begründen, geht Freud von einer höchst spekulativen Theorie der *Urhorde* aus (Freud, Bd. 9).

In dieser Urhorde gab es einen Urvater. Er hatte eine Schar Söhne und viele Frauen, die er für sich allein beanspruchte und von denen er die Söhne mit Gewalt abhielt. Freud nimmt nun an, daß die Söhne den Vater deshalb erschlagen haben. Anschließend wurde er von ihnen verzehrt.

Doch danach trat etwas ein, was laut Freud psychisch nun bei jedem Kind vorliegt: Schuldbewußtsein. Bei den Ursöhnen traten die zärtlichen Regungen zum Vater hervor, als der Haß befriedigt war. So entstand Schuldbewußtsein, und der Tote wurde nun stärker dominant als der lebende Vater es war. Die Söhne widerriefen ihre Tat und verzichteten auf die Früchte, indem sie sich den frei gewordenen Frauen versagten. Was früher der Vater den Söhnen in seiner leiblichen Existenz verboten hatte, das verboten sich die Söhne jetzt selbst.

Freud hält seine Annahme der archaischen Erbschaft des Urhordenschuldbewußtseins selbst für eine „unvermeidliche Kühnheit“. Wir wollen und können an dieser Stelle nicht die Frage verfolgen, ob die Menschen immer gewußt haben, daß sie einen Urvater besessen und erschlagen haben, Skepsis sei hier angebracht.

Hilfreicher ist hingegen, die Urhorde und den Ödipuskonflikt als *Metapher* zu fassen. Das Auffressen des Vaters ist dann nichts anderes als die richtiggehende Einverleibung der äußeren Gebote, Verbote und Verhaltensregeln. Verinnerlichung ist also das „Auffressen“ des Realitätsprinzips, eine recht bildhafte, aber plausibel erscheinende Vorstellung der „Innenseite“ des Menschen.

Urhorde und Ödipus als Metapher für Verinnerlichung und Internalisierung nehmen wir als Erklärungshilfe der Psychoanalyse auf. Die Annahme Freuds, daß sich der Ödipuskonflikt, entstanden in der Urhorde, beim Menschen wie das Instinktleben bei Tieren entwickelt hätte, lehnen wir hingegen ab.

Aber noch weitaus kritischer muß die Psychoanalyse eingeschätzt werden, wenn es um die *Mädchensozialisation* geht. Hiermit wird ein regelrecht reaktionärer Zug Freudscher Annahmen sichtbar. Er beschreibt die Ödipussituation für Mädchen wie folgt:

„Auch das weibliche Geschlecht entwickelt einen Ödipuskomplex, ein Über-Ich und eine Latenzzeit. Kann man ihm auch phallische Organisation und einen Kastrationskomplex zusprechen? Die Antwort lautet bejahend, aber es kann nicht dasselbe sein wie beim Knaben. Die feministische Forderung nach Gleichberechtigung der Geschlechter trägt hier nicht weit, der morphologische Unterschied muß sich in Verschiedenheiten der psychischen Entwicklung äußern. Die Anatomie ist das Schicksal, um ein Wort Napoleons zu variieren. Die Klitoris des Mädchens benimmt sich zunächst ganz wie ein Penis, aber das Kind nimmt durch die Vergleichung mit einem männlichen Gespielen wahr, daß es zu kurz gekommen ist, und empfindet diese Tatsache als Benachteiligung und Grund zur Minderwertigkeit. Es tröstet sich noch eine Weile mit der Erwartung, später, wenn es heranwächst, ein ebenso großes Anhängsel wie ein Bub zu bekommen. Hier zweigt dann der Männlichkeitskomplex des Weibes ab. Seinen aktuellen Mangel versteht das weibliche Kind aber nicht als Geschlechtscharakter, sondern erklärt ihn durch die Annahme, daß es früher einmal ein ebenso großes Glied besessen und dann durch Kastration verloren hat. Es scheint diesen Schluß nicht von sich auf andere, erwachsene Frauen auszudehnen, sondern diesen, ganz im Sinne der phallischen Phase, ein großes und vollständiges, also männliches Genitale zuzumuten. Es ergibt sich also der wesentliche Unterschied, daß das Mädchen die Kastration als vollzogene Tatsache akzeptiert, während sich der Knabe vor der Möglichkeit ihrer Vollziehung fürchtet" (Bd. V, S. 249f.).

In einem anderen Kapitel heißt es dazu weiter:

„Beim Mädchen entfällt das Motiv für die Zertrümmerung des Ödipuskomplexes. Die Kastration hat ihre Wirkung bereits früher getan, und diese besteht darin, das Kind in die Situation des Ödipuskomplexes zu drängen. Dieser entgeht darum dem Schicksal, das ihm beim Knaben bereitet wird, er kann langsam verlassen, durch Verdrängung erledigt werden, seine Wirkungen weit in das für das Weib normale Seelenleben verschieben. Man zögert es auszusprechen, kann sich aber doch der Idee nicht erwehren, daß das Niveau des sittlichen Normalen für das Weib ein anderes wird. Das Über-Ich wird niemals so unerbittlich, so unpersönlich, so unabhängig von seinen affektiven Ursprüngen, wie wir es vom Manne fordern. Charakterzüge, die die Kritik seit jeher dem Weibe vorgehalten hat, daß es weniger Rechtsgefühl zeigt als der Mann, weniger Neigung zur Unterwerfung unter die großen Notwendigkeiten des Lebens, sich öfter in seinen Entscheidungen von zärtlichen und feindseligen Gefühlen leiten läßt, fänden in der oben abgeleiteten Modifikation der Über-Ich-Bildung eine ausreichende Begründung. Durch den Widerspruch der Feministen, die uns eine völlige Gleichstellung und Gleichschätzung der Geschlechter aufdrängen wollen, wird man sich in solchen Urteilen nicht beirren lassen..." (Freud, Bd. V, S. 265ff.).

Was Freud in diesen Ausführungen vermutet, ist, daß der anatomische Geschlechtsunterschied auch psychische Unterschiede mit sich bringt, die aber nicht für Freud aus der Unterdrückung der Frauen entstehen können, sondern als Schicksal im ödipalen Urkonflikt angelegt sind.

Die Konzeption des Ödipuskonflikts als Urkonflikt sollte also nicht unhinterfragt zur Beschreibung von Vergesellschaftungsprozessen übernommen werden, denn dann erstarrt die *Psychoanalyse* zum *Dogma*.

Ein zweiter zentraler Kritikpunkt liegt in dem Mutterbild. Durch vielerlei Umstände verunsichert soll ja gerade die Mutter als „Gluckenmutter" ihr Kind vereinnahmen – sie benutzt das Kind als Kompensations- und Stabilisierungsvehikel. Und beide, Mutter und Kind, spezialisieren sich und gehen ein Symbioseverhältnis ein. Mit der Formulierung einer Mutter-Kind-Symbiose wird unterstellt, als ob es sich hier um ein geschlossenes System handelt.

Nun sind wir zwar auch der Meinung, daß persönliche, soziale Kontakte und Zuwendung für die Entwicklung des Kindes notwendig sind – und daß die Geburt eines Kindes ein durch die Mutter biophysisch notwendiger Vorgang ist. Aber wir sind nicht der Meinung, daß in der Interaktion nach der Geburt die Mutter zwangsläufig dominieren *muß*, daß also die innige Mutter-Kind-Beziehung sozusagen auch biophysisch notwendig erscheint.

Bei erwerbstätigen Müttern sieht es nämlich schon anders aus. Sie haben gar nicht so viel Zeit und Interesse, sich um die Kinder zu kümmern (vgl. 2.2).

Es gibt eine große Anzahl von Kindern, deren Mütter kaum Zeit haben, sich so erdrückend um sie zu kümmern, daß daraus ein exklusives Symbioseverhältnis aufrechterhalten wird. Etliche Grundschüler wachsen mit Eltern auf, die beide berufstätig sind, demnach in einer symbiotisch gefährdeten Zeit ohne „Übermutterung" oder ohne „overprotection", wie es die angloamerikanische Sozialisationsforschung nennt.

Fraglos gibt es etliche Eltern, die ihre Kinder „ausbeuten", um sich psychisch zu stabilisieren, aber es fehlt der Nachweis der Verallgemeinbarkeit.

Schauen wir uns noch einmal die typischen Bedingungen an, mit der eine Mutterdominanz begründet wird: Der Vater arbeitet, die Mutter ist Hausfrau, man wohnt isoliert in der Vorstadtsiedlung. Werden hiermit nicht Züge von typischen „geordneten“ Mittelschichtverhältnissen beschrieben? Wir bestreiten nicht, daß die Verhaltensphänomene wie Vermeidungsängste, Selbstbespiegelung usw., anzutreffen sind, aber sie lassen sich nicht als ein Bild der Jugend zusammenfassen.

Gibt es überhaupt die Jugend oder die Kinder? Wir meinen nicht. Es gibt unzählige Unterschiede. Es gibt Kinder in einer bestimmten Wohngegend mit ganz bestimmten Eltern und mit ganz bestimmten Konfliktverarbeitungen. Es gibt Kinder und Jugendliche in ganz verschiedenen sozialen Verflechtungen und mit ganz bestimmten Problemen. Kurz: Kinder und Jugendliche wachsen in einem bestimmten soziokulturellen Lebenszusammenhang auf. Werden die unterschiedlichen Lebenszusammenhänge unterschlagen, werden Kinder und Jugendliche aus dem Klassensystem und der Schichtenzugehörigkeit herausgehoben.

Hingegen sollte eine Sozialisationstheorie die „Sozialisierten“ in ihrer besonderen Beziehung zu der jeweiligen sozialen Schicht und zum Geschlecht erfassen. Darauf verweisen insbesondere die Untersuchungen der Jugendkulturforscher aus Birmingham im Umkreis des CCCS (Centre for Contemporary Cultural Studies). Sie zeigen auf, daß die Art und Weise, wie Jugendliche miteinander umgehen, wie sie ihre Freizeit einrichten, wie sie sich wehren oder anpassen, klassen- bzw. schichtenspezifisch und geschlechtsspezifisch zu begreifen ist. Die Aneignung von Wirklichkeit nimmt viele unterschiedliche Formen an. Gerade diese Unterschiedlichkeit nimmt viele unterschiedliche Formen an. Gerade diese Unterschiedlichkeit und Vielfältigkeit der jugendlichen Verhaltensweisen beschreiben neuere deutsche Jugendstudien. Gerade wegen dieser Vielfältigkeit der Verhaltensweisen heutiger Kinder und Jugendlicher ist es wichtig, zur Klärung von veränderten Sozialisationsprozessen die Schichtenspezifik und damit auch die unterschiedlichen Lebensweisen, Wertorientierungen, Gesellschaftsbilder und Subkulturen, herauszustellen. Dieses ist nur mittels systematisch-empirischer Forschungen möglich.

Vor allem ein Aspekt ist produktiv für unser Thema „Kindheit im Wandel“ zu nutzen: Die Theorie der Internalisierung bzw. der Gewissensbildung. In diesem Zusammenhang ist die Psychoanalyse wichtig, denn sie untersucht die innere Natur des Menschen. Verhaltensregeln und Moralvorstellungen werden nicht nur wegen äußerer Gewalt und Kontrolle akzeptiert und übernommen, sondern mit der inneren Verarbeitung des sogenannten Realitätsprinzips. Freud macht es, wie schon dargestellt, mit der psychischen Struktur von Es, Ich und Über-Ich deutlich. Mit der Über-Ich-Bildung konzipiert Freud den Weg der individuellen Vergesellschaftung, also der Sozialisation. Mit dem Über-Ich nimmt das Kind im Laufe seiner Entwicklung auch Einflüsse von Erziehern, Lehrern, idealen Vorbildern usw. auf, kurz: Das Über-Ich ist der Träger kultureller Tradition.

Die Entwicklung des Über-Ichs darf aber nicht unabhängig von der gesamten psychischen Struktur beschrieben werden, weil sonst wesentliche „innere“ Bestimmungen wegfallen würden. Lassen wir die Es-Funktionen weg, so übersehen wir die Leidenschaft, das Gemüt, das „Herz“ möchte man fast sagen. Also all die emotionalen, affektiven Seiten eines Menschen, die nicht so leicht kalkulierbar sind. Aber gerade dies sind die Störfaktoren, die uns nicht gänzlich automatenmäßig reagieren und das Ich, die Vernunft, nicht widerspruchslos triumphieren lassen, sondern mit spontanen und gefühlvollen Elementen mischt.

Aber mit diesem, im Grunde vernünftigen und besonnenen, aber vom Es emotional beladenen Ich im Menschen, bewegt sich noch eine dritte innere Instanz, die das individuelle menschliche Verhalten ausrichtet: Eine Instanz „über dem Ich" stehend, nämlich das Über-Ich, welches das Ich noch mit unbewußten Elementen steuert. Das „arme Ich" (Freud) muß also gleichzeitig dem Es und dem Über-Ich dienen. Mit der gleichzeitigen Wirkung der drei psychischen Instanzen ist eine Dialektik angelegt, d. h., daß das „Innenleben" von Kindheit in der Konfliktdynamik zwischen Es, Ich und Über-Ich zu sehen ist. Für Sozialisationsprozesse ist der Über-Ich-Bildung besondere Bedeutung zuzumessen, läßt es doch die Verinnerlichung von kulturellen Elementen zu einem wichtigen Teil der Persönlichkeitsstruktur selbst werden.

In wesentlichen Aspekten zählt das Über-Ich zu den unbewußten Anteilen des Ichs. Sie entstehen aus äußeren Autoritäten, die Angst hervorrufen, weil sie eigene Bedürfnisse bestrafen könnten. Das Besondere des Über-Ichs ist nun, daß durch Verinnerlichung die vorher äußeren Autoritäten zu „inneren" Autoritäten werden. Zur Vermeidung von Angst verbietet sich das Kind die eigenen Bedürfnisse jetzt quasi selbst: Dabei kommt das Gewissen zustande, eine Art „innere Stimme", welche immer wieder auf die „innere" Kontrolle hinweist. Wenn dennoch eigentlich verbotene Wünsche und Bedürfnisse nicht verborgen werden können, entstehen als emotionale Reaktion des Ichs Schuldgefühle.

Verinnerlichung, innere Kontrolle und Schuldgefühle werden wir im nächsten Abschnitt „mit Leben füllen", d. h. an einem Beispiel konkretisieren, und zwar an der Veränderung des Sexualverhaltens in den 50er und 60er Jahren. Wir meinen, daß sich mit den Kategorien der Psychoanalyse die Veränderung der „inneren" Kontrolle beschreiben und erklären läßt. Damit kann eine Seite des Sozialisationsprozesses, das „Innenleben" von Kindheit, auch in ihrem Wandel genauer gefaßt werden. Mit anderen Worten: Wir deuten den Wandel von Kindheit auch als einen Strukturwandel der Psyche.

Wenn wir den Wandel der „inneren" Kontrolle beschreiben, wird auch deutlich, welche Relevanz die psychosexuelle Entwicklung für die Sozialisation einnimmt. Ein Hauptpfeiler hierbei ist die Feststellung, daß das Sexualleben nicht erst mit der Pubertät beginnt, sondern schon bald nach der Geburt einsetzt. Die Antriebsform kennzeichnet Freud als die „Libido", eine psychische Energie. Frühkindliche Sozialisation verläuft dann durch die Unterdrückung der phasenunterschiedlichen sexuellen Partialtriebe. Freud stellt nun einen Zusammenhang zwischen zielgehemmter Sexualität und Kulturbildung fest. Das heißt, die sexuellen Triebkräfte werden auf neue Ziele, nämlich auf vorherrschende Verhaltensweisen, Normen, soziale Gefüge usw., also auf die herrschende Kultur, umgelenkt. Das nächste Kapitel wird es besonders deutlich machen. Wir folgen Freud aber nicht so weit, daß wir die Entstehung von Kultur überhaupt als Resultat der Sexualhemmung ansehen. Sonst müßten wir auch die psychoanalytische Sozialisationstheorie als den gültigen, universellen Erklärungsansatz für die individuelle Vergesellschaftung übernehmen.

Sozialisation im Zusammenhang zielgehemmter Sexualtriebe zu begreifen ist richtig und wichtig, ist aber nicht als ein allgemeingültiger, umfassender Schritt anzusehen. Denn Sozialisation und Kulturentwicklung sind durch viele Faktoren bedingt, die aber mit dem psychoanalytischen Sozialisationsverständnis nicht allein erklärt werden können.

4 Wie die „Innen“- und die „Außenseite“ zusammenkommen – Umfassende Sozialisationstheorie

Verinnerlichung und Gewissensbildung sind elementare Bedingungen für Persönlichkeitsentwicklung. Die Psychoanalyse thematisiert sie einmal in der Darstellung des Reifungsprozesses der Sexualität, zum anderen bei der Beschreibung der Herausbildung der psychischen „Dreiecks“-Struktur (wie sie von uns in Kap. 3 erörtert wurde).

Ganz besonders bedeutsam sind hierbei die Lösungsversuche des Ödipuskonflikts. Das Kind verinnerlicht die Kontrolle des autoritären Vaters und internalisiert die vorherrschenden Normen. Die Gebote und Verbote, die Verhaltensregeln der äußeren Realität sind beim Kind damit innerpsychisch repräsentiert. Die zuständige psychische Instanz beschreibt Freud als Über-Ich, dessen Funktionen er im Gewissen, in der Moral, in der Selbstbeobachtung und in der Idealbildung erkennt.

In psychoanalytischen Interpretationen von Sozialisation spielt der Vater, einmal als Autorität, zum anderen als „schwacher“ Vater, eine wesentliche Rolle. Das führt aber allzu leicht zu einer Vernachlässigung der äußeren Realität und der ganz verschiedenen und gesellschaftlich vermittelten Auseinandersetzungen mit ihr. Kontrolle und Moralvorstellungen setzen sich nun nicht nur in der Abhängigkeit der je historischen Vaterrolle durch. Kulturelle Deutungen wirken in der Alltagspraxis noch auf vielerlei andere Weise auf die psychische Struktur von Heranwachsenden, was von der Psychoanalyse nicht erfaßt wird.

Wir wollen diesen Aspekt am Beispiel der Veränderung des Sexualverhaltens in den 50er Jahren bis heute illustrieren. Unsere Leitfrage ist hierbei: *Wie ist die generationsspezifische Sozialisation zu erklären?*

4.1 Innere Kontrolle am Beispiel Sexualverhalten

Hat man die Gelegenheit, einen Einblick in Tagebücher (vor allem von Mädchen) zu erhalten, die vor ca. 30 Jahren geschrieben wurden, so ist oftmals zu erfahren, daß Geschlechtlichkeit gleich Schlechtigkeit war – Resultat einer Internalisierung, daß Kinder keine körperlich-sexuellen Interessen zu haben hätten. Wurde einmal das Wort Onanie in den Mund genommen, was einige Überwindung gekostet haben mag, dann war aber auch sofort der moralische Zeigefinger im Hindergrund oder sogar die Charakterisierung, daß Onanie gesundheitsschädlich sei. Angst und Schuldgefühle machten sich breit und kontrollierten so das Sexualverhalten: „Das tut man nicht!“ hieß der knappe Satz, der die Lust in die „richtige“ Bahn lenkte. Sexualität war für Jugendliche in den 50er Jahren immer mit Verboten verknüpft: Eine zentrale moralische Erfahrung der Nachkriegsgeneration. Wurden tatsächlich einmal Flecken im Bett entdeckt, so wurden sie totgeschwiegen.

Dieses von Scham- und Schuldgefühlen gezeichnete Verhalten, diese verinnerlichte Kontrolle, war begleitet von einer Art sozialer Kontrolle: Geschwister und Nachbarskinder, immer Sanktionen vor Augen, verboten sich unausgesprochen gegenseitig selbst jedes lustvolle Verlangen. Natürlich wachten auch die Eltern streng und strafandrohend, daß Sexualität kein Thema wurde. Ihre eigene war für die Kinder sowieso tabu. Welches Kind in den 50er Jahren hat schon die Eltern nackt gesehen?

Selbst in den Medien war Sexualität den herrschenden Moralvorstellungen angepaßt. Geradezu skandalös war ja wohl die züchtige Nacktheit der Hildegard Knef in einem Kinofilm. Sie hatte dann auch lange Zeit das Etikett einer „unmoralischen Frau" zu tragen, obwohl die Szene selbst nur wenige Sekunden dauerte und die Kamera sehr distanziert war.

Soweit es um die Thematisierung des „inneren Weges" von Verhaltensweisen geht, sind die psychoanalytischen Kategorien wie Verinnerlichung und Internalisierung sehr hilfreich, diesen Weg zu beschreiben. Wie anders wäre es auch zu erklären, daß Sexualität in den 50er Jahren beinahe „sprachlos" bei jedem in der vorgeschriebenen Form registriert werden konnte.

Wir wollen aber jetzt zeigen, daß das Sexualverhalten in der Adenauer-Zeit noch von weiteren Dimensionen geprägt wurde, Dimensionen, die von der psychoanalytischen Sozialisationstheorie nicht aufgegriffen werden.

So waren gerade in dieser Zeit sexuelle Interaktionen stark eingeschränkt. Die Kenntnis von Verhütungsmitteln war gering und der Zugang zu ihnen dornenreich. Automaten für Präservative z.B. waren erst in den 60er Jahren gesetzlich zugelassen. So blieb der Gang in die Apotheke, und der war peinlich, für Jugendliche fast unmöglich. „Sturmfreie Buden" waren Mangelware, und wer besaß denn schon ein Auto, auf dessen Rücksitz man sich näherkommen konnte.

Kurz gesagt: Es fehlten ganz einfach die Möglichkeiten für Jugendliche, sexuelle Beziehungen zu probieren.

Weiterhin müssen Moralvorstellungen und Sexualverhalten vor dem Hintergrund der ökonomischen Entwicklung untersucht werden – ein Arbeitsschritt, der mit der Psychoanalyse allein nicht angegangen werden kann: Die Wiederaufbauphase im Nachkriegsdeutschland verlangte einen ganz bestimmten Sozialcharakter: Triebunterdrückung, Verschiebung der Bedürfnisbefriedigung und Sparsamkeit wurden von den Nachkriegsdeutschen gefordert. Der Wiederaufbau schob die berufliche Karriere, soziale Anerkennung und Anschaffung von Möbeln in den Vordergrund. Dafür wurde ein Großteil der psychischen Energie gebraucht, sexuelle Wünsche wirkten hierbei eher störend. Wenn diese einmal ausgelebt werden sollten, dann aber bitteschön in geordneten Verhältnissen, nämlich in der Ehe.

Zusammengefaßt: Ökonomisch und politisch betrachtet war der eben beschriebene leistungsfähige und fleißige Sozialcharakter geradezu notwendig, die Restauration und den Wiederaufbau der Republik zu sichern.

Mit dem Beginn der 60er Jahre und mit einer neuen ökonomischen Phase endet der sogenannte Wiederaufbau. In dieser akkumulativen Phase der jungen Republik zeigen sich im Sozialisationsgeschehen neue Wirkungen. Wir verdeutlichen dies weiterhin mit einem Blick auf das Sexualverhalten.

Das Sexualverhalten wurde Ende der 50er Jahre, vor allem in den 60er Jahren, enorm liberalisiert, in einem Ausmaß, das Shorter (1977) veranlaßt, von einer „zweiten sexuellen Revolution" zu sprechen – die erste fan am Umbruch von der traditionellen zur industriellen Gesellschaft statt. In der Tat hat sich wohl in den letzten 20 Jahren im Bereich der Sexualität mehr verändert als in den davor liegenden 100 Jahren insgesamt.

Der Umstand, daß die *Anti-Baby-Pille* in der Bundesrepublik in den Handel kam und sich bereits Mitte der 60er Jahre zum meistverbreitesten Verhütungsmittel entwickelt hatte, mag ein Grund für die Veränderungen sein, zumal Verhütungsmittel davor nicht nur unter widrigen Umständen zu erstehen, sondern auch unzuverlässig waren.

Ein weiterer Grund liegt vermutlich darin, daß die Vergesellschaftung in ein neues Stadium trat, in der Überproduktion und Konsumdruck zu herrschen begannen, was zu aggressiven Werbestrategien führte, deren Bereitschaft ist: Nimm, was Du begehrst, befriedige Deine Bedürfnisse hier und jetzt. Mehr Freizeit, mehr Geld, mehr Konsum – das war die Richtung des Lebens in den 60er Jahren. Alles war möglich und wurde ermöglicht – das konnte sich nicht nur auf das Essen, Luxus, Reisen beschränken, sondern veränderte Lebensweisen und moralische Normen. Sexualität wurde ein offenes Thema: In der Werbung, in den Medien, z. B. mit Oswald-Kolle-Filmen, mit Pornoliteratur, Präservativautomaten in Gaststätten und Beate-Uhse-Sexartikeln.

Mit ihnen wandelte sich auch das Sexualverhalten. Abgeworfen wurden die Schuldgefühle der 50er Jahre; Sexualität war scheinbar keine Tabuzone mehr.

Vor allem für die Frau war dies eine bedeutsame Entwicklung. Shorter hat empirische Studien zur Veränderung des Sexualverhaltens gesichtet und wie folgt resümiert:

> „So vermitteln uns verschiedene Arten von Daten ein vorläufiges Bild vom sexuellen Verhalten der jungen Leute in den ersten fünf Dekaden des zwanzigsten Jahrhunderts. Sie zeigen eine ziemlich hohe Teilnahme am vorehelichen Geschlechtsverkehr schon zu Beginn des Jahrhunderts sowie für Frauen eine langsame Zunahme der Koituserfahrung. Aber erst die sechziger Jahre sahen dann größere Veränderungen im erotischen Leben der durchschnittlichen unverheirateten Frau" (Shorter 1977, S. 134f.).

Vor der Ehe hatten in Frankreich in den Jahren bis 1959 lediglich 33% der Frauen Koituserfahrung, in den 60er Jahren hatten ca. 60% mehr Studentinnen sexuelle Erfahrungen als in den Jahren davor. *Schuldgefühle*, die in den 50er Jahren noch die dominierende Assoziation zu sexuellen Themen waren, verflüchtigten sich:

> „Überall taten es die Studenten jetzt häufiger, hatten mehr Vergnügen daran und hatten danach weniger Schuldgefühle" (ebenda, S. 137f.).

Das zärtliche Gefühl füreinander verschwand hinter den Orgasmusfrequenzen. Eine neue Kultur der Sexualität breitete sich aus, ein Schlachtruf ertönte: Wer zweimal mit derselben pennt, gehört schon zum Establishment!

Schuldgefühle verschwanden zwar, wie auch Shorter feststellt, aber an deren Stelle trat zunehmend Angst vor (sexuellem) Leistungsversagen.

Leistung, Befriedigung Hier und Jetzt und die Angst vor Versagen sind wesentliche, gesellschaftlich produzierte Momente, welche die „innere Natur", die psychischen Energien der Menschen in den 60er Jahren lenkten und den Bruch mit den kulturellen Deutungsmustern der 50er Jahre forderten. Die „soziokulturelle Freisetzung aus kultureller Tradition", wie es Ziehe/Stubenrauch (1982) nennen, weist auf eine veränderte Qualität der inneren Kontrolle (denn nur dadurch setzen sich

Brüche innerpsychisch durch). Am Beispiel Sexualverhalten haben wir den Wandel illustriert, was mit folgender These zusammengefaßt werden kann:

Kontrolle mittels verinnerlichter Schuldgefühle wird zunehmend ersetzt durch Leistungswettbewerb. Kontrollierten in den 50er Jahren noch die Schuldgefühle jegliches sexuelles Verhalten, übernahm nun die Angst vor (sexuellem) Leistungsversagen diese Rolle. Der gesellschaftliche Wandel bewirkte einen Wandel der Kontrollformen.

Stichwort generationsspezifische Sozialisation:

Jugendliche, die in den 60er Jahren aufwuchsen bzw. noch betroffener: Kinder, die in diesem Jahrzehnt geboren wurden, lebten in neuen Weiten. Der ökonomische und kulturelle Wandel im Konsumalltag ließ vermutlich einen neuen Sozialcharakter entstehen. Kinder wuchsen tendenziell ohne materielle Einschränkungen auf, sie erlebten Sexualität „liberalisiert" und angstbefreit, in den 70er Jahren mit neuer Zärtlichkeit und Sinnlichkeit. Aber sie wuchsen auch auf im Leistungswettbewerb. Diese widersprüchlichen Sozialisationsbedingungen werden wir später konkretisieren und das „Neue" analysieren und werten.

Das psychische Resultat des Wandels, nämlich die veränderte „innere Natur" ist mit der psychoanalytischen Vorstellung von Internalisierung und Verinnerlichung treffend zu beschreiben, denn auch die Angst vor Leistungsversagen wird nicht nur bewußt reflektiert widergespiegelt, sondern ist meist verinnerlicht wirksam.

Doch *begründet* werden kann der Wandel als Sozialisationsbedingung nur mit der Untersuchung soziokultureller Veränderungen. Persönlichkeitsentwicklung ist nur im Zusammenhang bestimmter sozialer Erfahrungen, gegenständlicher Umwelt und Interaktion mit anderen begreifbar.

Es fehlt bisher ein Verständnis oder besser: eine Theorie von Sozialisation, die die Seite der soziokulturellen Dimensionen in ihrer Bedeutung für die Persönlichkeitsentwicklung mit erfaßt.

Eine solche Theorie werden wir als eine kultursoziologische Aneignungstheorie im Kap. 4.3 formulieren.

4.2 „Kontrolloch" in der Nachkriegszeit

Die Veränderung von Kontrollformen hat auch Auswirkungen auf die generationsspezifische Sozialisation. Für jede Generation ist gerade die Gemeinsamkeit bestimmter Erfahrungen konstitutiv. Mit der Darstellung der Veränderung des Sexualverhaltens haben wir einen Erfahrungsbereich exemplarisch analysiert. Die Psychoanalyse half, die Qualität der inneren Kontrolle zu beschreiben. Die Darstellung der kulturellen und ökonomischen Veränderungen verdeutlicht hingegen die eher „äußeren" Bedingungen für die generationsspezifische Sozialisation.

Wir können jetzt allgemein ergänzen: Die generationsspezifische Sozialisation wird bestimmt durch die Art und Weise der individuellen Aneignung von symbolischer und materieller Kultur.

Anhand der Beschreibung der äußeren Kontrolle in der Nachkriegszeit (was die uns jetzt schon bekannte 40er-Generation betrifft) soll noch einmal die gemeinsame generationsbildende Erfahrung als Sozialisationsbedingung kurz verdeutlicht werden.

Die um 1940 geborenen Kinder wuchsen in einer materiellen Trümmerlandschaft auf. Erzählungen und Erinnerungen damaliger Kinder malen ein Bild eines täglichen Abenteuers: Die Trümmerlandschaft war immer neue Entdeckungslandschaft. Aber noch wichtiger: Sie war ein Kontrolloch, abseits des elterlichen und nachbarlichen Zugriffs.

Nachkriegskinder aus Dortmund und Berlin erinnern sich:

„Ja, und ich hab ja mitten in Dortmund gewohnt und Dortmund war zu 90% zerstört. Da bestand Dortmund tatsächlich aus Trümmern ... Klar, das war mein Revier."

„Da waren Berge von Felsen und Dschungel, und die wuchsen ja nach und nach zu. Viele Grundstücke wurden ja erst Anfang der fünfziger Jahre entschuttet. Und da haben wir hauptsächlich Indianer gespielt und Räuber und Gendarm und solche Sachen..."

„Es war ein herrliches Gebiet, wo man sich verstecken konnte, wo man Indianer spielen konnte, wo man sich der Beobachtung der Eltern, der Erwachsenen entzog, wo man sich aus diesen Trümmern wieder ein eigenes Reich aufbauen konnte. Hütten aus Stein usw...."

Der Freiraum von elterlicher Kontrolle war aber noch durch weitere Umstände gegeben. So war die Hauptperson personaler Autorität, nämlich der Vater, durch Kriegstod oder durch Gefangenschaft „entfallen". Aber auch die Mutter, die jetzt die dominierende Person in der Familie war, hatte wenig Zeit zur Kinderbetreuung. Sie mußte ja den Erhalt der Familie sichern und übernahm alle Aufgaben, die sonst die Männer erfüllt hatten.

Die Mutterrolle war also „expressiv" und „instrumentell" zugleich, um die Begriffe amerikanischer Familiensoziologen zu benutzen. Expressiv meint spontan, personenorientiert und emotional. Instrumentell meint die steuernden, technisierten und eher sachlichen Aspekte. Der erstere wird konventionell eher den Müttern, der zweite den Vätern zugeschrieben. Die „Anreicherung" der Mutterrolle sowie die relativ große Freiheit der Kinder in der unmittelbaren Nachkriegszeit geht somit nicht so sehr auf eine Lockerung im Erziehungsdenken oder der Lebensformen zurück, sondern auf den Umstand, daß viele Väter noch nicht zurückgekehrt waren und fast alle Erwachsenen für die unmittelbare Lebenssicherung alle Hände voll zu tun hatten. Es handelte sich also um eine erzwungene Emanzipation oder anders ausgedrückt: Um ein zeitgeschichtlich bedingtes Kontrolloch.

Doch trotz Kontrolloch gab es dennoch eine Form von Kontrolle für die Nachkriegskinder. So mußten auch sie für den familialen Lebensunterhalt sorgen, zumeist mit den Geschwistern oder anderen Kindern zusammen. Es ergab sich mit Holzsammeln und Schwarzmarkt eine Form von Kontrolle durch die Zusammenarbeit. Es war aber nicht die Qualität der „Inneren", wie wir sie beim Sexualverhalten beschrieben haben. Verinnerlichungen von Verhaltensnormen und anderen Außentatbeständen vollzogen sich vielmehr mit der Tatsache, daß die Kinder mit sich allein fertig werden mußten und sich allein erziehen mußten. Es war also auch eine Art von „Selbstsozialisation", und zwar durch Eigensteuerung. Kinder mußten eine Menge Kompetenz entwickeln, und das führte wohl auch zu einem gewissen Selbstvertrauen.

4.3 Sozialisation als individuelle Aneignung materieller und symbolischer Kultur

Nach der „klassischen“ Bestimmung von Durkheim bringt der Mensch von Geburt aus zunächst seine Physis und in bezug auf alle späteren Eigenschaften nur unbestimmte und plastische Dispositionen mit. Der Säugling, dessen Persönlichkeit sich erst in der sozialen Umwelt entwickeln muß, sei nahezu eine tabula rasa. Er müsse auf das gesellschaftliche Leben erst vorbereitet, vergesellschaftet, d. h. sozialisiert werden.

Hier wird ein wesentlicher Zug der Thematik von Sozialisation angesprochen: Die soziale Bedingtheit von Persönlichkeitsentwicklung. Doch erscheint Sozialisation mehr oder minder als eine Verlängerung der menschlichen Natur in einer Richtung von Anpassung an die soziale Umwelt.

Weitergehend ist in diesem Zusammenhang der Gebrauch eines Sozialisationsbegriffs in der Definition von Geulen[41]:

> „Sozialisation ist der Prozeß der Persönlichkeitsentwicklung in Abhängigkeit von der Umwelt, die stets historisch-gesellschaftlich vermittelt ist.“

Wesentliche Implikationen sind hierin enthalten:

– „Sozialisation“ wendet sich gegen eine *biologistische Auffassung* menschlicher Entwicklung: Determinierung durch „Anlage“ und Reifung“.

allerdings:
Jede Sozialisationstheorie muß systematisch berücksichtigen, daß der Mensch ein biologisches Wesen ist.

– „Sozialisation“ wendet sich gegen eine *idealistische Auffassung* vom Subjekt: Das „freie Individuum“, das sich gesellschaftlichen Einflüssen und wissenschaftlichen Erklärungen entzieht.

allerdings:
Eine Sozialisationstheorie muß berücksichtigen: Der Mensch wird vom Milieu nicht mechanisch determiniert, sondern er ist ein reflektierendes, intentional handelndes Wesen.

– „Sozialisation“ wendet sich gegen die *pädagogische Verkürzung* kindlicher Entwicklung, die allein das „Erzieher-Zögling-Verhältnis“ in den Blick nimmt.

allerdings:
Die Interaktion zwischen Kindern und Erwachsenen ist ein wesentlicher Teil des Sozialisationsprozesses: *„Erziehung ist methodische Sozialisation“* (Durkheim).

Eine zentrale Frage einer Sozialisationstheorie muß demnach sein, wie aus einem Neugeborenen ein autonomes, gesellschaftliches Subjekt wird. Erziehung spielt dabei eine besondere Rolle, darf aber keinesfalls mit Sozialisation identisch gesetzt werden.

Erziehung ist nach Durkheim, wie gerade zu erfahren war, methodische Sozialisation, und die Interaktion zwischen Kindern und Erziehern ist ein wichtiger Teil des Sozialisationsprozesses. Warum?

Das neugeborene Kind besitzt eine Organausstattung, Temperament, die Fähigkeit zur optischen und akustischen Konzentration, ein Bedürfnis nach neuen Eindrücken, nach Zuwendung u. v. m. Aber es wird, ob es will oder nicht, in ein bestimmtes kulturelles System hineingeboren, das ihm erst einmal fremd und bedeutungslos gegenübersteht. Es ist nun die Aufgabe der Erzieher, dem Kind zu ermöglichen, sich dieses kulturelle System, Sprache, Deutungsmuster, Symbole, Gegenstände usw. anzueignen.

„Schritt für Schritt stellt sie ihm gleichsam die Grammatik der Lebenswelt zur Verfügung, die einerseits der andernfalls unverständlichen Tätigkeiten zugrunde liegt, welche das noch unwissende Auge sieht, die andererseits erlaubt, daß der junge Mensch selbst Neues, noch nicht Dagewesenes hervorbringt“[42].

Erziehung ist somit eine Hilfe, eine Unterstützung, damit sich die heranwachsenden Kinder mit der objektiven Wirklichkeit auseinandersetzen können und damit sie sich die bestehenden in Symbolen und Gegenständen enthaltenen Erfahrungen aneignen können – eine durch die Praxis des erziehungspolitischen Managements schon fast vergessene Aufgabe von Erziehung.

Erziehung ist nicht gleich Sozialisation, aber Sozialisation ist das, was unter anderem durch Erziehung ermöglicht wird: *Aneignung von gesellschaftlichen Erfahrungen*. Hiermit nähern wir uns einer genaueren Formulierung eines kritischen Verständnisses von Sozialisation.

Die Psychoanalyse hat uns bisher einen Weg gezeigt, das „Innenleben“ der „Sozialisierten“ zu begreifen. Verinnerlichung, Gewissensbildung und Selbstzensur sind hierzu die zentralen Kategorien. Dies ist aber nur die eine Seite von Sozialisation. Die zweite Seite erkennen wir als individuelle Aneignung vergegenständlichter gesellschaftlicher Erfahrungen. So ist menschliche Existenz und Entwicklung dadurch ermöglicht, daß Erfahrungen, Fertigkeiten, Wissen in der Form von symbolischer und materieller Kultur von Generation zu Generation weitergegeben werden. Eine nachkommende Generation kann auf den Stand vorausgegangener Generationen aufbauen, sie macht dann neue Erfahrungen und gibt sie weiter usw.

Wenn Menschen sterben, ist auch gegeben, daß sie ihre Erfahrungen mit in das Grab nehmen – doch die Kultur trägt die Erfahrungen und Erkenntnisse vieler Generationen „in sich“. Die Kultur ist sozusagen, um mit einem Gedanken von Marx zu kokettieren, das aufgeschlagene Buch der menschlichen Wesenskräfte, die sinnlich vorliegende menschliche Psychologie.

Ein Hauptinhalt der kindlichen Entwicklung ist es nun, sich die bestehende Kultur anzueignen. Solch eine Sichtweise von Sozialisation könnten auch Anhänger funktionalistischer Sozialisationstheorien vertreten, was mit dem Begriff „Anpassung“ ja auch oft geschieht. Ein Zitat aus Leontjews „Entwicklung des Psychischen“ hilft uns, eine Abgrenzung zu bieten:

„Entgegen den Ansichten bürgerlicher Psychologen, die Ontogenese des Menschen sei eine ‚Adaption an seine Umwelt‘, haben wir die Anpassung an die Umwelt keineswegs als das Prinzip der menschlichen Entwicklung zu betrachten. Ein Mensch kann sich im Gegenteil auch dahin entwickeln, daß er den Rahmen *seiner* begrenzten Umwelt verläßt, daß er sich ihr nicht anpaßt, weil er durch sie daran gehindert wird, den Reichtum echter menschlicher Züge und Fähigkeiten voll zu entfalten“ (Leontjew 1973, S. 286).

Der Mensch kann sich also auch widersetzen, Widerstand leisten, und er ist dazu in der Lage, die gesellschaftliche Realität nach seinen eigenen Vorstellungen zu gestalten. Für Sozialisation bedeutet dies, daß das heranwachsende Kind nicht als eine Art Schwamm zu begreifen ist, der alles aufsaugt, was an Milieueinflüssen anfällt, sondern als aktives und veränderungsfähiges Subjekt zu verstehen ist. Aneignung ist also nicht mit bloßer Anpassung zu verwechseln.

In dem Verständnis von Sozialisation als Aneignungsprozeß entstehen Denken, Fühlen und Bewußtsein aus äußeren, auf materielle Kultur bezogenen Tätigkeiten, die schrittweise in innere Tätigkeiten umgewandelt werden, die Piaget vergleichsweise mit „Interiorisierung" beschreibt. (Zum Beispiel gebrauchen Kinder beim Zählen lange Zeit ihre Finger als äußere Hilfe, und zwar solange, bis sie von den helfenden Gegenständen abstrahieren können – also von den Fingern oder von einer Torte, die gern in der Schule als bildhafte Hilfestellung bei der Bruchrechnung benutzt wird.)

Die Entstehung von Denken, Fühlen und Bewußtsein hat prinzipiell zwei Seiten, wobei umstritten ist, ob die erste dominiert, nämlich die Aneignung von materieller Kultur durch aktive, auf äußere Dinge bezogene Tätigkeit. Für diese Seite ist auf jeden Fall die Analyse der Veränderungen und Neuerungen im Bereich der gegenständlichen Ausstattung der Kindheit bedeutsam.

Werfen wir kurz einen Blick auf die 50er Jahre, so läßt sich feststellen, daß wenig Spielzeug und selten Kinderzimmer vorhanden waren. Erst mit den 60er Jahren begann eine Zeit, in der Kinder mit materieller Kultur überschwemmt wurden, die eigens für sie produziert wurde.

Hat sich mit dieser veränderten Ausstattung auch die Persönlichkeitsentwicklung verändert? Fordern andere Gegenstände anderes Fühlen? Fragen, die wir später beantworten werden.

Ist für den Entstehungsprozeß von Denken, Fühlen und Bewußtsein, als eine Seite, die Aneignung der materiellen Welt bedeutsam, so sehen wir die zweite Seite in der Aneignung von symbolischer Kultur. Diese zweite Seite geht von der spezifisch menschlichen Fähigkeit zur Reflexion aus.

Die individuelle Aneignung von symbolischer Kultur hat mehrere zusammenhängende Dimensionen. Mit einer vielzitierten Aussage von Marx läßt sich eine davon verdeutlichen:

„... eine Biene beschämt durch den Bau ihrer Wachszellen manchen menschlichen Baumeister. Was aber von vornherein den schlechtesten Baumeister vor der besten Biene auszeichnet, ist, daß er die Zelle in seinem Kopf gebaut hat, bevor er sie in Wachs baut. Am Ende des Arbeitsprozesses kommt ein Resultat heraus, das beim Beginn desselben schon in der Vorstellung des Arbeiters, also schon ideel vorhanden war" (MEW 23, S. 193).

Was den Menschen auszeichnet, ist also die *vorgreifende Widerspiegelung* der Handlung im Kopf. Nicht nur der eigenen Handlungen, sondern auch die Vorwegnahme der Handlungen und Perspektiven von Mitmenschen, von Handlungspartnern ist damit gemeint.

Eine solche Fähigkeit, „Etwas vorweg zu denken" ebenso wie „Sich-in-den-anderen-hineindenken", wird uns aber nicht fertig in die Wiege gelegt, sondern muß ontogenetisch (Glossar: Ontogenese im Unterschied zur Phylogenese) von jedem individuell angeeignet werden. Dazu ist aber eine Orientierungsbasis notwendig. Nur mit demselben oder einem ähnlichen Bedeutungssystem bin ich in der Lage, mich in andere hineinzuversetzen oder mich zu verständigen. Ein solches Bedeutungssystem, eine solche Form symbolischer Kultur ist die menschliche Sprache, eingeschlossen die Körpersprache wie Lächeln usw. Die Sprache symbolisiert die gegenständliche Welt und alle sozialen Beziehungen.

Die spezifisch menschliche Fähigkeit zu Reflexion zeigt aber noch weitere Dimensionen im Aneignungsprozeß. Dadurch, daß ich Handlungen vorwegdenken und mich mit einem Bedeutungssystem auf andere beziehen kann, beziehe ich mich auf mich selbst:

„Erst durch die Beziehung auf den Menschen Paul als seinesgleichen bezieht sich der Mensch Peter auf sich selbst als Mensch. Damit gilt aber auch der Paul mit Haut und Haaren, in seiner paulinischen Leiblichkeit, als Erscheinungsform des Genus Mensch" (MEW 23, S. 67).

Erst durch die Beziehung auf den anderen erhalte ich ein Bild von mir selbst, werde mir selbst bewußt. Auch Selbstbewußtsein ist somit ein soziales Ereignis. Es entsteht genetisch nicht immanent, sondern individuell im Aneignungsprozeß von symbolischer Kultur. Denn auch hier ist die Sprache, ist ein bestimmtes Deutungssystem usw. das Medium, welches etwas spezifisch Menschliches realisiert, nämlich die *Selbstaneignung*. Damit ist erst die Möglichkeit der reflektierenden Distanz des Menschen zu sich selbst, zur Welt und zu seiner eigenen *inneren Natur* gegeben. Wenn sich die Menschen mit sich selbst auseinandersetzen, können sie sich auch mit ihren Bedürfnissen und Gefühlen auseinandersetzen. Oder anders ausgedrückt: Die individuelle Aneignung symbolische Kultur eröffnet Möglichkeiten, einiges von dem zu reflektieren, was unsere „Innenseite" ausmacht, wie Emotionen und Bedürfnisse.

Die individuelle Aneignung von symbolischer Kultur ist, wie bisher gezeigt wurde, mehrdimensional zu beschreiben. Der Aneignungsprozeß symbolischer Kultur impliziert vorgreifende Widerspiegelung, soziale Beziehungen, Selbstbewußtsein und Selbstaneignung.

Diese Implikationen ermöglichen aber auch, daß der Mensch Selbstbewußtsein durch sich ganz allein, durch seine Aktivität erhält. Man braucht sich ja nur vorzustellen, wie stolz Kinder auf ihre Bastelergebnisse sind; oder Erwachsene, wenn sie eine Reparatur im Haus oder am Auto erfolgreich selbst durchgeführt haben. Die Anerkennung von Außenstehenden ist hierbei gar nicht notwendig. Es ist die *gegenständliche Tätigkeit*, die eine Grundlage für die Konstitution von *Selbstbewußtsein*, von Selbstgefühl bildet. Die Bildung von Selbstbewußtsein ist im Sozialisationsprozeß demnach nicht nur in der Aneignung von symbolischer Kultur gegeben, sondern ebenfalls in der Aneignung von materieller Kultur.

Die genannten Implikationen weisen aber auch noch auf einen weiteren interessanten Sachverhalt: *Man wird nicht nur sozialisiert, man sozialisiert sich zum Teil auch selbst.*

Es gibt eine Menge an Umständen im Sozialisationsprozeß, die wir selbst wählen können, wo wir selbst entscheiden können, z.B. entscheiden wir, zumindest im nichtberuflichen Bereich, zu welchen Personen wir eine intensive persönliche Beziehung aufnehmen wollen und zu welchen nicht. Wir richten unsere Wohnung nach einem eigenen Geschmack ein.

Es lassen sich unzählige Beispiele anführen, wie man sich selbst sozialisiert. Aber ebenso viele Beispiele dafür, daß die Umstände der Sozialisation nicht selbst gewählt werden können. So kann der gewünschte Beruf nicht erlernt werden, weil keine Lehrstelle frei ist. Und wir sind gezwungen, die Schule zu besuchen, usw. usw. Diese Bedingungen können nicht selbst gewählt werden, aber man kann sich in einem bestimmten Rahmen dagegen wehren. Schüler z.B. stören den Unterricht oder ärgern den Lehrer. Sie kämpfen darum, Orte in der Schule für ihre Zwecke nutzbar zu machen und versuchen, sich der Kontrolle des Lehrers zu entziehen.

Formen des Widerstands sind so gesehen also auch Formen der Selbstsozialisation.

Zusammenfassung und Ausblick:

Ausgangspunkt ist ein kritisches Verständnis von Sozialisation als individuelle Aneignung von Kultur. Dieser Prozeß hat drei Seiten: Die Aneignung der materiellen, die Aneignung der symbolischen Welt und die Seite der Kontrollformen. Die erstere werden wir im Zusammenhang mit der Beschreibung der gegenständlichen Bedingungen des „gelebten Raumes" der Kinder (sowie der Veränderungen und Neuerungen) konkretisieren.

Die Dimension der symbolischen Kultur und deren Aneignung durch die Kinder werden wir anhand des Fernsehens seit 1954 und der neuen Kindermedien verdeutlichen.

Aneignung von Kultur geschieht allerdings nie im luftleeren Raum. Sie wird immer von Erwachsenen angeleitet, motiviert oder eingeschränkt, also kontrolliert. Kontrolle ist die dritte Seite unseres Verständnisses von Sozialisation und wird in der Beschreibung von „Betreuung" konkretisiert.

Anmerkungen

1 Burckhard, J.: Die Kultur der Renaissance. Reutlingen 1958, S. 129.
2 Burckhard 1958, S. 130f.
3 Vgl. Bauer, R.: „...sich wechselseitig veredeln..." – Zur sozialgeschichtlichen Durchsetzung des bürgerlichen Familienideals. In: Deutsches Jugendinstitut (Hrsg.): Wie geht's der Familie? München 1988.
4 Beck-Gernsheim, E.: „Wir wollen niemals auseinander gehen..." – Zur Geschichte von Partnerwahl und Ehe. In: Deutsches Jugendinstitut 1988, S. 24.
5 Bauer, R. 1988, S. 17ff.
6 Vgl. Rerrich, U.S.: Balanceakt Familie. Zwischen alten Leitbildern und neuen Lebensformen. Freiburg 1988, S. 34ff.
7 Nave-Herz, R.: Familiale Lebensformen in der Bundesrepublik Deutschland. In: Bundesministerium für Jugend, Familie, Frauen und Gesundheit: 40 Jahre BRD. Zur Zukunft von Familie und Kindheit. Bonn 1989, S. 54.
8 Statistisches Bundesamt (Hrsg.): Statistisches Jahrbuch 1989. Wiesbaden 1989, S. 99.
9 Huiniuk, G.: Das zweite Kind. Sind wir auf dem Weg zur Ein-Kind-Familie? In: Zeitschrift für Soziologie. Jg. 18. Heft 3. 1989, S. 196.
10 Geissler, C.: Einzelkinder in unserer Gesellschaft. Manuskript. Universität Hannover, o.J., S. 3.
11 BMBW 1989, S. 29.
12 Vgl. Klemm, K. u.a.: Bildungsgesamtplan '90. Ein Rahmen für Reformen. Weinheim/München 1990.
13 Klemm u.a. 1990, S. 72f.
14 Furstenberg, F.F.: Fortsetzungsehen. Ein neues Lebensmuster und seine Folgen. In: Soziale Welt 1/1987, S. 30.
15 Statistisches Bundesamt 1989, S. 46.
16 Schwarz, K.: In welchen Familien wachsen unsere Kinder auf? In: Zeitschrift für Familienforschung. 1. Jahrgang 1989, Heft 3, S. 38.
17 Lehr, U.: Die mütterliche Erwerbstätigkeit und mögliche Auswirkungen auf das Kind. In: Neidhardt, F.: Frühkindliche Sozialisation. Stuttgart 1975.

18 Laewen, H. J.: Zur außerfamilialen Tagesbetreuung von Kindern unter drei Jahren. In: Zeitschrift für Pädagogik. 35. Jahrgang 1989. Nr. 6, S. 871.
19 Fthenakis, W. E.: Mütterliche Berufstätigkeit, außerfamiliale Betreuung und Entwicklung des (Klein-) Kindes aus kinderpsychologischer Sicht. In: Zeitschrift für Familienforschung, 1. Jahrgang 1989. Heft 2, S. 16.
20 Gudat, U.: Kinder bei der Tagesmutter. Deutsches Jugendinstitut München 1982.
21 Gudat 1982, S. 194.
22 Fthenakis 1989.
23 Belsky, J.: Infant daycare: A cause for concern? In: Zero to Three. 6/1986, S. 1–7.
24 Kürthy, T. v.: Einzelkinder. Chancen und Gefahren im Vergleich mit Geschwisterkindern. München 1988, S. 44.
25 Ernst, C./Angst, J.: Birth order. Berlin/Heidelberg/New York 1983.
26 Kürthy 1988.
27 Blake, J.: Family Size and Achievement. Berkely/Ca. 1989.
28 Ziegenspeck, J.: Elternhaus und Schule. Braunschweig 1978, S. 33.
29 Havers, N.: Erziehungsschwierigkeiten in der Schule. Weinheim/Basel 1978, S. 41.
30 Napp-Peters, A.: Ein-Eltern-Familien. Weinheim 1985, S. 83ff.
31 Napp-Peters 1985, S. 77f.
32 Wagner-Winterhager, L.: Erziehung durch Alleinerziehende. In: Zeitschrift für Pädagogik, 34. Jg., Nr. 5 1988, S. 641–656.
33 Napp-Peters 1985.
34 Schattner, H./Schumann, M.: Meine Kinder, deine Kinder, unsere Kinder – Stieffamilien. In: Deutsches Jugendinstitut (Hrsg.): Wie geht's der Familie? München 1988, S. 84.
35 Furstenberg 1987.
36 Wallerstein, J./Blakeslee, S.: Gewinner und Verlierer. Frauen, Männer, Kinder nach der Scheidung. München 1989.
37 Wallerstein/Blakeslee 1989, S. 350.
38 Packard, V.: Verlust der Geborgenheit. Unsere kinderkranke Gesellschaft. Frankfurt/M./Berlin 1986, S. 153.
39 Beck-Gernsheim, E.: Zukunft der Lebensformen. In: Hesse, H. J./Rolff, H.-G./Zöpel, C. (Hrsg.): Zukunftswissen und Bildungsperspektiven. Baden-Baden 1988.
40 Hurrelmann, K./Engel, U.: Psychosoziale Belastung im Jugendalter. Berlin 1989.
41 Geulen, D.: Das vergesellschaftete Subjekt. Frankfurt/M. 1977.
42 Winkler, M.: Stichworte zur Antipädagogik. Stuttgart 1982, S. 17.

Teil II
Beschreibung und Analyse des Wandels

Im folgenden Teil soll unser Verständnis von Sozialisation als Aneignungsprozeß konkretisiert werden. Zur Wiederholung: Sozialisation ist die individuelle Aneignung von symbolischer und materieller Kultur. Sozialisation wird immer von historisch unterschiedlichen Kontrollformen begleitet. Es gibt zwar „Kontrollöcher“ – wie z. B. die relative Freiheit von sozialer Kontrolle in der unmittelbaren Nachkriegszeit - aber nie ein Kontrollvakuum (vgl. Teil I, Kap. 4.2). Die individuellen Aneignungsprozesse von Kultur werden immer in irgendeiner Weise kontrolliert, durch Erwachsene, Verfahren, Regeln im Kindergarten, in der Schule usw.

Nach diesem Sozialisationsverständnis geht es in den folgenden Kapiteln um eine Beschreibung und Analyse verschiedener Bereiche materieller und symbolischer Kultur. Weiterhin muß der Wandel der Kontrolle als veränderte Sozialisationsbedingung beschrieben und erörtert werden.

Die Beschreibung des Wandels beispielsweise der gegenständlichen Ausstattung von Kindheit (in der Wohnumwelt oder beim Spielzeug) zeigt eine Verwandtschaft mit der ökologischen Sozialisationsforschung[1].

Die ökologisch orientierte Sozialisationstheorie untersucht die „äußere Natur“. Sie faßt die Persönlichkeitsentwicklung häufig jedoch etwas mechanisch als eine Art Reflex auf die Sachlogik der veränderten Umwelt auf. Die kultursoziologische Aneignungstheorie hingegen erklärt Sozialisation als einen aktiven, tätigen Aneignungsprozeß, in dem das Subjekt sich sehr wohl auch selbst sozialisieren kann. Sie versucht die Art und Weise der individuellen Aneignung der materiellen wie auch symbolischen Welt in all deren Widersprüchen zu erfassen. Bei dem ökologischen Ansatz kommt in der Milieubeschreibung die Klärung, *wie* die Umwelt angeeignet wird, zu kurz.

Der kultursoziologische Ansatz ist demgegenüber gegenstands- und handlungsbezogen. So fragen wir z. B. bei dem Thema „Wandel des Spielzeugs“, was es für die Persönlichkeitsentwicklung ausmachen kann, wenn ein Drachen (Windvogel) selber gebaut wird – wie es vor 25 Jahren allgemein üblich war – im Unterschied zum bloßen Kauf dieses Spielgegenstandes. Wir unterscheiden hier begrifflich die eigentätige (im Selberbauen) und die konsumierende (kaufen) Aneignung der materiellen Kultur, was in dem eben genannten Beispiel der Drachen war.

Doch hinter den Begriffen steckt mehr. Das werden die anschließenden sozialisationstheoretischen Analysen der ausgewählten Bereiche des Kinderalltags zeigen. Die Bereiche Wohnen, Fernsehen, Spielzeug u. a. sind nicht willkürlich ausgewählt. Wir meinen, daß sich hieran der kulturelle Wandel besonders deutlich machen und daß sich die sozialisatorische Wirkung, d. h. die Veränderung der Aneignungsweisen von Kultur, besonders klar herausstellen und begründen läßt.

1 Wohnen und Straßensozialisation

Erinnerungen und Erzählungen aus der Nachkriegszeit schildern die räumliche Umwelt als Trümmerlandschaft. Fotos und Filmdokumentationen belegen das: Vor allem in den Großstädten war der Großteil des Wohnraums zerstört. In Köln, Dortmund, Duisburg und Kassel waren es 60 bis 70%[2].

Es gab keine Spielplatzanlagen mehr, kaum Kindergärten und nur sehr wenige Kinderzimmer. Wohnräume waren häufig notdürftig repariert und meistens überfüllt. Kinder spielten deshalb vorwiegend draußen. Hier gab es eine Menge an

Raum, der von den Kindern frei genutzt werden konnte. Auf Trümmergrundstükken und verkehrsfreien Straßen, frei von elterlicher Kontrolle, ließen sie ihren Wünschen und Phantasien freien Lauf. Ungehindert konnten die Kinder ihre Spielumgebung neu konstruieren.

Mit dem materiellen Aufbau wurde die Wohnungsnot gelindert. Doch mit den Ruinen verschwanden auch die kontrollfreien Nischen. Was sich aber mit dem Wiederaufbau noch grundlegender für veränderte Sozialisation bemerkbar machte, war der Beginn *neuer Siedlungsformen.* In der Nachkriegszeit haben sich bis heute drei neue Formen des Wohnens durchgesetzt: das Wohnen in *Trabantenstädten,* das Wohnen in Einfamilienhaussiedlungen am Rande von Großstädten (in sogenannten *Suburbs*) und das Wohnen in *Hochhäusern.*

1.1 Neue Siedlungsformen

Fernab des Stadtkerns, wo das Bauland noch billig war, wurden vor allem in den 60er Jahren die Trabantenstädte gebaut. Damals hieß der Slogan: „Wohnen im Grünen!“ Resultat waren gigantische Siedlungen mit bis zu 19000 Wohnungen.

Auf dem Reißbrett entstanden, erzeugen diese Siedlungen ein Gefühl von Isolation, Bedrückung und Einschränkung. Das Auto wird zum wichtigsten „Partner“, um der Monotonie der Betonsilos zu entkommen. Natürlich ist es auch das wichtigste Verkehrsmittel, um den Arbeitsplatz zu erreichen. Das Wohnen in den Trabantenstädten wäre ohne die massenhafte Verbreitung des Autos kaum möglich geworden.

Trabantenstädte werden in der Regel von Arbeitern und unterer Mittelschicht bewohnt[3]. Dagegen sind die Suburbs mittelständische Siedlungen. Suburbs werden durch eine Anhäufung von Eigenheimen, meist Reihenhäuser, gebildet. Gelegentlich bestehen sie auch aus villenähnlich konzipierten Gebäuden.

Von Ziergärten, Hecken und Zäunen umgeben, dienen die Häuschen nur dem einen Zweck: Dem Wohnen. Arbeitsstätten existieren in der Regel in diesen ordentlichen, sauberen und dekorativen Siedlungen so gut wie gar nicht. Ebenso fehlt es an einer hinreichenden Infrastruktur. Die gleichförmigen, Monotonie ausstrahlenden Suburbs stellen eine außerordentlich einförmige materielle Kultur der Kindheit dar. Hier ist wenig Anregungspotential und wenig abwechslungsreiche Tätigkeit zu erwarten.

Eingeengt und spezialisiert auf repräsentative Aspekte des Wohnens fehlen in den Suburbs weitgehend Werkstätten oder Industriekomplexe, Kaufhäuser oder Verwaltungseinrichtungen. Es gibt weder besonders alte Gebäude noch besonders wildwüchsige Straßenzüge; die Nachbarn gehören zumeist der gleichen Schicht an. Für Kinder bedeutet dies, daß sie einen Großteil ihres Alltags in einer Umwelt aufwachsen, deren kognitives Anregungspotential als verarmt, als wenig stimulierend anzusehen ist.

Ähnlich ist das Wohnen in Hochhäusern einzuschätzen. Jede neunte Großstadtfamilie wohnt heute in Häusern mit fünf und mehr Stockwerken (vgl. Heide 1981, S. 46).

In Hochhäusern können Eltern ihre Kleinkinder beim Spielen auf dem Hof oder auf der Straße nicht mehr aus dem Fenster beaufsichtigen. Kleinkinder leben deshalb häufig eingesperrt. Sie können schon deshalb nicht so oft draußen spielen und herumtoben, weil sie von unten ja wieder in die Wohnung, die vielleicht im 7. Stockwerk liegt, hinauf müssen – und das geht nur per Fahrstuhl, dessen Knöpfe sie nicht erreichen. Die ganz Kleinen auch nicht mittels Kochlöffeln, Stöcke oder anderer Hilfsmittel zur Verlängerung des Armes.

Eine „Straßensozialisation", die relativ viel Freiheit für Eigentätigkeit läßt, ist zumindest für die kleineren Kinder unwahrscheinlich. Tierhaltung wird in der Regel nicht erlaubt. So läßt sich sagen, daß die Rahmenbedingungen der Sozialisation in Hochhäusern anregungsarm sind im Vergleich zu denen in althergebrachten Siedlungsformen[4]. Mundt hat empirisch nachgewiesen:

„... je höher die Wohnung liegt, um so häufiger spielt das Kind in der Wohnung und um so seltener wird der Hausflur in das Spiel einbezogen ... Das bedeutet zusammengenommen, daß die Kinder aus Hochhäusern in ihren Kontaktmöglichkeiten zu anderen Kindern ... benachteiligt sind"[5].

Aus international vergleichenden Untersuchungen geht hervor, daß Kinder, die in Häusern mit mehr als vier Geschossen wohnen, weniger im Freien spielen als Kinder, die in niedrigeren Häusern aufwachsen (BMJFG 1976, S. 232), wobei aber nicht unterschieden wurde, ob die Kinder oben oder unten wohnen.

Mit diesen Veränderungen in den Siedlungsformen haben sich auch die Sozialisationsbedingungen verändert. Insbesondere wollen wir zusammenfassend drei Merkmale nennen:

- Homogenisierung des Wohnens, was für die Kinder eine anregungsarme, ausgegrenzte Wohnumwelt bedeutet.
- Veränderung der Spielmöglichkeiten. Mehr und mehr wird das Spielen in die Wohnungen verlagert.

- Veränderung der Kontrolle. Kinder haben heute kaum noch Möglichkeiten, Kontrollöcher zu finden. Sie müssen sich in für sie bestimmte, für die Erwachsenen leicht zu kontrollierenden Einrichtungen (z. B. Spielplatz) aufhalten – oder in für sie bestimmten Zimmern, im Kinderzimmer.

Gerade das Letztgenannte, das Kinderzimmer, ist eine sehr wesentliche Veränderung im Wohnbereich, die veränderte Sozialisationsprozesse mit sich bringt. Deshalb lohnt es, die Kinderzimmer ein wenig genauer zu untersuchen.

1.2 Kinderzimmer

Mit der Neubau- und Wiederaufbautätigkeit nach 1950 ergaben sich erst Möglichkeiten, ein Kinderzimmer einzurichten, für das die Wohnungsnot und die Einquartierungen von Ausgebombten und Flüchtlingen in den unmittelbaren Nachkriegsjahren buchstäblich keinen Raum ließen. Kinderzimmer gehören seit der Zeit des Biedermeier, also seit etwa 1815, zur Standardausstattung der Wohnstätten der Großbürger. Erst in dieser Zeit räumte man in den Bürgerfamilien den Kindern einen Wohnbereich ein, der nur für sie gedacht war und der mit kindgerechten Möbeln und Spielgelegenheiten ihren Bedürfnissen entgegenkam.

Damit begann aber gleichzeitig die räumliche Ausgrenzung der Kinder. In früheren Epochen benutzten Erwachsene und Kinder die Wohnhalle, eine Art Allzweckraum, gleichermaßen zum Arbeiten und Spielen. Bis zur Wiederaufbauphase nach dem Zweiten Weltkrieg waren Kinderzimmer fast ausschließlich in den Häusern des Bürgertums zu finden.

Heute kann fast jedes Kind ein Kinderzimmer allein oder mit Geschwistern benutzen. Über ein eigenes Kinderzimmer (pro Kind ein Zimmer) verfügten von

den sogenannten vollständigen Familien 1972 bei *einem* Kind 72,5% der Familien, bei zwei Kindern 33,6% und bei drei Kindern 16,2%. Jedes zweite Kind unter 18 Jahren teilte das Zimmer mit Schwester oder Bruder[6].

Mit der Einschränkung, daß die Hälfte der Kinderzimmer von mindestens zwei Kindern gemeinsam bewohnt werden, ist auch die Zimmergröße zu beurteilen. Eine erste Auskunft gibt die folgende Tabelle[7]:

Tabelle 1: Größe der Kinderzimmer nach Alter der Kinder gemäß Angaben von Müttern resp. Kindern oder Jugendlichen (1972)

Größe des Kinderzimmers bzw. des Zimmers, in dem das Kind schläft	Alter des Kindes				
	0–6[1] Jahren %	7–8[1] Jahren %	9–12[1] Jahren %	9–12[2] Jahren %	13–17[2] Jahren %
bis 10 qm	24	14	22	22	16
11 bis 15 qm	40	36	44	44	42
16 bis 20 qm	28	40	27	26	32
über 20 qm	4	9	6	6	5
keine Auskunft	4	1	2	2	5
Summe	100	100	100	100	100
Zahl der Fälle	(745)	(254)	(516)	(470)	(566)

[1] Nach Angaben von Müttern.
[2] Nach Angaben von Kindern resp. Jugendlichen.
Quelle: Schöner Wohnen (Hrsg.): Wie Kinder wohnen. Wohnsituation – Wohnwünsche – soziale Einflüsse auf das Wohnen der Kinder in Deutschland. Hamburg 1974, S. 35.

6,75 qm werden als Mindestnorm im sozialen Wohnungsbau für ein Kinderzimmer vorgeschrieben (DIN 18011). Auch wenn die offiziellen Planungsnormen zumeist eingehalten werden, kann von genügendem Platz keine Rede sein. Die Kinderzimmer sind größtenteils die kleinsten Räume in den Wohnungen.

In ländlichen Gemeinden haben Kinder seltener ein Zimmer für sich allein, auch wenn die Wohnungen häufig geräumiger sind. In traditionellen Industriearbeitervierteln können sogar 16% aller Kinder kein eigenes Zimmer benutzen und teilen sich auch keines mit Geschwistern[8].

Es gibt kaum Studien darüber, was die Kinder in den Kinderzimmern machen. Eine kleine Tabelle, die auf Aussagen der Kinder selbst begründet ist, haben wir jedoch gefunden[9].

Tabelle 2: Aktivitäten im Kinderzimmer nach Alter von Kindern und Jugendlichen (1972)

	Aussagen der Kinder von	Aussagen der Jugendlichen im Alter von	
Aktivität	9–12 Jahren	13–14 Jahren	15–17 Jahren
Essen	1%	2%	1%
Schulaufgaben	50%	61%	66%
Schlafen	91%	90%	89%
Basteln	63%	nicht erhoben	
Hobbies	61%	56%	63%
Mit Freunden spielen	58%	58%	69%
Ungestört sein	67%	71%	62%

Quelle: H. E. Colla und S. J. Kuntze: Wie Kinder wohnen. Soziologische Analyse. Hamburg 1974, S. 44.

Einen weiteren Hinweis gibt Meyer-Ehlers, die im Jahre 1966 untersucht hat, wie Kinderzimmer typischerweise genutzt werden:

„Kinderzimmer sind Reservate der Kinder; die Tätigkeiten der Eltern sind geringfügig. Kinderzimmer werden von den Kindern sehr intensiv genutzt. Ungefähr zwei Drittel aller Kinder spielen in ihrem Zimmer oder gehen dort ihren Hobbies nach ... In den Einfamilienhäusern betreiben 58% der Kinder Spiel und Hobby im Kinderzimmer, in den Stockwerkswohnungen erhöht sich der Anteil auf 80%“[10].

Aus dem bisher Gesagten kann gefolgert werden, daß die Kinder einen großen Teil ihrer Zeit in ihren Zimmern verbringen. Dies stellt gegenüber der unmittelbaren Nachkriegszeit eine entscheidende Veränderung der Bedingungen des Aufwachsens dar. In Gruppeninterviews berichten alle, die damals Kinder waren, übereinstimmend, daß in den Wohnungen (in denen es ja auch nur selten ein Kinderzimmer gab) kaum gespielt wurde und auch kaum Besuche von anderen Kindern empfangen wurde.

„Spiel und Hobby“ wurde draußen nachgegangen – und zwar so anhaltend wie möglich: Man nahm sich Schmalzstullen mit, um selbst zu den kleinen Mahlzeiten nicht in die Wohnungen zurückkommen zu müssen; und Stubenarrest erscheint in der Rückerinnerung eine der härtesten Bestrafungen überhaupt zu sein.

Wir wollen kurz zusammenfassen, welche Folgen die Veränderungen im Wohnbereich für den Wandel der Kindheit haben:

- Der Trend zur Urbanisierung und Spezialisierung des Wohnens führt zur Ausgrenzung der Kinder in für sie vorgesehene Spezialräume.
- Dieser Trend der zunehmenden Ausgrenzung geht einher mit einem Trend von draußen nach drinnen. Das heißt heutige Kinder halten sich sehr häufig in der Wohnung, in „ihrem“ Zimmer auf.
- Der Trend von draußen nach drinnen läßt den Anteil der direkten Kontrolle durch die Eltern (meist die Mutter) wachsen.
- Der Aufenthalt im Kinderzimmer verführt zur Tätigkeit mit vorfabriziertem Spielzeug.

Der Umstand, daß heutige Kinder häufiger in der Wohnung spielen, ist nicht nur auf die Veränderung der Siedlungsformen und die Veränderung des Wohnens zurückzuführen, sondern auch auf die Veränderung der gesamten Straßenöffentlichkeit. Diesen Aspekt wollen wir jetzt unter dem Thema Straßensozialisation untersuchen (vgl. Zinnecker 1979).

1.3 Straßensozialisation

Bei der Frage, was sich seit dem Kriegsende auf der Straße verändert hat, nimmt das Auto eine herausragende Position ein.

Die öffentlichen Verkehrsmittel wurden in der Nachkriegszeit relativ schnell wieder in Betrieb genommen, also die Eisen- und Straßenbahn, die U- und S-Bahn sowie die Busse. Diese öffentlichen Massenverkehrsmittel sind kein neuer Tatbestand; es gab sie schon früher. Neu ist, daß das Auto in der Nachkriegszeit zum Massenverkehrsmittel avancierte, und zwar zum privaten wie individuellen. Entfielen 1950 lediglich 11 Pkw und Kombiautos auf tausend Einwohner, so waren es 1960 bereits 81 und 1976 sogar 307. Das entspricht 1976 einer 28fachen Dichte, verglichen mit 1950[11]. Anders ausgedrückt: Jeder dritte Erwachsene hat ein Auto.

In Nordrhein-Westfalen kamen 1979 auf ein Kind unter 15 Jahren zwei Kraftfahrzeuge (Mags 1980, S. 184). Die „allgemeine Automobilmachung“ ist für Kinder lebensgefährlich. Jedes zweite Kind, das stirbt, stirbt an einem Verkehrsunfall. Jährlich verunglücken 70000 Kinder auf der Straße, so war im Juni 1980 in der FAZ zu lesen, davon sterben über 1000 direkt oder an den Folgen des Unfalls (Heide 1981, S. 103).

Fragt man Erwachsene nach den Vorteilen des Autos, so lautet die Antwort meist: „Vor allem die Unabhängigkeit“. Für Kinder bedeuten sie das Gegenteil. Dadurch, daß die Straßen heute von Automassen beherrscht werden, ist ein Teil der Kinder verkehrstechnisch eher abhängiger geworden. Statt eines Fahrrades, dessen Benutzung vielfach zu gefährlich geworden ist, benötigen sie jetzt einen Fahrer – und zwar einen Erwachsenen. Ein Drittel aller Fahrten von Hausfrauen sind „Taxifahrten“ für Kinder[12]. Sie fahren sie morgens in die Schule, nachmittags zum Sportverein oder zu irgendeinem Kursus.

Die Bedeutung des Autos für die heutigen Kinder wird durch Gruppeninterviews mit um 1940 geborenen Kindern illustriert:

Interviewer:	Was hat das Auto für Euch bedeutet?
Herr D.:	Es ist ein Stück Freiheit ...
Frau A.:	Und für die Jugendlichen ist es kein Privileg, ein Auto zu haben, das ist eine Selbstverständlichkeit inzwischen.
Herr D.:	Ja, ja, aber sie müssen sehr lange darauf warten, und dann spielt die Geldfrage auch eine große Rolle.
Herr C.:	Ja, sie fordern z. B. oder nehmen es auch als Selbstverständlichkeit, daß, wenn es sich einrichten läßt, daß die Eltern sie transportieren: Kannst du mich mitnehmen oder kannst du mich 'mal dahinfahren oder so. Oder ich fahr' da mit, wenn sie erfahren, man fährt da und da hin und das liegt auf dem Wege. Er sagt nicht, kannst du das nicht so einrichten, daß du mich jeden Morgen dahinbringst, sondern er fährt eben mit dem Bus. Aber wenn es passiert, ja gut, dann o.k. Aus praktischen Gründen heraus, weil es ein Transportmittel ist, was er noch nicht fahren kann oder darf, aber sonst hab' ich nicht den Eindruck, daß es besonders ...
Herr D.:	Aber das Auto ist und bleibt dem Zugriff der Jugendlichen entzogen ...
Frau A.:	Nur ist es eben da und wird genutzt. Solche Mittel hat es eben früher in dem Maße nicht gegeben. Da mußte man eben andere Mittel, Transportmöglichkeiten finden.

Neben der zunehmenden Abhängigkeit von Erwachsenen ist noch ein anderer Umstand sehr wesentlich für veränderte Sozialisationsprozesse: Das Auto als Massenverkehrsmittel hat die natürliche und bauliche Umwelt der Kinder massiv verwandelt. So sind die Straßen nahezu unbespielbar geworden. Dennoch ergeben empirische Untersuchungen, daß die Straßen der Lieblingsplatz von Kindern sind; vorausgesetzt, daß sie draußen spielen (vgl. BMJFG 1976, S. 148f.). Die Straßen werden auf jeden Fall den angelegten und pädagogisch betreuten Spielplätzen vorgezogen.

Die Straße ist eigentlich die ideale Lernsituation. Sie ist immer vertraut, aber dennoch ist hier immer wieder etwas Neues, jeden Tag. Man sieht andere und trifft Bekannte, tauscht Neuigkeiten aus – und: Man wird gesehen. Die Straße ist geradezu ein Laufsteg für Narzißmus. Man zeigt sich und bespiegelt sich. Dieses Bild der Straße gilt aber nicht mehr, wenn sie vorwiegend dem Autoverkehr dient. Schnell ist dann der Charakter der Öffentlichkeit im Dunst der Abgase verschwunden. Kinderspiele haben hier keinen Platz mehr. Die Straße wird zur sonst bedeutungslosen Verbindungslinie.

Bis Anfang der 60er Jahre war dies noch ganz anders. Die Straße – war es nicht gerade eine Hauptverkehrsstraße im Zentrum der Stadt – gehörte allen Anwohnern, vor allem den Kindern.

Es trafen sich Kinder- und Jugendgruppen, und sie tradierten untereinader einen Kanon von regelgeleiteten Gruppenspielen (vgl. Zinnecker 1979). Oft bildeten sich auch Straßengruppen und organisierten sich z. B. zu einem Fußball- oder Völkerballspiel auf der Straße. Seifenkisten wurden gebaut und richtige Rennen veranstaltet. Das Straßenleben in dieser Zeit weist auf eine aktive und oftmals eigentätige Aneignung des Streifraums. Faszinierend ist die Art und Weise der Aneignung des Straßenraums von Martha und Hans Muchow (1980) für die 30er Jahre beschrieben. Sie zeigen bis in das kleinste Detail, wie z. B. der Löschplatz in Hamburg-Barmbek von den Kindern eingenommen und mit „eigenem" Sinn gefüllt wurde.

Heutige Kinder haben es vielfach schwerer, überhaupt noch Orte und Nischen zu finden, die sie sich aktiv und selbstbestimmt aneignen können. Aber immer wieder gelingt es ihnen, sich Bereiche der gegenständlichen Kultur auf der Straße zu erobern; die Straße als Streifraum und als Lebensweise bleibt widersprüchlich. Sie ist zwar, was übertrieben klingen mag, nur noch Verbindungslinie, aber sie ist für die Kinder auch umformbar. Das geht heute aber sehr viel risikoreicher als vor 25

Jahren: Mit Mofas, Skate-Boards, BMX-Rädern und Disco-Rollern werden Grenzen zur Macht der Autos angegriffen. Oder: Das Spiel an der Fußgängerampel; die Straße wird nicht bei Grün überquert, sondern in dem Moment, wenn die Autofahrer starten wollen. Der Ärger der Erwachsenen ist das Ziel dieses gefährlichen Spiels.

Mit „Straße“ ist aber nicht nur der Bürgersteig oder der Fahrdamm gemeint, sondern die gesamte Straßenöffentlichkeit, die in die kindlichen Aneignungsprozesse eingeht. Sie besteht aus Grünanlagen, Spielplätzen, Hausfluren und Hauseingängen, Fußgängertunneln, Kneipen, Jugendzentren und Warenhäusern.

Es ist das Verdienst von Martha und Hans Muchow, einige solcher Lebensräume und die Aneignungsweisen der Kinder genauer beobachtet und analysiert zu haben. Spannend beschreiben sie die Benutzung des großen Barmbeker Kaufhauses Karstadt durch die Kinder in den 30er Jahren:

„Das Warenhaus als ‚Abenteuerwelt'

Das Innere des Warenhauses, von dem sich durch Auslagen und Reklame reizvolle Andeutungen und Anzeichen nach außen kundtun, von dem die Kinder auch von früheren Besuchen mit den Eltern vieles wissen, übt auf die draußen herumstehenden und vorbeikommenden Kinder einen unverkennbaren ‚zauberhaften' Reiz aus. Die Schranke, die der kontrollierende Pförtner für ihr Hineinfluten bildet, macht das Ganze noch reizvoller und lockender. Während aber die Kindergartenkinder das Durchbrechen der Schranke im allgemeinen nicht wagen und die Dreizehn- bis Vierzehnjährigen entweder als Beauftragte der Eltern kommen oder auch ohnehin die Kontrolle meist ungeschoren passieren (so daß der Reiz wesentlich geringer ist), bildet das Warenhaus für die sieben- bis zwölfjährigen Kinder so etwas wie eine *Abenteuerwelt,* in die man mit viel List und Schlauheit einzudringen versucht, wie man etwa als Schmuggler die Grenze überschreitet. Es wird viel Zeit darauf verwendet, die Gelegenheit abzupassen, wenn man unbemerkt hindurchschlüpfen kann; stundenlang umlagern die Kinder der genannten Altersstufe die Portale, um einen Augenblick zu erwischen, in dem der Pförtner, abgelenkt oder in Anspruch genommen, in seiner Wachsamkeit erlahmt. Rasch springt man dann zu und gelangt durch die Drehtür ins Innere des Gebäudes. Oder man schreitet mit gespielter Sicherheit auf das Portal zu, rechnet damit, daß der Pförtner gerade nicht hinschaut oder auch nichts unternehmen wird, und versucht durchzuschlüpfen. Ist aber der ‚Gegner' auf dem Posten und faßt den Herankommenden ins Auge, dann biegt man, gleichgültig blickend, kurz vor dem Portal um und tut so, als ob man … eben nur vorübergehen wollte" (Muchow/Muchow 1980, S. 83, 84).

„Das Warenhaus als ‚Manövrier- und Trainingsgelände'

So gestaltet sich das Warenhaus als Ganzes dem Kinde zu einer Welt des Abenteuers; doch wie auch der Erwachsene, der auf ein Abenteuer auszieht, daneben noch mancherlei anderes leben und erleben kann, so enthält auch das Warenhaus für die Kinder noch mancherlei andere Welten. Dabei steht für die verschiedenen Altersstufen jeweils eine ganz besondere Art des Umganges mit diesen Welten im Vordergrunde.

Für die *Grundschulkinder,* und zwar insbesondere für die jüngeren, ist das Warenhaus in erster Linie (obwohl nicht ausschließlich) ein ‚motorisches Manövrier- und Trainingsgelände'. Die ganze Fülle seines interessanten Warenmaterials ist, von wenigem abgesehen, für die Altersstufe nur Hintergrund und belangloses Beiwerk, das nicht mit konzentrierter Aufmerksamkeit erfaßt wird, sondern nur in einem ganz anders zentrierten Erlebnis „mit dabei" ist. Zentral ist für diese Kinder nur der Gerätecharakter seiner Einrichtungen. Diese Kinder eilen, wenn sie den Engpaß der Drehtür durchschritten haben, sofort nach den Treppen, die zum ersten Stock führen.

Es sind zwei Treppen da, von denen die eine links, die andere rechts von den Fahrstühlen hinaufführt; sie haben in Höhe der halben Treppe hinter den Fahrstühlen einen Verbindungssteg, so daß man dort die die andere Treppe benutzenden Leute sehen und treffen kann oder zur anderen Treppenseite übergehen und auf der anderen Treppe weiter nach oben steigen oder wieder heruntergehen kann. Die Möglichkeiten sind es, die das Kind interessieren. Es experimentiert oft eine lange Zeit an dieser Treppe herum, arrangiert Treppenspiele mit seinen Gefährten, untersucht die zweite und dritte Treppe im nächsten Stock in der gleichen Weise, kombiniert die Treppen beider Stockwerke in Treff- und Kriegsspielen, im Wettlauf mit dem Fahrstuhl usw." (ebenda, S. 86).

Warenhäuser sind heute zahlreicher geworden. Kaufhausbesuche sind für heutige Kinder eine Selbstverständlichkeit. Kinder sind anerkannte Kunden, als Konsumenten immer gefragt. Ein Wächter ist heute vollkommen überflüssig. Die Kinder gehen in den Kaufhäusern ein und aus – gerade so, wie sie wollen. Insofern hat sich das Feld der Straßensozialisation auch erweitert.

2 Fernsehsozialisation: Das neue Curriculum

Fernsehen ist ein Bereich, der für die Kindheit erst mit den 60er Jahren bedeutungsvoll wurde. Dann aber rasant. Fernsehen ist für heutige Kinder ein nicht mehr wegzudenkender Bestandteil ihres Lebens, was der Sozialisationsforscher Uri Bronfenbrenner folgendermaßen ironisiert:

„Die meisten amerikanischen Familien bestehen aus zwei Eltern, einem oder mehreren Kindern und einem Fernsehgerät“[13].

Dies gilt mittlerweile auch für deutsche Familien. Das Fernsehen wurde in der Bundesrepublik im Jahre 1952 durch Versuchsprogramme des damaligen Nordwestdeutschen Rundfunks eingeführt. „ARD“ als Markenzeichen kam erst 1954 auf. In diesem Jahr erzielte das deutsche Fernsehen mit der Übertragung der Fußballweltmeisterschaft seinen Durchbruch. Bald danach begannen Peter Frankenfeld und Hans-Joachim Kuhlenkampff ihre Karriere als TV-Showmaster. Der Fernsehkoch Clemens Wilmenrod zeigte den „Wiederaufbau-Hausfrauen“, wie „schnieke“ gekocht wurde.

Die TV-Stars der 50er Jahre begleiteten lange Zeit einen ungeahnten Aufschwung des Fernsehens in der Bundesrepublik. Bereits im Jahre 1961 besaßen 5,9 Millionen von 20 Millionen Haushalten ein Fernsehgerät. 1973, sechs Jahre nach der Einfahrung des Farbfernsehens, waren es bereits 18,5 Millionen Haushalte, die ein Gerät angemeldet hatten[14]. Das sind fast 90%.

Was bedeuten diese Zahlen für veränderte Kindheit, für veränderte Sozialisationsprozesse?

2.1 Sehgewohnheiten von Kindern

Mit der Einführung des farbigen TV-Sehens wanderten viele S/W-Fernseher in die Kinderzimmer. Das heißt, fast jedes Kind hat die Möglichkeit fernzusehen.

Diese Möglichkeit wird auch kräftig genutzt. Vorschulkinder, also die Altersgruppe der 3–7jährigen, sahen im Jahre 1978 durchschnittlich 54 Minuten an Werktagen, 79 Minuten an Samstagen und 62 Minuten an Sonntagen fern[15]. 1988 saßen 7-9jährige Kinder durchschnittlich 81 Minuten vor dem Fernsehgerät. Hatten sie Gelegenheit Kabelfernsehen zu empfangen, waren es sogar 113 Minuten. Für 1990 ergeben die regelmäßigen Messungen der GFK-Fernsehforschung eine tägliche Sehzeit für 6-13jährige Kinder von 99 Minuten[16].

Böckelmann u. a. haben schon 1979 untersucht, wie der Fernsehtagesablauf von Kindern ausschaut:

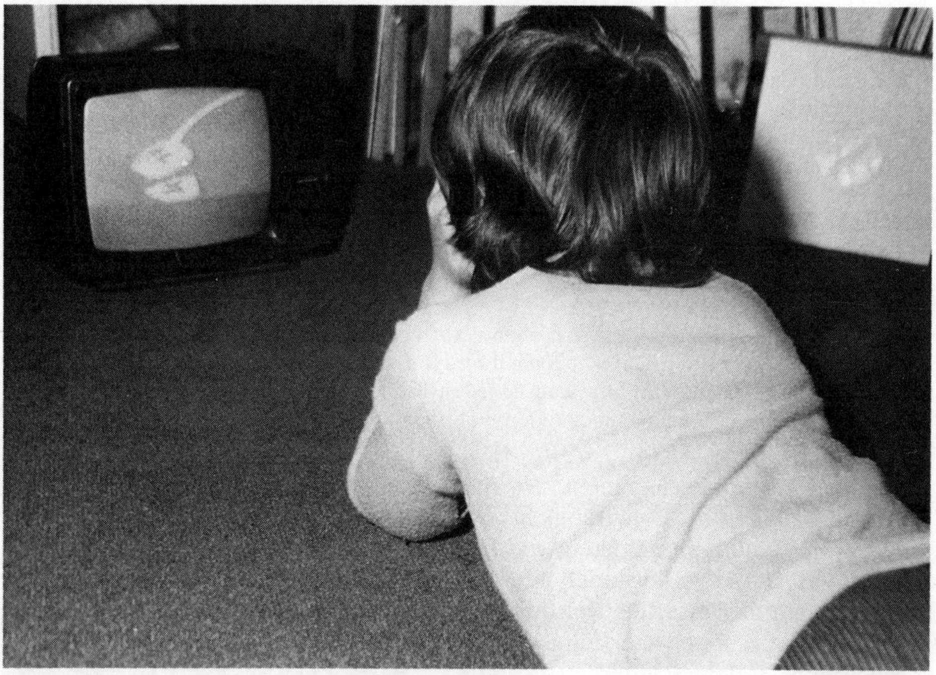

„Im Tagesablauf erreichten die Einschaltquoten der Drei- bis Siebenjährigen 1976 werktags ein Maximum von über 30% zwischen 18.30 Uhr und 19.00 Uhr. Von 17.30 Uhr bis 19.30 Uhr saßen dabei durchgehend mehr als 20% dieser Altersgruppe vor dem Bildschirm, zwischen 16.45 Uhr und 20.45 Uhr waren es 1976 immer noch durchgehend mehr als 10% der Drei- bis Siebenjährigen. Am Wochenende lagen die Spitzenwerte in der Sehbeteiligung dieser Altersgruppe etwas niedriger. Die insgesamt höhere Nutzungsquote ergab sich durch die Auswertung der Zuwendung am früheren Nachmittag und am späteren Abend (samstags)

bzw. am späten Vormittag und frühen Nachmittag bei verkürztem Fernsehen am Abend (sonntags).

Die entsprechenden Sehbeteiligungen der Acht- bis Dreizehnjährigen erreichten 1976 im Jahresdurchschnitt werktags zwischen 18.30 Uhr und 19.00 Uhr ein Maximum von annähernd 35%, bis 21.15 Uhr saßen mehr als 20% der betreffenden Kinder vor dem Bildschirm, bis 22.00 Uhr mehr als 10%. Die Wochenendwerte erreichten samstags zwischen 20.30 Uhr und 21.30 Uhr ein Niveau von über 50%, das bis ca. 23.00 Uhr auf 10% Sehbeteiligung zurückging. Sonntags wurden zwischen 18.30 Uhr und 19.00 Uhr durchschnittliche Sehbeteiligungen von über 30% registriert, mit einer zweiten Spitze von etwas unter 30% Sehbeteiligung der Acht- bis Dreizehnjährigen zwischen 20.15 Uhr und 21.00 Uhr"[17].

Die Zeit, die heutige Kinder mit Fernsehen verbringen, nimmt im Gesamtumfang der Freizeitaktivitäten den größten Teil ein. Nach ihrer häufigsten Freizeittätigkeit befragt, antworteten 71% von 800 Grundschülern, daß sie jeden Tag fernsehen werden würden. Dieses gilt für Mädchen wie für Jungen, für Akademikerkinder und für Arbeiterkinder[18].

Kinder sehen inzwischen mehr fern als sie spielen, lesen und basteln. Es ist mehr rezeptive Tätigkeit als Eigentätigkeit festzustellen, wobei Basteln und Spielen als typische kindliche Eigentätigkeit begriffen werden.

Cramond hat die vorliegenden internationalen Studien über Kinder und Fernsehen daraufhin ausgewertet, welche Tätigkeiten zu Lasten des neu entstandenen Fernsehkonsums am ehesten aufgegeben werden.

Sie kommt zu dem Schluß:

„In allen Untersuchungen ergab sich der stärkste Rückgang bei Kino, Radio und Comics – Medien, von denen man annehmen kann, daß sie mehrere dem Fernsehen ähnliche Eigenschaften haben"[19].

Hinsichtlich des Lesens von Büchern konnte sie nur eine geringe Tendenz zur Verdrängung feststellen. Vielmehr konstatierte sie einen Rückgang der weniger organisierten, also „freien" Tätigkeiten der Kinder. Vereinsmitgliedschaft wurde vom Fernsehen nur geringfügig beeinträchtigt. Indes beschäftigen sich weniger Kinder mit handwerklicher Arbeit, die fraglos als aktive und „freie" Tätigkeit einzustufen ist. Cramond schreibt wörtlich, daß das

„Fernsehen offensichtlich die übliche soziale Entwicklung (verzögert), indem es die Heranwachsenden an das Haus bindet. Ungefähr ein Fünftel der Kinder lassen Freunde zu sich nach Hause kommen; die älteren Fernsehzuschauer so häufig wie die Kontrollgruppe, die jüngeren dagegen doppelt so oft wie die Kontrollgruppe. Das entspricht dem Befund Belsons, daß Seher etwas mehr Zeit zu Haus verbringen als Nichtseher"[20].

Das Fernsehen domestiziert also eine Masse von Kindern in bisher ungekanntem Ausmaße. Dieser Trend war in ähnlicher Weise schon beim Wohnen im Wandel zu beobachten. Kinder halten sich in der veränderten Wohnumwelt mehr und mehr im Haus, in ihrem Kinderzimmer auf. Der Trend geht von draußen nach drinnen. Fernsehen können die Kinder, rein technisch, ohne Aufwand nur in der Wohnung. Der Fernsehapparat zwingt sie, im Zimmer zu bleiben.

Doch es geht noch weiter: Fernsehen bindet Zeit, die früher für aktive Tätigkeit genutzt wurde. Die Allensbacher Meinungsforscher stellten Kindern zwischen drei und neun Jahren die Frage: „Was hast du lieber: Draußen spielen oder fernsehen?"

36% der Befragten antworteten mit fernsehen, 16% waren unentschieden (Heide 1981, S. 68). Mit der Verbreitung des Videosystems und den Angeboten der Videostudios wird vermutlich noch mehr Zeit vor dem Bildschirm verbracht.

Andererseits erweitert das Fernsehen fraglos das Gesichtsfeld der Kinder, indem es die „Welt ins Haus bringt“. Dies ist besonders für Kinder des dörflichen Raumes eine erhebliche Ergänzung des Erfahrungsbereiches, weil sie sich durch das Fernsehen aneignen können, was die enge Umwelt nicht anbietet: Filme und Theater, alternative Weltansichten oder Parlamentsdebatten. Kinder machen sich damit auch unabhängiger von dem Wissen der Erwachsenen und älteren Geschwister.

Die Dominanz des Fernsehens im Tagesablauf heutiger Kinder führt häufig zu der Klage, daß Gewalt auf dem Bildschirm von den Kindern nachgeahmt wird. Die Nachahmung von Filmmodellen wurde auch in vielen Experimenten nachgewiesen. Doch spektakuläre Fälle, in denen z. B. Raubüberfälle aus Krimis als Vorbild übernommen und umgesetzt wurden, sind Einzelfälle und lassen keine Trenddeutung zu.

Eine empirische Längsschnittstudie gibt zu diesem Thema ein genaueres Bild[21]. Die Beobachtung von 2500 Schülern im Alter von 12 bis 15 Jahren läßt das Fazit zu, daß eine ständig zunehmende Aggression durch das Fernsehen nicht stattfindet, wohl aber eine Unterstützung:

„Es ist sicher nicht von der Hand zu weisen, daß das Fernsehen Informationen über Techniken aggressiver Handlungen vermittelt, die in Extremfällen in konrete Straftaten übersetzt werden können. Zu betonen ist dabei, daß das Fernsehen hierbei lediglich als Informant fungiert, die konkrete Übersetzung im Fernsehen beobachteter aggressiver Handlungen wird sicher durch andere Faktoren, z.B. die alltäglichen Erfahrungen mit aggressiven Handlungen beeinflußt. Wenn eine Person nicht daran gewöhnt ist, im alltäglichen Leben aggressiv zu handeln, dann wird sie nicht ohne weiteres aggressive Handlungen aus dem Fernsehen übernehmen“[22].

Und aggressive Handlungen, Gewalt, erfahren die Kinder täglich, z. B. im Straßenverkehr. Es entbehrt also nicht einer gewissen Konsequenz, wenn die französische Rechtsprechung dazu übergeht, das Auto als eine Waffe anzusehen.

2.2 Das neue Curriculum

Daß das Fernsehen Bilder von Gewalt in die Wohnstube bringt, ist fraglos ein wichtiger problematischer Aspekt des Fernsehens, wie die *Wirkungsforschung* belegt[23].

Wichtiger erscheint uns aber, daß mit dem Fernsehen sich der Modus der Aneignung symbolischer Kultur selber verändert. Das ist eine einschneidende Veränderung des Sozialisationsprozesses. Wie Winn und Postman entdeckt haben, geht vom Fernsehen eine Tendenz aus, die *ikonische* Aneignungsweise vor der *verbal-argumentativen* zu bevorzugen.

Das Bild eines Menschen, beispielsweise eine Fotografie, ruft die Erinnerung dieses Menschen hervor, weil das Bild dem Menschen selber analog ist. Das Bild kann kleiner oder größer sein als der Mensch tatsächlich ist, oder selbst eine andere Farbe haben, aber es bleibt genügend Ähnlichkeit zwischen der Struktur der bildenden Wiedergabe, so daß man versteht, was wiedergegeben wird. Demgegenüber ist die Wortkultur wesentlich abstrakter in dem Sinne, daß sie keine natürliche

Korrespondenz aufweist. Das Wort Mensch hat weder in gesprochener noch in geschriebener Form irgendeine innere Beziehung zu dem, für das es steht. In diesem Falle ist die Verbindung von der symbolischen Form und der Sache, die sie repräsentiert, künstlich. Man kann nicht von vornherein wissen, worauf sich das Wort Mensch bezieht, man muß dazu den semantischen Schlüssel besitzen. Man muß außerdem die Struktur kennen, durch die die Wörter mit anderen Wörtern verbunden werden. „Ein Mann tötet einen Bär“ meint das Gegenteil von „Ein Bär tötet einen Mann“.

Alle Systeme analytischer Symbole bestehen aus kleinen Bedeutungseinheiten, die in unterschiedlichen Zusammenhängen und Positionen kombinierbar sind. In analytischen Systemen müssen Bedeutungen zumindest relativ kontextfrei sein; nur deshalb sind Lexika möglich. Wörter repräsentieren nicht die Wirklichkeit, sondern Ideen darüber. Das ist auch der Grund dafür, daß analytische Kommunikation paraphrasierbar ist, ikonische jedoch nicht: Indem man andere Wörter benutzt, kann man immer umschreiben, was jemand anderes gesagt hat. Bilder, Landkarten und Fotografien sind nicht auf Vokabular reduzierbar und deshalb auch nicht komplett „übersetzbar“. Die Bedeutung einer Linie ist vollkommen abhängig von dem Kontext, in dem sie erscheint. Sie ist somit Gefangener dessen, was in der Realität dargestellt ist. Ikonische Symbole verfügen nicht über Bedeutungseinheiten, die in der Konstanz oder Tragfähigkeit mit analytischen Systemen zu vergleichen wären.

Ikonische Formen sind eben keine Ideen. Ein Bild muß man platterdings erfahren, um es zu erfahren. Das symbolische Ereignis muß genau in der Form

aufgenommen werden, in der es existiert. Eine direkte Übersetzung ist nicht möglich, weil es keine Idee darüber gibt. Wenn man eine unterschiedliche Form zur Mitteilung der Bedeutung benutzt, ändert man die Bedeutung. Beispielsweise kann man kein Bild eines Mannes benutzen, um das Bild eines anderen Mannes zu repräsentieren. Jedes Bild ist einzigartig und ruft nur ins Bewußtsein, was es darstellt. Das ist so, weil ein Bild konkret und spezifisch ist. Das ist auch der Grund dafür, daß es kein Bild von den Begriffen „Mensch", „Arbeit" oder Schule geben kann; es kann nur Bilder von spezifischen Menschen, Arbeiten oder Schulen geben. Und diese Bilder sind mit Worten nicht vollständig zu beschreiben, auch nicht mit Tausenden von Wörtern auszuschöpfen. Wortkultur ist eben eine besondere Form von Abstraktion, die einen besonderen Modus intellektueller Fähigkeiten verlangt.

Fernsehen besteht als Bilderkultur. Pointiert gesagt besteht das Fernsehcurriculum aus Bildergeschichten, die Gefühle mehr als Verstand ansprechen und an unreflektierte Reaktionen appellieren. Ein Bild kann zwar mehr als hundert Worte ausdrücken, verlangt aber kaum zu abstrahieren und keine Vorstellungskraft. Was geschehen wird, muß schlicht geglaubt werden oder es wird abgelehnt. Die Gesamtheit des Bildes spricht für sich. Ein Beispiel: Wir lesen einem Kind ein Märchen vor, in dem z.B. ein Prinz vorkommt. Der Prinz wird zwar beschrieben – meist als jung und schön –, doch versucht das zuhörende Kind, sich im Kopf vorzustellen, wie dieser Prinz in Wirklichkeit wohl aussehen könnte. Würde dieser Prinz in einem Märchen im Fernsehen vorkommen, bräuchte das Kind als Zuschauer solche Anstrengungen nicht zu unternehmen. Das Bild des Prinzen wird rein visuell wahrgenommen und es bedarf keinerlei aktiver Umsetzung oder Übersetzung.

Gewöhnen sich Kinder schon im frühen Lebensalter an die Aneignung der symbolischen Kultur als Bilderkultur, könnte das – vor allem bei „Dauersehern" – die Entwicklung kognitiver Funktionen wie der Phantasie hemmen.

Zur Begründung, daß dieser Hinweis nicht eine bloße Behauptung ist, lehnen wir uns an das Entwicklungsmodell von Piaget und Bruner[24] an, mit dem sich vier Aneignungsformen unterscheiden lassen:

I. Eine *enaktive* Aneignung. Sie herrscht im Säuglingsalter vor, in dem Worte und Bilder noch keine Rolle spielen. Die Aneignung der Umwelt läuft hier über die zuwendende und nahrungsgebende Bezugsperson.

II. In der Phase, in der die *ikonische* Aneignungsform vorherrscht, nimmt das Kind bildlich Dargestelltes mit dem Auge wahr, wobei jedoch keine eigenständigen Denkprozesse angeregt werden. Das Wahrgenommene steht für sich, es ist nicht paraphrasierbar und seine Elemente können nicht alleine stehen; erst der Kontext macht das Bild verständlich. Um das Bild zu erfassen, braucht man es nur anzuschauen.

III. Im Schulalter finden wir die *verbal-analytische* Aneignungsform symbolischer Kultur. Sie ist wesentlich abstrakter als die ikonische und verlangt ein hohes Maß an intellektuellen Fähigkeiten. Wissen wird durch Worte vermittelt.

IV. Auf der Grundlage von ikonischer und verbal-analytischer Rezeptionsfähigkeiten können weitere Problemfelder theoretisch erfaßt und eingeordnet werden. Diese Entwicklung verläuft als *kategoriale* Aneignung von Kultur. Eine Aneignungsform, die insbesondere in der Hochschule gefordert wird, z.B. wenn bestimmte Dinge sofort in Kategorien eingeordnet werden sollen.

Diese Stufen können nicht übersprungen werden.

Die problematische Seite des Fernsehens liegt nun darin, daß es die verbal-analytische Aneignung von symbolischer Kultur zurückdrängt und die ikonische dominieren läßt. Anders ausgedrückt: Die Bilderkultur verdrängt die Wortkultur.

Davon sind aber nicht nur die traditionellen Kulturtechniken Lesen und Schreiben betroffen. Fernsehen als Alternative zur linearen und dialektischen Logik des gedruckten Wortes beeinträchtigt mehr und mehr auch die Wahrnehmung nichtmedialer Wirklichkeit. Fernsehbilder dienen als Grundfolie, mit der die Wirklichkeit erfaßt wird. So kann es dazu kommen, daß z.B. Kinder, die mit ihren Eltern am Urlaubsort ankommen, sich umschauen und verkünden: „Guck mal, Mutti, das sieht ja aus wie im Fernsehen!"

Der Fernsehapparat scheint eine eigene Wirklichkeit abzubilden, aber es ist eine Wirklichkeit aus zweiter Hand. Jerry Mander warnt:

„Weil so viele von uns die Fernseherfahrung mit dem direkten Erleben der Welt verwechseln, bemerken wir nicht, daß das Leben selbst zu einer einzigen Erfahrungsweise verengt und vereinheitlicht wird: Dem Fernsehen"[25].

In der Tat – Fernsehen ist für heutige Kinder ein ständig vorhandener Bezugspunkt, der ihnen zur Weltdeutung dient. Es bleibt ihnen aber verborgen, daß es eine künstliche Weltproduktion ist.

Man kann nun entgegnen, daß die Kinder durch das Fernsehen ihren Erfahrungsraum erweitern. Wir haben ja schon darauf hingewiesen. Sie bekommen per Bildschirm Informationen, Bilder und Nachrichten, so reichhaltig und vielfältig und farbig wie nie zuvor; und sie können sich selbst bedienen, sich selbst entscheiden. So gesehen ist Fernsehen zutiefst demokratisch:

„Alles ist für jeden (wer immer auch den Knopf bedient). Das Medium bedingt einen Zusammenbruch der Informationshierarchie, durch die jahrhundertelang – ebenso wie die Klassen – auch die Kinder auf ihre Plätze verwiesen wurden: die Dümmsten und Kleinsten auf die niedersten Ränge"[26].

Auch wird es viele Kinder geben, die mit dem Medium Fernsehen sehr souverän umgehen und sich bei der Programmwahl Gedanken machen.

Und fraglos richtig ist es auch, daß durch das Fernsehen viel gelernt werden kann.

Aber dennoch – und das ist unser Punkt – bleibt die problematische Seite der Vermittlung bestehen.

Bestehen bleibt neben der Tendenz, Zeit zu binden und zu domestizieren – die Veränderung der Aneignungsweise von symbolischer Kultur: *Mit Fernsehen verändert sich der Modus der Aneignung symbolischer Kultur hin zur Bevorzugung ikonischer Rezeption.*

Diese Rezeptionsweise greift auf andere Medien über. Oder anders formuliert: Durch die gleiche Vermittlungsform, nämlich durch die Dominanz von vorgefertigten Bildern aus zweiter Hand, orientieren sich auch andere Medien lediglich an einer ikonischen Aneignungsweise. Im nächsten Kapitel wollen wir deshalb einige für Kindheit relevante Medien vorstellen.

3 Kindermedien

Medien erlangten in der Sozialisation von Kindern eine stetig wachsende Bedeutung. Neben Büchern sind seit dem 2. Weltkrieg Comics, Schallplatten, Kassetten, vor allem Fernsehen bis zu den sogenannten Neuen Medien wie Videospiele, Heimcomputer usw. getreten.

Wie stark die Lebenswelt heutiger Kinder mit Medien durchsetzt ist, zeigen 45 Minuten eines Tagesablaufs eines neunjährigen Mädchens:

„Die LCD-Digitaluhr springt auf 6.45. Mit einem gedämpften Knackgeräusch setzt der Radiowecker flotte Morgenmusik in Gang und weckt damit Tanja. Beim Aufstehen tritt Tanja beinahe auf Fred, den superschlanken Dreßmann, der von seinem Platz neben Teddy und dem Kopfkissen über Nacht heruntergefallen sein muß. Neuigkeiten im Bad: ‚Das Schlürfgespenst‘ – Blendis Abenteuer Nr. 6, ein Kurzcomic auf der Schachtel der neuen Zahncreme. Nach dem Ankleiden nochmalige Kontrolle des Ranzeninhalts; ach ja, heute ist der Rückgabetermin in der Schulbibliothek, ‚Ferien auf dem Ponyhof‘ muß zurück. Dann noch die Kassette mit der Gruppe ‚Dschingis-Khan‘, die Katja zum Überspielen haben wollte.

Am Frühstückstisch haben die natürlich wieder ’n anderen Sender. Tanja erregt Vaters Unwillen, als sie ihm den Zeitungsteil mit den Familienanzeigen wegzieht. Mutter bekommt von Vaters Gereiztheit auch etwas ab, weil sie am Abend zuvor das Fernsehen wie der einmal nur per Fernschalter und nicht mit der Schlüsseltaste abgeschaltet hat. Wer hat denn die Sammelbilder aus der neuen Cornflakes-Packung herausgenommen? Und wie ist der ‚Tatort‘ ausgegangen? Die Stimme des Nachrichtensprechers bedeutet für Tanja, schleunigst den Schulweg anzutreten“[27].

Aus der Vielfalt der Medien haben wir in diesem Kapitel exemplarisch drei ausgewählt. Anhand von Kinderbüchern, Comics und Tonkonserven wollen wir verdeutlichen, wie sich die Aneignung symbolischer Kultur verändert hat. Wie weit sich Videospiele und Computer auf die kindliche Sozialisation auswirken, ist im Moment noch nicht abzusehen.

3.1 Kinderbücher

Das klassische Medium ist das Buch. Speziell das für Kinder geschriebene Buch tauchte in Deutschland gegen Ende des 18. Jahrhunderts auf, also in einer Zeit, in der sich die bürgerlich-kapitalistische Gesellschaft formierte. Märchen- und Abenteuerbücher nahmen im Bestand der Kinderlektüre zuerst eine recht geringe Stellung ein.

Den größten Bestand der Kinderlektüre nahmen (jedenfalls mengenmäßig) Bücher ein, die zur Vorbereitung in die Rolle des erwachsenen Bürgers dienten. Da

gab es bildhafte Darstellungen wie Bilderbögen oder Fliegende Blätter oder Moralgeschichten wie sie heute noch vertrieben werden[28], z. B. Max und Moritz und natürlich der Struwwelpeter.

Und tatsächlich gibt es auch heute kaum ein Kinderbuchregal ohne Struwwelpeter.

Weil der Frankfurter Arzt Hoffmann kein geeignetes Bilderbuch für sein Söhnchen fand, malte und schrieb er selbst eines.

Das war vor 135 Jahren: Aber auch heute ist der Struwwelpeter noch quasi eine literarische Begleitung von vielen wirklichen Sozialisationsprozessen. Mit erhobenem Zeigefinger wird hier die Kontrolle in die „einsamste" Lektüresituation gebracht. Das zeigt, daß es zwar „Kontrollöcher" gibt, aber kein Kontrollvakuum. Der Bestseller, der auch in „Kontrollöchern" gelesen wurde, Struwwelpeter, ist ein gutes Beispiel.

Doch hat die Aneignung solcher Lektüre auch eine andere Seite. Ein Zitat von Peter Weiß aus seinem Buch „Abschied von den Eltern" macht es deutlich:

„Der Struwwelpeter, mit seinem buschigen Haarwald und den langen Fingernägeln, führte mir, zusammen mit seinen Genossen, alle meine eigenen Gebrechen, Schrecken und Gelüste vor. Die naiven und farbstarken Bilder waren Szenerien aus meinen eigenen Träumen, da waren die abgeschnittenen, blutigen Daumen und die riesige aufklaffende Schere, die noch anderes abschneiden wollte, da war der Suppenkasper mit dem strengen, hageren Vater und der rundlichen Mutter, und seine Worte, meine Suppe eß ich nicht, nein, meine Suppe eß ich nicht, waren meine eigenen Worte, ich selber war es, der auf dem Stuhl hin und her schaukelte und beim Sturz das Tischtuch mit den Tellern und Gerichten in die Tiefe riß. Das war die Rache. Da hatten sie es für all ihr Zetern und Mahnen“[29].

Auch wenn es Träume sein mögen, der Struwwelpeter wird hier nicht so genommen wie er geplant war: Nicht als Leitfaden zum erwünschten Verhalten, sondern als Verstärkung von Rachegefühlen, als Hilfe gegen unterdrückende Erziehung. Dazu ist Lesen, dazu sind Bücher allemal gut.

Kinder nehmen also nicht alles wie ein Schwamm auf, dies ist ja unsere Eingangsthese, sondern formen um, und zwar zu ihren Nutzen.

Es gibt natürlich auch Bücher, die von vornherein Kritik und Auflehnung fordern. So im F. K. Waechters Anti-Struwwelpeter:

> „Darum sei nicht fromm und brav
> wie ein angepflocktes Schaf,
> sondern wie die klugen Kinder
> froh und frei. Das ist gesünder.“

Doch solche kritische Kinderliteratur ist Mangelware. Einmal davon abgesehen, daß sie vermutlich mehr von intellektuellen Erwachsenen gekauft und gelesen wird (das Buch Momo ist auch ein Beispiel hierfür), erreicht sie nur geringe Auflagenzahlen.

Sogenannte emanzipatorische Kinderbücher werden mit ca. 3000 Exemplaren aufgelegt, die populären Beltz-Gelberg-Bände schon mal mit 20000. Die Kinderkrimis von Enid Blyton sind dagegen schon 8 Millionen mal verkauft. Und von den Schneider-Büchern werden jeden Werktag 40000 Stück abgesetzt.

Mit diesen Auflagenzahlen nähern wir uns der Frage, was sich verändert hat, denn hinter den Zahlen steckt mehr. Für den Vertrieb eines Kinderbuches ist es nicht mehr bedeutsam, ob es mit seiner „message" (mediengerecht ausgedrückt) auf ein Erwachsenenleben vorbereitet, sondern daß hohe Auflagenzahlen erreicht werden. Das Kind wird hierzu als gegenwärtiger Verbraucher eingeschätzt. Eine Entwicklung, die mit den 60er Jahren begann.

Die Großverlage führen präzise Marktanalysen durch und stellen sich auf den Geschmack einer bestimmten, aber breiten Zielgruppe ein. So produziert der Schneider-Verlag für 6–14jährige Leser mit Hauptschulbildung (vgl. Bauer/Hengst 1980, S. 195–217).

Auf den ersten Blick ist es ja nun gar nicht tragisch, daß die Auflagenzahlen steigen. Mit einem Mehr an Büchern ist ja nicht zwingend eine veränderte Rolle im Prozeß kindlicher Sozialisation gegeben.

Doch wird es dann kritisch, wenn davon ausgegangen werden kann, daß mehr Bücher immer weniger gelesen werden[30]. Dafür mag es zwei Gründe geben: Einmal sind heutige Kinderbücher anders als wie vor 25 Jahren und sehr viel anders als der Struwwelpeter; und es hat sich die Form der Aneignung symbolischer Kultur verändert. Beides muß erläutert werden.

Heutige Kinderbücher sind dünner geworden und in Anlehnung an die neuen Medien werden Fotos, comicartige Formen und viele „Action“-Elemente verwendet.

Besonders nachgefragt und beliebt und mit hohen Auflagen gedruckt sind Bücher, die deutlich an Fernsehsendungen erinnern bzw. Serien und Sendungen direkt beinhalten. Von Corky und der Zirkus über Flipper, Lassie, Biene Maja bis zu Meister Eder und sein Pumuckl. Was Kinder dann in den Büchern erfahren, kennen sie zumeist schon. Muß man sich bei Karl May oder Robinson Crusoe und zu den Geschichten aus 1001 Nacht noch lesend in eine völlig neue und unbekannte Welt versetzen, ist in den TV-nahen Kinderbüchern wegen der vorangegangenen Seherfahrungen die Phantasie schon besetzt. Das gilt mittlerweile auch für die „klassischen“ Kinder- und Jugendbücher wie die gerade genannten, die schon ihre Fernsehkarriere hinter sich haben.

Die TV-nahen Kinderbücher werden nun oftmals, wie beobachtet wurde, nur durchgeblättert und nach bekannten Bildern hin untersucht; Erinnerungen an die Fernsehbilder werden wach. Durch solche optisch strukturierten Erinnerungen werden Möglichkeiten eingegrenzt, etwas umzudeuten oder neues hinzuzuerfinden.

Manchmal werden die Bücher auch nur gesammelt. Was sich seit der Einführung des Fernsehens entwickelt hat, nämlich

- eine Veränderung des Modus der Aneignung symbolischer Kultur
- und eine Dominanz einer zerstreuten und visualisierten Wahrnehmungsdisposition

schlägt sich in den Büchern und den Lesegewohnheiten nieder.

Schneider-Bücher werden mit reduziertem und vereinfachtem Wortschatz, mit simpler Grammatik in einer Text-Bild-Form produziert. Sie entsprechen damit diesen Veränderungen und garantieren einen guten Absatz.

Gekauft werden Bücher zwar in vermehrter Anzahl, aber gelesen wird weniger und vor allen Dingen anders: Unkonzentrierter und zerstreuter, mehr mit dem Blick auf das Bild der nächsten Seite als auf den Text davor. Daß weniger gelesen wird, bestätigt auch der folgende Interviewausschnitt:

Katja: Also gelesen habe ich nicht viel. Ich sollte nämlich immer lesen. Mir wurden laufend Bücher geschenkt und – und dafür mußt du dich interessieren und das war noch nicht so – entweder diese Märchenbücher – Enid Blyton die, ich weiß nicht, ich mochte sie nicht. Ich hatte sie auch noch gar nicht gelesen und ich mochte sie nicht. Ich kann auch nicht so ganz erklären, warum nicht, aber mir wurde da manchmal so erzählt, was da so drin stand, so von anderen jetzt da, so im Kindergarten oder in der Klasse und – so mit den Märchen kam ich auch nicht so ganz klar.

Interviewer: Und was habt ihr gelesen? – Also hat das Lesen überhaupt eine Rolle gespielt?

Markus: Ich hab' nichts gelesen. Ich hab' nur Bücher gelesen, wo Bilder drin waren.

Unsere Kritik darf nicht so verstanden werden, daß wir Bilder ablehnen. Auch eine Illustration kann erzählen, Bilder sind „lesbar“ und vermitteln vielen, die noch nicht lesen können, wichtige und spaßige Zusatzerfahrungen.

Aber es besteht die Gefahr, daß sie dann um so abhängiger von den „laufenden Bildern“ werden. Können sich Kinder den Drohungen im Struwwelpeter noch entziehen, wie Peter Weiß erzählte, bei fernsehstrukturierten Bildern sind eigene „Umbauten“ der Botschaft schwerer möglich. Das liegt auch mit daran, daß die Fernsehwirklichkeit für wirklicher als die eigenerlebte gehalten wird.

Überhaupt ist der Struwwelpeter für Fernsehkinder auch gar nicht mehr notwendig. Ihnen braucht die Geschichte vom Zappelphilipp nicht mehr vorgehalten zu werden. Im Rausch von 1200 Einstellungen in der Stunde kommt kaum ein Kind mehr auf die Idee zu gaukeln, schaukeln, trappeln und zappeln. Wirkungsvoll übernimmt der Fernsehapparat die Kontrolle, die vormals das disziplinierende Kinderbuch einnahm.

Fassen wir kurz zusammen: Vor allem zwei Aspekte sind als Veränderung festzuhalten:

- Der vom Fernsehen ausgehende veränderte Modus der Aneignung symbolischer Kultur, der ikonische Modus, erfaßt auch die Aneignung von Kinderlektüre sowie auch deren inhaltliche und äußere Gestaltung.
- Die vormals vom Kinderbuch ausgehende Kontrolle (im Kinderbuch wurde vorgeführt, wie Kinder sich richtig verhalten sollen) übernimmt das Fernsehen. Aber nicht mit erhobenem Zeigefinger, sondern durch dessen Vermittlungsform, sozusagen als „weiche“ Kontrolle.

3.2 Comics

Noch mehr Nähe zu einer dominierenden Bilderkultur hat ein modernes Druckerzeugnis: Die Comics[31], die weitaus beliebteste Unterhaltungslektüre von Kindern. Zahlen demonstrieren es deutlich: 90% aller Kinder zwischen 6 und 14 Jahren lesen Comics, 70% von ihnen sogar regelmäßig (vgl. Bauer/Hengst 1980, S. 206).

In der BRD, in der es Comics erst nach dem 2. Weltkrieg gab, werden monatlich ca. 15 Millionen Comic-Hefte abgesetzt[32]. In einem Lexikon ist nachzulesen, was ein Comic ist:

> „Comic strips – alle Formen der erzählenden Bildfolge, gewöhnlich mit begleitenden Untertiteln oder Dialogen in Sprechblasen (balloons) versehen“ (Encyclopedia Americana).

Am erfolgreichsten sind auch bei den Comics die im Medienverbund produzierten Stoffe, sei es Heidi oder Pinocchio. Aber auch, wenn nicht direkt eine Fernsehserie als Inhalt vorliegt, sind Comics meist voll mit Anspielungen auf Fernsehsendungen und Quizveranstaltungen. Showstars werden zitiert oder parodiert, besonders variationsreich und auch intelligent in den Asterix-Bänden.

Bezugspunkt der Comics ist nicht die unmittelbar erfahrene Welt mit ihren Problemen und Konflikten, sondern die über Medien getragene Welt. Über Comics erhalten viele Kinder auch ihre Kenntnisse der geschichtlichen Fakten und technischen Dinge. Die Aneignung der Comicwelt ist für die Kinder sehr einfach, kennen sie doch schon die meisten Bilder aus irgendwelchen Sendungen. Außerdem ist die comictypische Bild-Zeichen-Schrift mit Lautmalerei leicht lesbar, was gerade Comics ein Publikum aller Altersstufen sichert. Der Comic-Konsument ist dabei jeder Leseanstrengung enthoben. Unter der Dominanz der ikonischen Aneignungsform symbolischer Kultur wird Lesen eine zerstreute und unspezifische Tätigkeit. Comics unterstützen diese Entwicklung und fördern eine Aneignung – und dies ist der eigentliche Skandal – die auf ein Abtasten nach bekannten und vertrauten Signalen reduziert ist, und zwar anstrengungslos. Die Comics sind hierzu so angelegt, daß Personen und Bilder vereinfacht gekennzeichnet werden, damit sie beim raschen und vorwärtseilenden Sehen dennoch entziffert werden können. Länger verweilende Gedanke, wie sie beim Schreiben oder Lesen möglich sind, werden durch die Bildfolge, wenn nicht verhindert, so doch auf jeden Fall erschwert.

Aneignung von Comics, so läßt sich zusammenfassen, wie auch von einem Großteil heutiger Kinderbücher, ist Aneignung einer Bilderkultur.

Damit ist nicht gesagt, daß heutige Kinder dümmer sind, weil sie weniger bzw. anders lesen. Sie gehen oftmals recht souverän mit den neuen Medien um und wissen auch, zu ihrer Comicvorliebe etwas zu sagen wie z. B.: „... alles, was bei uns nicht geht, wird im Comic wahr gemacht“, eine Bemerkung eines Schülers in einer Unterrichtsstunde zum Thema Comics. Aber sie wissen auch genauer, was sie sich da kaufen: „die schreiben das, um Geld zu verdienen“; „die Leute sollen es immer wieder kaufen“; „man soll neugierig werden auf das nächste Heft“; „die Farben sind so auffallend, das soll einem gleich gefallen“; „auch schöne Frauen sind immer dabei“. Und auch warum der Held nie stirbt, durchschauen sie: Denn dann wäre ja die Serie beendet[33].

Wir meinen nicht, daß sich Kinder bewußtlos alles hineinstopfen – aber worauf wir hinweisen wollen, ist, daß mit der „weichen“ Kontrolle, mit der Mediensozialisation, mit der Veränderung der Aneignungsformen, es für Kinder schwieriger, manchmal unmöglich wird, sich zu wehren, Widerstand zu leisten.

„Durch tausendfache Wiederholung, Einübung, wird ‚gelernt', daß ein Colt, ein toter Mann, ein davonreitendes Pferd zusammengehören, daß ein anständiger Mensch und sauber Wäsche sich ergänzen usw. – bis irgendwann der ‚Konsument' bei einem Colt, bei sauberer Wäsche nicht mehr aus der eigenen Phantasie Bildfolgen weiterentwickelt, sondern auf die ‚bekannten' Bildketten zurückgreift"[34].

Dies ist nicht unbedingt ein überspitzer Kommentar zu einer Form von „weicher" Kontrolle durch Medien. Ein weiteres Beispiel soll diese Bedeutung der Medien illustrieren.

3.3 Tonkonserven

Vor allem Fernsehserien bestimmen auch den Inhalt eines weiteren wichtigen Kindermediums, der im Medienverbund produzierten Kinderschallplatten und -kassetten[35].

Als Zielgruppe wurden Kinder von der Tonträgerindustrie schon in den 50er Jahren entdeckt. Aber erst seit 1968 mit der Einführung des Kassettenrecorders erreichte die Tonkonserve speziell für Kinder eine neue Qualität.

Einen Recorder besitzen Kinder schon oft, bevor sie schulpflichtig werden und dessen Bedienung macht ihnen wenig Schwierigkeiten.

Gekauft werden die Hörspielschallplatten, aber insbesondere die Kassetten, an den Wühltischen und in den Musikabteilungen der Kaufhäuser, aber auch in Spielzeugläden oder an der Tankstelle.

Einige Buchhandlungen ergänzen auch ihre Kinderbuchabteilungen mit Schallplattenkästen und mit Kassettenständern. So kann die Tonkonserve gleich passend zum Buch erstanden werden.

Produziert wird im Medienverbund; vorverkaufte Stoffe, deren Autoren und Helden schon bekannt sind, und zwar durch Fernsehen, Funk, Buch oder Comics.

Wie bei den gedruckten Kindermedien sind auch bei Tonkonserven Fernsehserien am erfolgreichsten. Die Schallplatten- bzw. Kassettenfassung von „Biene Maja" hat z. B. mit 2,2 Millionen Verkäufen 1977 die Absätze von „Boney M" weit übertroffen (vgl. Bauer/Hengst 1980, S. 91–115).

Ca. 2 × 30 Minuten dauern diese Hörspiele. Mit Dialogen oder Quasidialogen, meist noch mit einem Erzähler, der überleitet oder Hintergrundinformationen liefert, auf jeden Fall aber mit den einfachsten Mitteln.

Die Bearbeitungen sind schwer nachvollziehbar, wenn die Vorlage, also zumeist die Fernsehvorlage, nicht bekannt ist. Auf dem Cover wird aber zumeist auch schon vermerkt, daß etwas angeboten wird, was auch auf dem Bildschirm zu finden ist.

Aber es sind nicht unbedingt die Inhalte, die die Tonkonserven so beliebt machen. Das wird deutlicher, wenn man Beobachtungen heranzieht, wie solche Hörspiele angeeignet werden.

Das erste Mal werden die Hörspiele mit gewisser Aufmerksamkeit angehört, d. h. sie werden auf Bekanntheit und Vertrautheit hin abgeklopft. Erfüllen sie die Erwartungen, bleiben die Kassetten in Gebrauch. Sie nehmen so eine Funktion als

elektronische Geschichtenerzähler ein, jederzeit verfügbar und vor allem an jedem Ort (dies ist noch ein Vorteil gegenüber Videos).

Viele Kinder drücken aber auch den Startknopf ihres Kassettenrecorders, um die Stille in ihrem Zimmer zu übertönen und um vergessen zu lassen, daß sie dort allein hocken. Wenn die Hörspiele zudem noch bekannt sind, also Vertrautes erklingt, wird hierdurch noch ein wenig Geborgenheit konstruiert. Mancher Pädagoge spricht deshalb nicht zu Unrecht von „Rillenomas".

Solche synthetische Geborgenheit erfahren die Kinder schon sehr früh. Eine Mutter gab dem Babysitter ihres einjährigen Sohnes folgenden Tip:

„Wenn er aufwacht und schreit, geben Sie ihm am besten die Flasche. Oft ist er nur durstig, sollte er sich aber nicht beruhigen, dann ist es ratsam, ihn ein bißchen im Zimmer herumzutragen. Gibt er sich damit auch nicht zufrieden, dann müssen Sie den Kassettenrecorder anstellen. Das hilft immer" (Bauer/Hengst 1980, S. 113).

Eine solche Abhängigkeit von Geräuschen läßt sich ebenso bei älteren Kindern feststellen. Manche können ohne Geräuschkulisse aus dem Kassettenrecorder oder Radio kaum etwas machen.

Andere Kinder spielen Kassetten ab, um sich mit ihnen zu „unterhalten“. Sie sprechen bestimmte Passagen leise mit oder übernehmen bestimmte Dialogteile. Aneignung symbolischer Kultur nimmt hierbei eine Form *synthetischer Kommunikation* ein. Dem ist nichts einzuwenden, solange diese Art und Weise der Aneignung der symbolischen Welt, hier der Medienwelt, keine Einsiedlermentalität erzeugt. Die Ursachen dafür, daß Kinder isoliert und allein in ihrem Zimmer sitzen, sind ja nicht dem Kassettenrecorder zuzuschreiben. Einmal ist dieses Gerät eine Hilfe, ein Versuch, der Isolation Herr zu werden, zum anderen kann das Hörspielhören sehr schnell sozialen Kontakt stiften, dann, wenn es ein gemeinsames Bezugssystem bildet. Kinder schätzen es folgendermaßen ein: „Wenn einer nie Kassetten hören oder fernsehen darf, der lebt ja dann ganz in einer Außenwelt“; „Die keine Kassetten haben, können ja nicht mitreden“; „Wenn einer keine Kassetten hört, dann kann er auch nichts in der Schule erzählen“[36].

Medien, hier die Kassetten, aber auch Kinderbücher und Comics dienen auch als Grundlage für die „richtige“ Kommunikation (auch gelesen wird ja erst einmal allein). Trotz alledem sind Kinder nämlich immer noch am liebsten mit Gleichaltrigen zusammen[37], sprechen über Gehörtes oder spielen es nach und durchschauen sehr wohl die Gemachtheit dieser Hörspiele.

Auch ist ihnen die Technik ihrer Apparate, mit welchen sie sich umgeben, recht vertraut. Glaubten Kinder in den 50er Jahren vielleicht noch an „kleine Männchen“ in den Radios im Wohnzimmer, so bauen heutige Kinder kompetent ihre Plattenspieler und Kassettenrecorder auseinander. Sie beheben ihren „Bandsalat“ und sehen gleichzeitig, wie simpel ihre Hörspiele abgespielt werden[38].

Die Technik wird so entmystifiziert, ob der Umgang mit den Medien, d. h. die Aneignungsformen selber, auch entmystifiziert wird, ist fraglich.

„Meister Eder und sein Pumuckl" im Medienverbund

4 Spielen und Spielzeug

Fernsehen, Comics lesen oder Schallplatten hören sind Tätigkeiten, die von den meisten Pädagogen, aber auch von vielen Eltern als wenig nutzbringend oder sinnvoll beurteilt werden. Hingegen gilt Spielen als eine notwendige und wertvolle Tätigkeit. Vor allem Eltern aus der Mittelschicht achten oftmals darauf, daß im Spiel ihrer Kinder die Entwicklung von Initiative und Kreativität sichtbar wird. Arbeitereltern sehen das Spiel eher als „das gute Recht der Kinder, die Zeit totzuschlagen" (Hoffmanns Comic-Theater). Man sieht: Hier gehen die Sichtweisen schon auseinander. Aber noch zahlreicher sind die theoretischen Bestimmungen des kindlichen Spiels. So dient z. B. nach Freud das Spiel dazu, ein Stück der Außenwelt dadurch zu bewältigen, daß ein vorher passives Erlebnis durch eine aktive Handlung im Spiel ergänzt wird.

An anderer Stelle spricht Freud von halluzinatorischer Wunschbefriedigung.

Fröbel hält das Spiel für die „höchste Stufe der Kindesentwicklung, der Menschentwicklung dieser Zeit". Das auslösende Moment von Spiel sei die „Funktionslust", heißt es bei Bühler[39].

Die Reihe der verschiedenen Spieltheorien ließe sich noch weiterführen[40], doch wir wollen konsequenter eher von unserem Sozialisationsverständnis ausgehen, das ja besagt, daß Sozialisation als Aneignungsvorgang zu verstehen ist. Unumstritten ist, daß das Spiel die dominante Tätigkeit im Vorschulalter ist. Die Tätigkeit „Spielen" beschreibt eine kindgemäße Art, sich die Umwelt anzueignen, die dingliche und die soziale. Die letztere Aneignung ist im Regelspiel recht gut erkennbar, wie z.B. Verstecken, Schnitzeljagd oder das Murmelspiel, welches Piaget untersucht. Indem die Kinder bestimmte Regeln einhalten (man will ja gerade gemeinsam spielen), üben sie auch soziale Verhaltensweisen, wie z.B. auf den anderen Rücksicht nehmen, dem anderen helfen oder sich für das gemeinsame Spiel einordnen. Die gemeinsame Planung und Leitung des Spiels prägt, jedenfalls für die Spieldauer, die Interaktion – eine Art freier Sozialbeziehungen[41].

Spielen ist aber auch Aneignung der materiellen Welt. So hantieren Kinder mit Dingen wie einer Tasse oder einer Gabel herum, lange Zeit, bevor sie diese der Funktion gemäß handhaben. Sehr bald wollen Kinder aber nicht nur mit Dingen herumspielen, die ihnen unmittelbar zugänglich sind, sondern auch mit Gegenständen, die für sie unerreichbar sind. Kinder wollen dann mehr als sie wirklich können. Dieses „Wollen" läßt sich mit Spielgegenständen realisieren. Sie können keine wirklichen Häuser bauen, also bauen sie mit ihren Bauklötzen. Im Spiel kann sich ein Kind einen Bereich der Umwelt aneignen, der ihm sonst nicht zugänglich ist, der Widerspruch zwischen Können und Wollen wird ein Stück gelöst. Gerade deshalb macht Spielen Spaß und Vergnügen.

Im Ergebnis führt eine solche Spieltätigkeit zu einer eingebildeten Situation: mal wird aus den Bauklötzen ein Haus, mal ein Schiff, ein anderes Mal ein Eisenbahn-

zug. Im Spiel entwickelt sich Phantasie. Ein Kind, das nicht spielt, hat auch keine Phantasievorstellungen vor irgendeiner Spielsituation. Es ist aber nicht der Zweck des Spiels, Phantasie gleichsam zu „produzieren"; auch wird der Zweck nicht von außen vorgegeben. Der Zweck liegt vielmehr in der Aneignungstätigkeit oder anders: Der Sinn des Spiels besteht darin, sich die Welt anzueignen und damit auch ein Stück Selbstbewußtsein zu erlangen. Diese allgemeine Bestimmung darf aber nicht darüber hinwegtäuschen, daß Spielen immer im historischen und schichtenspezifischen Rahmen konkretisiert werden muß, was im folgenden deutlicher wird.

4.1 Spielen in der Nachkriegszeit

In der Nachkriegszeit wurde vermutlich nicht weniger gespielt als heute – aber es gab viel weniger Spielzeug. Wenn schon Spielzeug benutzt wurde, dann weniger vorfabrizierte Spielwaren, sondern Gegenstände, die erst durch das Entdecken und die Phantasie der Kinder zum Spielzeug wurden. Hierunter fiel praktisch alles, was der Haushalt hergibt, wie alte Uhren, Schreibmaschinen, Schuhkartons, Bindfaden, Tapetenreste oder was im Quartier aufzufinden ist, wie Kisten und Karren, Pfützen und sogar Pferdekot – zum Düngen des eigenen kleinen Gartenstückchens.

Biographische Kontrastinterviews mit um 1940 Geborenen im Vergleich mit nach 1960 Geborenen belegen durchgängig, daß die Kinder in der unmittelbaren Nachkriegszeit offenbar auch häufiger miteinander und in größeren Gruppen als heute spielten. In den Interviews wurden u. a. folgende Großgruppenspiele genannt, an denen 20 und mehr Kinder teilnahmen, und die inzwischen selten geworden sind:

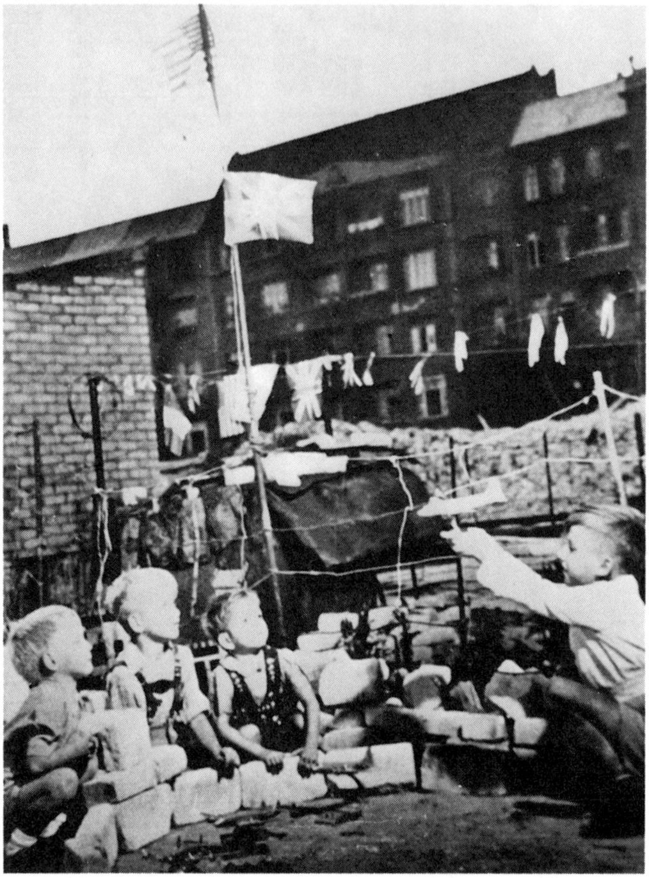

Herr C.:	Der eine sprach irgendeinen Spruch zur Wand und wenn er zur Wand guckte, mußten die anderen rennen, dann konnte er beliebig aufhören und drehte sich blitzschnell um. Und wen er dann noch beim Laufen erwischte, der wurde ausgetauscht mit ihm. Und wer als erster eine bestimmte Ziellinie überschritten hatte, der hatte gewonnen.
Interviewer:	Soziale Regelspiele mit 10 und mehr Leuten. Gibt's die heute noch? Ich sag's mal polemisch, daß viele Kinder heute allein oder zu zweit in einem Kinderzimmer sitzen, wo die Regale bis oben hin voll sind mit Klamotten und Spielzeug, aber ganz wenige mit Kindern spielen, schon gar nicht in Großgruppen.
Frau B.:	Das liegt auch an der Fläche, daß man eingeschränkt ist.
Herr C.:	Und an dem Ort, in dem man wohnt. Das spielt eine große Rolle.
Frau B.:	Ich kann von mir aus sagen, wir haben also viele Mannschaftsspiele ... so Völkerball, Brennball, sowas haben wir gespielt. Also wirklich, da waren wir 20 Leute in den Mannschaften. Da ging das in der Straße und in den Nebenstraßen. Die waren fast gar nicht befahren und die ist heute eine Hauptverkehrsstraße.

Der Alltag der Arbeiterkinder, so ist aus weiteren Interviews zu erfahren, bestand in den ersten Jahren nach Kriegsende mehr aus Arbeit als aus Spiel: so wurde jedenfalls übereinstimmend in Interviews mit Arbeiterkindern berichtet. Charakteristisch für die geschilderten Spielerinnerungen von Arbeiterkindern ist folgendes:

Herr E.: Im Krieg hatte ich Spielen nicht richtig kennengelernt, und dann, nach dem Krieg, ging es gleich ans Geldverdienen. Wir waren eine Gruppe von Kindern unterschiedlichen Alters, oft mußten wir jüngeren für die großen arbeiten. Eisenrohre, Draht, Kupferrohre usw. aus den Trümmern holen. Manchmal, wenn wir Pech hatten, nahmen uns die Großen alles ab, ohne uns etwas dafür zu bezahlen. Aber das ließen wir uns nicht lange gefallen. Wir paßten auf, wo die Großen ihre Sachen versteckten und klauten sie uns heimlich wieder zurück. Manchmal gab's dann Prügel für uns, aber die Großen wußten auch, daß sie mit uns nicht alles machen konnten. Eine andere Arbeit war für uns Steine klopfen, die wir dann karrenweise bezahlt kriegten. Auch dabei kamen wir auf Tricks, die aber hin und wieder entdeckt wurden, dann mußten wir uns wieder was anderes einfallen lassen. Gespielt haben wir zu der Zeit meist Fußball, mit einem Ball aus Stoffresten zusammengedreht, und im Winter Eishockey. Sonst kann ich mich eigentlich nicht an viel Zeit zum Spielen erinnern.

Arbeit und Geldverdienen stand für die meisten Arbeiterkinder immer noch vor dem Spiel: Zeit zum Spielen mußte „erschlichen" werden. Erst mit relativer materieller Besserstellung wurde den Kindern mehr Zeit zum Spielen eingeräumt. Fertiges, gekauftes Spielzeug war noch selten, dennoch waren die meisten Spiele möglich.

Herr F.: In den 50er Jahren war für uns Kinder der Hauptspielplatz die Straße und der Hof. Obwohl das Haus, in dem ich wohnte, mitten in der Stadt stand, gab es in der Nähe noch Kornfelder, auf denen wir im Herbst Drachen steigen lassen und uns Buden aus Stroh bauen konnten. Die Hinterhöfe der Häuser standen allen Kindern der Straße zur Verfügung, nicht nur denen, die im Haus wohnten. Die Böden der Höfe bestanden aus festgetretenem Sand, der zwar bei Regenwetter so naß und matschig war, daß niemand trockenen Fußes ins Haus kommen konnte, aber für uns Kinder bot er natürlich gute Voraussetzungen für Spiele aller Art. Man konnte Hüpfkästen malen, ganze Wohnungen mit Bad und eigenem Zimmer, was niemand von uns besaß, entstanden schnell durch ein paar gemalte Striche. Auf diese Weise entstanden auch die Wohnungseinrichtungen. Der Boden eignete sich auch hervorragend dazu, Löcher

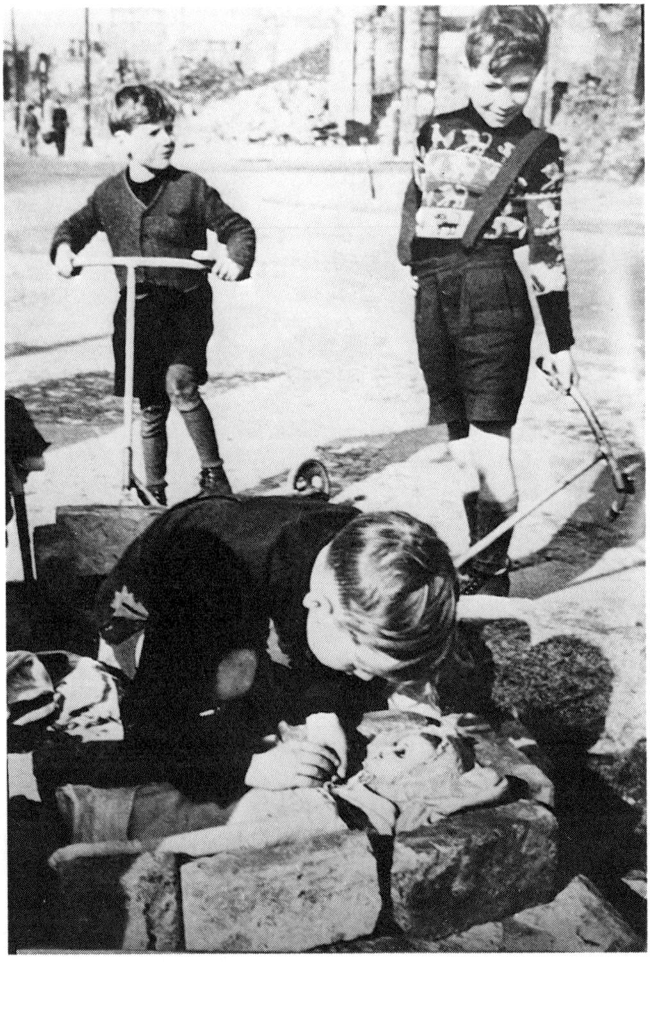

zum Knickerspielen in ihn zu bohren, worüber die Erwachsenen meist fürchterlich schimpften. Und wenn die Erde vom Regen aufgeweicht war, konnten herrliche Deiche, Flüsse und Seen gebaut werden, auf denen wir selbstgebastelte Papierschiffchen fahren ließen. Ansonsten spielten wir auch Rollenspiele, wie z.B. Vater, Mutter, Kind – König und Königin mit Dienstboten, Bauernhof usw.

Alle notwendigen Requisiten zu diesen Spielen stammten entweder aus dem Haushalt der Eltern, Decken, Geschirr, oder wir nahmen das, was wir gerade so fanden. Blätter vom Baum dienten uns als Fahrscheine, Geld, immer so, wie wir es gerade brauchten. Bis auf Puppen, Bälle oder selbstgebaute Holzwägelchen besaß eigentlich keines der Kinder, mit denen ich spielte, Spielzeug, und doch konnten wir jedes Spiel spielen.

4.2 Spielen heute

Inzwischen sind – wie weiter oben gezeigt – die meisten Straßen unbespielbar geworden, ebenso zahlreiche Plätze, die jetzt Parkplätze sind. Straßenspiele, die vor 25 Jahren noch gang und gäbe waren, sind rar geworden. Hinterhöfe wurden technisiert, betoniert oder als Ziergärten benutzt; als „freie" Spielplätze spielen sie jedenfalls nur noch eine geringe Rolle.

Anstelle der freien Straßenspiele und Bastelaktivitäten sind Spielwaren aller Art in Hülle und Fülle getreten. Sie sind in der Regel vorfabriziert, auch wenn sie Aktivspielzeug genannt werden. Das führt zu Tendenzen

- des vereinzelten Spiels;
- des Drinnen- statt Draußenspielens (draußen spielen wohl bald nur noch Gastarbeiterkinder);
- der Pädagogisierung (als direkter Verweis auf den Lerneffekt) und vor allem des Verlusts an Eigentätigkeit.

Exemplarischer Fall: Der Drachen.

Der Verlust an Eigentätigkeit ist von höchster sozialisatorischer Bedeutung. Denn aktive, auf Gegenstände bezogene Tätigkeit ist nach dem eingangs benutzten Ansatz der kultursoziologischen Sozialisationstheorie die Basis für die individuelle Aneignung gesellschaftlicher Erfahrung. Das möge ein Beispiel veranschaulichen:

Was ist der Unterschied, wenn einmal – wie früher – die Kinder einen Drachen selber bauen, und zum anderen Kinder einen Drachen im Spielwarenladen oder der Spielzeugabteilung eines Kaufhauses kaufen? Vermutlich ist die Differenz handlungstheoretisch die folgende: Beim Kaufen wird bloß konsumiert, rezipiert, getauscht; beim eigentätigen Basteln wird

- gelernt, d.h. angeeignet, manuell und kognitiv;
- mit anderen kooperiert, insofern vergesellschaftet gehandelt;
- die konstruktive Phantasie angeregt und
- Selbstbewußtsein unabhängig von der Anerkennung anderer erworben, nämlich in dem Ergebnis der Eigentätigkeit selbst.

Auch heute bauen Kinder ihre Drachen gelegentlich selbst. Dafür werden ihnen im Unterschied zu früher an der Supermarktkasse Bauanleitungen angeboten. Die

Auswahl des Materials und jeder Handgriff ist dann vorgegeben. Zugleich wird mit der Bauanleitung für bestimmte Süßwaren geworben (eine solche Anleitung ist einmal auf der nächsten Seite abgebildet).

In all dem Vorfabrizierten, Beschnittenen und Ausgegrenztsein versuchen Kinder sich dennoch für sich sinnvoll einzurichten. Beliebt sind z. B. Ampelspiele: Fußgängerampeln werden betätigt; doch wird nicht bei „Grün" die Straße überquert, viel aufregender und prickelnder ist es, loszurennen, wenn für die Autofahrer „Gelb" signalisiert wird. Ärgerliche Fahrer geben dann Anlaß für viel Heiterkeit bei den Spielenden.

Mit solchen Spielen wehren sich die Kinder in einer durchorganisierten und verbauten Welt, genannt sei hierbei auch das „Fahrstuhlblockierspiel" in Hochhäusern. Kinder bauen so ihre Umwelt für sich um, nehmen die Ampel oder den Fahrstuhl nicht in deren geplanten Gebrauchszusammenhang, sondern als Spielgegenstand.

Den letzten Hinweis hätten die Nachkriegskinder nicht nötig gehabt.

Die für sie extra bereitgestellten Spielbereiche, die Spielplätze, lassen sie häufig „links liegen", wenn sie eine bessere Alternative haben. Kein Wunder, was sollen sie in diesen Reservaten auch unternehmen. Für Ein- bis Siebenjährige konzipiert sind dort üblicherweise Sandkästen, Rutschen, Klettergerüste und Schaukeln vorzufinden (vgl. C. Heide, 1981, S. 72). Auf solchen Plätzen können Kinder

Tips und Tricks zum Drachenbasteln

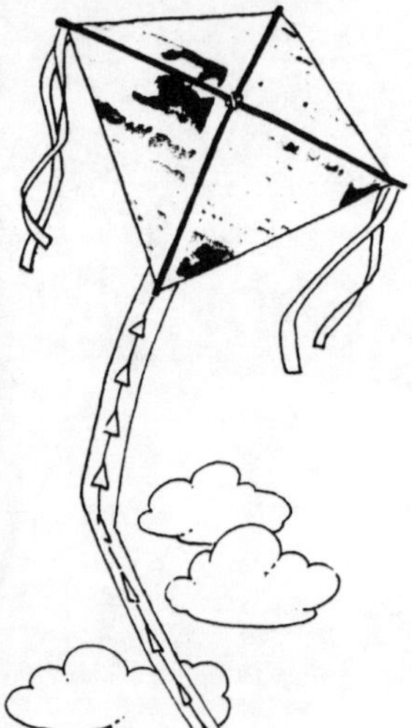

Der Roller mit zwei Segeln

Um ihn zu bauen, brauchen Sie drei elastische Latten: 2 x 120 cm und 1 x 150 cm lang.

Die Latten binden Sie mit festen Knoten so übereinander, wie Sie es auf der Skizze sehen.

Dann kerben Sie die Enden der Latten leicht ein und führen eine Schnur so durch, daß die Form sichtbar wird. Ziehen Sie die Schnur aber nicht ganz fest – sie muß noch etwas Spielraum haben. Dann schneiden Sie die Tragflügel nach dem Schnittmuster unserer Skizze zurecht. Am besten eignet sich Nylon oder ein anderer Kunstfaserstoff.

Dann legen Sie die Tragflügel auf das Gestell und falten die Seiten um die Schnur. Die überstehenden Enden kleben Sie am besten mit einem Schnellklebstoff (Sekundenkleber o.ä.) fest.

Drei weitere Schnüre, 80 cm, 70 cm und 50 cm lang befestigen Sie dann an den Punkten A, B und C und verknüpfen die Enden miteinander, so daß Sie die Flugleine befestigen können. Jetzt kann der Roller rollen.

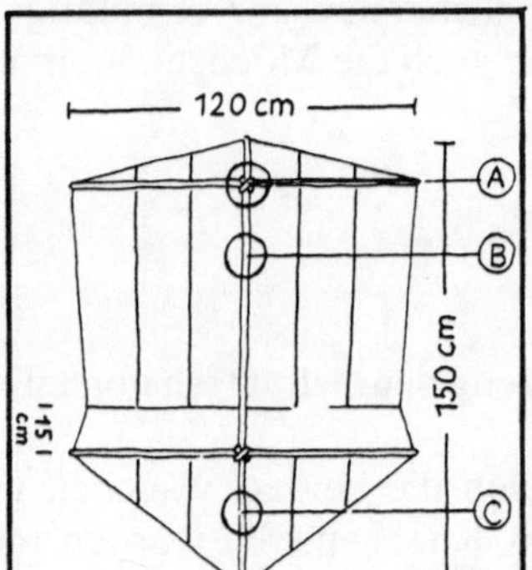

Den Drachen startet man gegen den Wind, am besten mit einem Helfer. Aber nie in der Nähe von Hochspannungsleitungen oder Flughäfen!

„... – und müssen – immer nur das gleiche machen: Raufklettern, runterrutschen, raufklettern, runterrutschen, raufklettern, runterrutschen. Oder: hinschaukeln, herschaukeln, hinschaukeln, herschaukeln, hinschaukeln, herschaukeln. Oder: Raufklettern, runterklettern, raufklettern, runterklettern, raufklettern, runterklettern“ (ebenda, S. 73).

Dabei wollen Kinder ganz etwas anderes, wie z. B. eine Umfrage bei 1662 Kindern ergeben hat: Eine richtige Wiese, Wasser zum „Mantschen“, alte Autos, Hütten, Öfen oder Werkzeug (vgl. ebenda).

Auf manchen Abenteuerspielplätzen finden sich ja solche Voraussetzungen. Abenteuerspielplätze sind eine sehr widersprüchliche Angelegenheit und nicht unbedingt die Lösung der Spielmisere, worauf wir noch zurückkommen müssen.

Es sei einmal pointiert zusammengefaßt: Die Möglichkeiten zur eigentätigen Aneignung der Welt werden enger gesteckt und damit auch die Möglichkeiten für Kinder, sich selbst zu gehören.

4.3 Spielwaren

Vorfabrizierte Aneignung wird besonders beim Spielzeug deutlich. Deshalb einige Bemerkungen und Illustrationen dazu.

Auf dem bekannten Bild von Pieter Bruegel spielen die beiden Mädchen im Vordergrund mit einem der ältesten Spielzeuge: mit Knochen. Sie wurden mit Zwiebelschalen gefärbt und dann wurde damit „Fangsteine" gespielt.

Eine spezielle Spielwarenproduktion gab es im Spielzeugpionierland Deutschland erst im 19. Jahrhundert im Zusammenhang mit der Entwicklung der bürgerlichen Kleinfamilie.

Der heutige Spielzeugmarkt ist fast unübersichtlich (in einem „normalen" Spielzeugladen gibt es ca. 20000 Artikel) und laufend gibt es neue Trends.

Wir wollen uns an dieser Stelle einmal Spielwaren betrachten, die nicht so häufig in den Spielpädagogik-Fachzeitschriften oder in anderen Veröffentlichungen zum Thema Spielzeug auftauchen. Plastikspielzeug und sogenanntes Billigspielzeug in Überraschungseiern und Kaugummiautomaten.

Zwei Macharten von Plastikfiguren haben vor allem Furore gemacht, die roboterähnlich stilisierten Plastikmännchen einmal der Serie „Playmobil" bzw.

Spielzeugmuseum Nürnberg
Das Spielzeugmuseum Nürnberg feiert sein 10jähriges Jubiläum

SPIELWAREN

„Play-Big“ und die sogenannten Abenteuer oder Aktionsfiguren wie „Action-Team“, „Big-Jim“ oder „Lone Ranger“[42].

Was bei den Figuren, die immer noch mit nachhaltigem Erfolg verkauft werden, als erstes auffällt, ist die Verkaufspräsentation. Wo man beim Kauf auch anfängt, sofort existiert ein Labyrinth von Zusatz- und Folgekaufmöglichkeiten. Mit einer perfekt ausgeklügelten Marktstrategie wird ein Männchen dieser „Play“-Systeme einzeln oder als Gruppenausstattungspaket angeboten, mal als Ritter, mal als Indianer oder als Feuerwehrmann, alles mühelos auswechselbar.

In einem anderen Test der Firma BIG mit der Überschrift „Humanisierte Spielwelt“ heißt es sogar:

„Es ist uns gelungen, die Spielwelt der Kinder zu humanisieren, den Menschen in den Mittelpunkt zu stellen (das Play-Big-Männchen). Das umfangreiche Zubehör ermöglicht nicht nur berufsbezogenes Spielen, sondern auch berufserzieherische Aufgaben. Die Vielfalt der Berufswelt wird in verschiedenen Gruppen dargestellt. Die Kinder haben die Möglichkeit, ihre eigene Spielwelt zu entwickeln.“

Auch das ist vermutlich nicht der Fall. Das Play-Big-Männchen ist nur ein Akteur in einem vorfabrizierten Abenteuer, in einer diktierten Wirklichkeit.

Ein großer Vorteil dieser Männchen, was nicht unerheblich zum Verkaufserfolg beiträgt, ist, daß mit ihnen auch allein gespielt werden kann. Bei „Big Jim“ verspricht es auch die Werbung:

„Mit Big Jims Ausrüstungen könnt ihr jedes Abenteuer erleben. Allein oder mit euren Freunden.“ Doch wenn Freunde da sind, wird Big Jim sehr schnell überflüssig, wie auch Sigrid Rinn feststellt:

„Sobald andere Kinder auftauchen, wird Big Jim unwichtig. Oder nach kurzer Beschäftigung zu zweit oder mehreren mit Big Jim geht das Spiel sehr schnell in eigene Aktivitäten über und

playmobil
SYSTEM
SALOON
PLAYMO SPACE

Barbie
POOL PARTY
Magic Curl
Sindy

Big Jim bleibt liegen. Auf das Land, mit ganz anderem Bezugsraum wird Big Jim zwar mitgenommen, aber nicht gebraucht. Selbst in Aktion werden Action-Figuren für die Kinder überflüssig"[43].

Es ist also eher anzunehmen, daß solche Bewegungspüppchen wie Big Jim oder andere aus der Playmobil-Serie die Zeit des Alleinseins füllen sollen. Sie bilden einen Ausgleich für fehlende interpersonale Kommunikation und Spieltätigkeit (Bauer 1980, S. 139).

Für viele Kinder ist es aber auch eine Möglichkeit, mit Problemen selbst fertig zu werden, indem sie diese im Spiel mit den Figuren darstellen und bearbeiten. Die Figuren sind in solchen Situationen immer verläßliche Spielpartner.

Die hier angesprochene Puppe „Big Jim" ist auf Jungen ausgerichtet. Es gibt aber auch die weibliche Variante als System der Barbie-Puppen. Der vorläufig letzte Knüller ist ein Set mit dem Titel „Dallas".

Obwohl bei diesem Systemspielzeug Handlungen und Inhalte vorinszeniert sind, gehen die Kinder, wie beobachtet werden kann, auch eigenwillig und phantasievoll mit ihren Figuren um:

„So gibt es Kinder, die die den Sets innewohnenden Spielverläufe lediglich vollziehen ... Dieselben Kinder jedoch lassen, wenn es in ihr Spiel paßt, ein Polizeiboot von einem Piratenschiff überfallen, oder eine Ritterburg wird von ihnen zum Landeplatz für Hubschrauber umfunktioniert. Die betreffenden Kinder stellen damit nicht die Unkenntnis geschichtlicher Tatsachen unter Beweis, sondern ihren Fähigkeit, mit den ihnen bekannten Informationen relativ unbefangen verfahren zu können"[44].

Ebenso widersprüchlich ist eine andere Kategorie von Spielwaren zu sehen, das sogenannte Billigspielzeug, was insbesondere bei Arbeiterkindern eine große Rolle spielt[45].

Diese Gegenstände, meist aus Plastik, werden als Beigaben zu Süßigkeiten, Lutscherketten, Kaugummi usw. über Supermärkte, Eckbuden und Automaten vertrieben. Sehr beständiger Gunst erfreuen sich z. B. die Überraschungseier.

In einem Schokoladenei befinden sich kleine Anhänger, Kettchen, Figuren, Püppchen, Schiffe, kleine Flugzeuge, Reifen, Ringe, Miniwasserpistolen, aber auch zusammensteckbare Phantasietiere.

Interessant an diesen Eiern ist, daß man vorher nicht weiß, was drinnen ist. Der Kauf ist quasi ein Lotteriespiel. Wenn Kinder gefragt werden, warum sie die Eier kaufen, dann heißt die Antwort: „Wegen der Überraschung."

Diese Erwartung, was ganz Besonderes zu bekommen, verhilft auch den Automaten zum Erfolg, die Kaugummi und vor allem dazwischen, deutlich sichtbar im Guckfenster, Minifeuerzeuge, Totenkopfringe, Taschenmesser usw. enthalten.

Aber als Spielanlaß oder als Spielmittel dienen diese Gegenstände, von Erwachsenen gerne als „Schundspielzeug" betitelt, selten. Das wichtigste an diesen Gegenständen ist das Kaufen, die Kinder kaufen sie selbst.

Zum Spielen sind die Plastikgegenstände schon deshalb nicht zu gebrauchen, weil sie zu klein sind, zum anderen, weil sie oft unter den Händen zerbrechen. Verschleiß ist etwas Selbstverständliches.

Doch sind die Plastikdinger insbesondere deshalb so attraktiv, weil sie von Eltern und Erziehern verachtet werden und den Kindern zugänglich und verfügbar sind. Wie selbstverständlich gehen die Erwachsenen davon aus, daß sich dieses private Spielzeug der Kinder nicht mit den pädagogisch empfohlenen, didaktisch wertvollen Spielen verträgt. Dieses sogenannte Billigspielzeug ist in manchen Schulen oder Kindergärten sogar ausdrücklich verboten, zumindest aber nicht gern gesehen[46].

Es sei dahingestellt, wie „wertlos" diese kleine Plastikgegenstände nun wirklich sind, mit einem Totenkopf oder einem „Mini-ET" in der Hosentasche haben sich die Kinder ein Stück Selbstbestimmung erhalten. Solche Gegenstände haben sie dann bei allen Gelegenheiten, beim Essen und in der Schule, bei sich. Daß sie damit gar nicht spielen können, ist eine zweitrangige Sache; wichtig ist eher, daß diese Dinge in die Hosentasche passen. Damit gibt solches Billigspielzeug die Möglichkeit, sich der Kontrolle zu entziehen. Erwachsene sehen es viel lieber, wenn die Kinder beim Spielen „etwas lernen". Die kleinen Plastikdinger aus den Schokoladeneiern oder aus den Kaugummiautomaten scheinen ihnen dafür nicht geeignet zu sein. Resultat der zunehmenden Pädagogisierung des kindlichen Spiels. Mit Billigspielzeug entziehen sich die Kinder der Forderung, im Spielen zu lernen, üben sich aber mit ihnen im schnellen Konsum. Daß die Plastikfiguren schnell kaputtgehen, wird als selbstverständlich hingenommen, mit wenig Geld sind schnell neue zu erwerben. Auch ein Effekt des Weges des Spielzeugs zur Spielware, wie er auch im Folgekauftraining, z. B. der Playmobil-Sets, zu erkennen war und wie er typisch die Entwicklung von 1945 bis heute beschreibt.

Der Gebrauch der verschiedenen Spielfiguren und Billigspielzeuge mag von der Situation und von Gruppenzusammenhängen (in der Schulklasse, auf der Straße) abhängig sein, aber allgemein lassen sich für die Aneignungsformen zwei Trends aufzeigen:

- Das Beispiel „Big Jim“, Playmobil, Play Big, illustriert den Trend zum vorstrukturierten, vorfabrizierten, mediatisierten Spielen.
- Billigspielzeug steht beispielhaft für den Trend des Konsumverhaltens einer neuen Wegwerfkinderkultur.

5 Betreuung im Elternhaus und in vorschulischen Einrichtungen – Expertisierung der Erziehung

Nach unserem Verständnis von Sozialisation als individuelle Aneignung von materieller und symbolischer Kultur verläuft der Aneignungsprozeß immer unter irgendeiner Art von Kontrolle. Diese Art können die Eltern, Nachbarn, Freunde und, wie in den letzten Kapiteln gezeigt, auch die Medien sein.

Die Dimensionen der Kontrolle wollen wir in dem letzten Kapitel dieser Kurseinheit einmal genauer untersuchen. Dazu werden wir nicht sämtliche Formen und Instanzen von Kontrolle heranziehen. Bei längerem Nachdenken wären dies wohl unzählige. Vielmehr werden wir Kontrolle untersuchen, wie sie sich pädagogisch, erzieherisch gibt. Wir wollen darstellen, wie sich die Kontrolle durch Betreuung verändert hat. Zur Konkretisierung haben wir zwei Bereiche ausgewählt: Das Elternhaus und vorschulische Einrichtungen. Mit dem Elternhaus beginnen wir.

5.1 Wandel des elterlichen Erziehungsverhaltens

Die traditionelle patriarchalische Erziehung mit ihrer unnachsichtigen Strenge ist zu Recht in Verruf geraten. Die Nachkriegskinder erfuhren solche Erziehung noch zum großen Teil; sie wuchsen strikt autoritär auf. Heutige Eltern prügeln ihre Kinder weniger und sie zwingen ihnen nicht immer ihren Willen auf.

Im Vergleich zu früher scheint der Erziehungsstil liberaler geworden zu sein. Das können Jugendliche, die um 1960 geboren wurden, bestätigen:

Helmut: Also, ich bin auf jeden Fall offener erzogen worden und freier, glaube ich schon, ja, gerade so, glaube ich, auch was Sexualität betrifft.

Bastian: Also, da will ich das Gleiche sagen wie du, daß also die Erziehung heute allgemein freier ist und offener ist. Und weniger Zwänge und weniger, was weiß ich[47].

Auch in der Untersuchung des Jugendwerks der Deutschen Shell (Jugend '81) verdeutlicht sich der Wandel der Erziehung im Elternhaus:

Erziehungsstile im Elternhaus – Rückerinnerung der Erzogenen[48]

Listenvorlagen	Antwortmöglichkeiten vorgegeben	Geburtsjahr 1954/55	Geburtsjahr 1964/65
	Alle Jugendlichen	100%	100%
Wie würden Sie heute die Erziehungsweise Ihrer Eltern bezeichnen?	Hart/streng und manchmal nicht gerecht	24%	14%
	Streng, aber gerecht	31%	31%
	Liebevoll, fast weich	16%	22%
	Sehr unterschiedlich/verschieden	31%	36%
Denken Sie einmal an die Zeit, als Sie noch keine 10 Jahre alt waren: Wenn Sie da eine Dummheit gemacht haben. Wie haben sich dann Ihre Eltern verhalten?	Haben mich gewähren lassen	9%	8%
	Haben geschimpft und gemurrt	46%	37%
	Haben mich geschlagen	21%	9%
	Haben gesagt, ich sei ungezogen	14%	19%
	Haben mir ruhig erklärt, was ich für eine Dummheit gemacht habe	25%	33%

Die Akzente der Erziehung im Elternhaus verschieben sich offensichtlich von der strengen, autoritären Art zu einer sanfteren. Es wird mehr geredet und es werden weniger Ohrfeigen ausgeteilt.

Diese Entwicklung ist aber nicht durchweg als positiv einzuschätzen. Der folgende Interviewausschnitt macht es mit seiner darin ausgedrückten Ambivalenz deutlicher:

Gerda: Ja. Ich hab' mir das die ganze Zeit überlegt. Ich hab' da 'n ziemlich zwiespältiges Verhältnis dazu, weil manches, was ich negativ, was ich sehr negativ empfunden hab', natürlich auch sehr viel gebracht hat. Grad das, was ich vorhin angesprochen hab', daß ich keine Verbote gekriegt hab', sondern immer selber entscheiden mußte und dadurch eben sehr früh gelernt hab' zu argumentieren oder zu – auch mir die Sache zu durchdenken. Das Pro und Contra abzuwägen. Aber natürlich 'n unheimlichen Haß geschoben hab' auch auf meine Eltern insofern, als ich gedacht habe, wenn sie mir wenigstens verbieten würden. Dann könnte ich sagen, ihr habt mir nichts zu verbieten und ich mach' einfach. Aber so mußte ich mich immer für die Dinge entscheiden, für die ich mich eigentlich nie entscheiden wollte. Und insofern weiß ich nicht so genau[49].

Kinder werden anscheinend von dem liberaleren Erziehungsverhalten der Eltern hin und her gerissen, was aber auch ein Ausdruck der Verunsicherung seitens der Eltern ist. Denn diese wissen häufig nicht mehr, wie sie erziehen sollen. Kein Wunder bei all den neu formulierten Erziehungskonzepten, die genug Anlaß für Irritationen bieten. In Hunderten von Elternratgebern ist nachzulesen und aus Elternschulen im Fernsehen ist zu erfahren, wie Kinder zu sein und was sie zu lernen haben und wie sie gefördert werden können.

In dieser Verunsicherung sind heutige Eltern häufig froh, wenn sie entlastet werden, z. B. durch Kindergärten.

5.2 Kindergärten

Kindergärten, die in der Vorkriegszeit schon relativ verbreitet waren, gab es in der unmittelbaren Nachkriegszeit so gut wie gar nicht. In den Jahren nach 1945 war das Aufwachsen und das Spielen der Kinder wesentlich freier und unbeaufsichtigter als heute. Da es kaum Kindergärten gab, war das Spielen auch kaum von außen institutionalisiert. In gewisser Weise läßt sich diese Zeit auch als eine „pädagogikfreie" beschreiben, denn auch die Mutter, wie schon zu erfahren war, hatte ja meistens keine Zeit, sich um die Kinder zu kümmern. Die Kinder in der unmittelbaren Nachkriegszeit waren deshalb fast unbeaufsichtigt, auf jeden Fall ohne systematische und pädagogisch bedachter Betreuung durch Erwachsene. Diese sozusagen wildwüchsige Kindheit veränderte sich aber rasch. Abzulesen ist dies z. B. an der Entwicklung der Kindergärten. 1950 betrug der Anteil der 3- bis 6jährigen mit Kindergartenplatz bereits 31%. Dieser Anteil stagnierte bis 1962 bei 33%, er betrug auch 1971 noch 41% – und erst der rapide Geburtenrückgang ermöglicht seit Mitte der 70er Jahre eine bessere Versorgung mit Kindergartenplätzen[50]. Auch hier sind

noch einige Sozialgruppen im Kindergarten unterrepräsentiert, vor allem die jüngsten Kinder[51].

In Nordrhein-Westfalen standen 1978 für 76% der 3- bis 6jährigen Plätze in Kindergärten zur Verfügung. Zwischen den Verwaltungsbezirken bestehen allerdings erhebliche regionale Disparitäten, die von 100% in Bonn bis zu 60% in Remscheid reichen (Mags 1980, S. 226).

Trotz der Einschränkungen und Unterschiede läßt sich eine Entwicklungslinie mit den Zahlen belegen: Der Großteil heutiger Kinder im Vorschulalter besucht einen Kindergarten, ist also schon in der frühen Lebensphase in einer Sozialisationsorganisation, in der betreut wird.

5.3 Spielplätze

Eine ähnliche Zunahme von angeleiteter Kindheit ist bei Spielplätzen zu beobachten. In den Jahren nach dem Kriege gab es kaum künstlich angelegte Spielplätze und schon gar keine pädagogisch betreuten Spieleinrichtungen. Sportanlagen waren Ende der 40er Jahre und noch während der 50er Jahren Mangelware. Vor allem existierten nur wenig Sporthallen. Schwimmbäder gab es so gut wie gar nicht.

Kleinere Gemeinden, die heute durchweg Schwimmbäder besitzen, mußten damals alle Haushaltsmittel anderweitig investieren. Daraus folgt, daß Kinder heute mehr Sport in angelegten Sportstätten treiben können als vor wenigen Jahrzehnten.

Wollen Stadtkinder draußen spielen, sind sie häufig auf Reservate, nämlich Spielplätze, angewiesen. „Die Spielplatzidee geht von der Vorstellung aus, kindliches Verhalten sei ähnlich strukturiert wie das Verhalten Erwachsener, die irgendwohin gehen, um eine Tätigkeit auszuüben“[52].

Aus Untersuchungen ist allerdings bekannt, daß Kinder lieber auf der Straße als auf angelegten Spielplätzen spielen. Auch in der Häufigkeit des Spielens im Freien liegen Spielplätze erst an zweiter Stelle hinter der Straße (BMJFG 1976, S. 148f.), was um so erstaunlicher ist, als der Autoverkehr die Straßen nahezu unbespielbar gemacht hat. Je vielseitiger die Umgebung ist, desto weniger Gebrauch wird offenbar von angelegten Spielplätzen gemacht (ebenda, S. 561).

Kinder können auf solchen Spielplätzen immer nur das Gleiche unternehmen; es fehlen einfache Dinge, die veränderbar sind, die ihre Phantasie anregen. Das entdeckte schon Mitte der 40er Jahre ein dänischer Gartenbauarchitekt, auf dessen Anregung eine Art Gerümpelplatz eröffnet wurde. Es war der Vorläufer des sogenannten Abenteuerspielplatzes (Kürzel ASP), der sich in der BRD Ende der 60er Jahre verbreitete. Hier können die Kinder sägen, bauen, hämmern und plantschen – aber: Unter der Regie eines Betreuers, der anleitet, unterstützt, motiviert und hilft, wo er nur kann. Der Betreuer, meist ein Sozialarbeiter oder Sozialpädagoge, zeigt den Kindern, wie man „Abenteuer erlebt" Wir kennen Fälle, wo Pädagogen sich Programme ausgedacht haben, den Kindern zu zeigen, wie man aus Zweigen und Hölzern wilde Feuer legt.

Abenteuer gab es für Nachkriegskinder ohne Anleitung. Ihre ganze Umwelt war ihr „Spielplatz". Sie spielten auf den Hinterhöfen oder auf den Straßen, in den Trümmern oder auf dem Hausboden. Sie gingen im Schicht- oder Schachtelunterricht ein paar Stunden täglich zur Schule und kümmerten sich aber kaum um ihre Schularbeiten. In dieser „Kontrollücke" wuchsen die Jahrgänge auf, die 1957/58 die sogenannten Halbstarkenkrawalle inszenierten und die die Träger der Studentenprotestbewegung um 1968 waren. Doch diese „Kontrollücke" war eine Ausnahmeerscheinung, die bald durch ein zunehmend enger werdendes Netz wieder zugezogen wurde. Mit unserem Ansatz ließ sich bisher nachweisen, wie weit das Verschwinden der Kontrollücke mit der Veränderung der gegenständlichen Ausstattung der Kindheit zusammenhängt. Ein weiterer Bereich ist jetzt anzufügen: Ganz wesentlich änderte sich die Form der Kontrolle.

5.4 Wandel der Kontrolle

Gegenüber dem patriarchalischen Stil der Nazizeit und relativ repressiver Erziehung in den 50er Jahren entstand in den 60er Jahren eine Form von Kontrolle, die sich zunehmend zu *Betreuung,* zum fürsorglichen Verwaltungshandeln und zu organisierten Orten des Kinderspiels wandelte (vgl. Riedmüller 1981, S. 140ff.). Personenbezogene und häufig autoritäre Kontrolle wandelte sich zu personaler, häufig zu direkter oder weicher Kontrolle. Am Kinderspiel ist dies besonders deutlich zu belegen, das aus einer „Nachkriegswildwüchsigkeit" in eine sanft kontrollierte Aneignung gewechselt ist. Diese kontrollierte Aneignung realisiert sich in professionellen Einrichtungen. Zwei haben wir in diesem Abschnitt genannt: Der Kindergarten und der pädagogisch behütete Spielplatz – Einrichtungen, die auf irgendeine Weise „betreuen".

Betreuung als bemerkenswerte Tatsache heutiger Sozialisation geht auch schon von den Eltern aus. Mit Eindrücken aus dem Film „E.T." läßt sich dies gut beschreiben. Die Mutter in diesem Film ist eine betreuende. Ohne Zweifel liebt sie ihre Kinder und ist besorgt um sie – aber in geschäftiger professioneller Weise: Sie organisiert Kinderfeten, kauft Spielzeug usw. und merkt gar nicht, was ihre Kinder wirklich beschäftigt, nämlich in diesem Fall der außerirdische „E.T.".

Dieser „E.T." läuft der Mutter sogar mehrmals über den Weg, ohne daß sie aufmerksam wird. In ihrer Organisationshektik hat sie nur Augen für den Verlauf ihrer eigenen Vorhaben, die dazu dienen, die Kinder zu betreuen.

Dieses Beispiel beschreibt den Kern der aktuellen Polemik, die die Pädagogik mit dem merkwürdigen Begriff der *Pädagogisierung* kritisiert. Das Zutreffende dieser

Kritik soll ein weiteres Beispiel deutlich machen: Aus einem Dörfchen im Sauerland, das nicht mehr als 200 Häuser hat, wird erzählt, daß die Gemeindeverwaltung beschloß, den Kindern einen Abenteuerspielplatz anzulegen, was die ohnehin geringe Haushaltskasse nicht wenig belastete. Als der Abenteuerspielplatz fertiggestellt war, zog er die ersten Tage natürlich neugierige Kinder an. Doch sehr bald weigerten sie sich beharrlich, dort zu spielen. Sie zogen es vor, wie eh und je am Bach oder im Wald, in der Scheune oder mit den Erntemaschinen zu spielen, was ihnen abenteuerlich genug erschien. Die Eltern versuchten drei Monate lang, ihre Kinder auf den Abenteuerspielplatz zu zwingen, vergebens. Er wurde wieder stillgelegt.
Die Zunahme von Betreuung hat selbstverständlich auch eine plausible Grundlage, vor allem darin, daß die Zunahme des Autoverkehrs die Notwendigkeit erhöht, im Freien spielende Kinder zu behüten. Daß der Trend zur universellen Betreuung aber häufig auf nichts anderem als einer Fiktion der Eltern beruht, belegen die Gruppeninterviews:

Frau B.: Ich glaub, der Anspruch, daß die Kinder aktiv sein sollen, kommt ja gerade sehr stark von den Eltern. Ich weiß sehr wohl auch bei meinen eigenen Kindern, daß die einfach 'mal so sitzen oder für sich sind. Ich sag': Sag' 'mal, langweilst du dich nicht, kannst du nicht 'mal das und das und das machen? Nein, ich langweile mich nicht, es scheint wohl dein Problem zu sein? Und in der Tat, es gibt so Sachen, so Bedürfnisse, die du versuchst als Erwachsener ... ihnen so aufzuoktroyieren ... Und gerade Mittelschichtkinder kriegen ja von ihren Eltern immer gesagt: Du sollst die Jugendmusikschule machen und ich weiß nicht, was sonst noch alles lernen. Und ich glaube, daß gerade dadurch die Zeit viel stärker programmiert wird, vielleicht noch mehr als bei anderen Kindern, wo die Eltern nicht diesen Kulturfimmel haben. Ich glaub' nicht, daß die so viel Aktivitäten machen und vielleicht doch noch etwas mehr über ihre Zeit verfügen können als unsere Kinder vielleicht sogar.

Der Trend zur universellen Betreuung ist gleichzeitig eine Veränderung und eine Zunahme von Kontrolle. Es herrscht für heutige Kinder eine Form von Kontrolle, die ihren Ursprung in der Arbeitswelt hat. Hier unterscheiden wir drei Arten:

1. Die Kontrolle, die von Personen ausgeht, vom Meister, Vorarbeiter, Büroleiter usw., personale Kontrolle genannt;
2. die Kontrolle, die von den Maschinen ausgeht, die z.B. den Arbeitstakt bestimmen, mechanische Kontrolle genannt;
3. die Kontrolle, die von in Büros entwickelten Verfahren und Human-Relation-Regeln ausgeht, bürokratisch-professionelle Kontrolle genannt (Quelle und Lesehinweis: Edwards, R., 1981).

Ist es bei der personalen und mechanischen Kontrolle noch einsehbar, wer oder was kontrolliert, ist die bürokratisch-professionelle Kontrolle als solche verdeckt und undurchsichtig. Es wird „sanft“ und „weich“ kontrolliert, ohne offenen Zwang und stechende Blicke.

Genau diese Form von Kontrolle setzt sich mit der zunehmenden Betreuung in der heutigen Kindheit durch. Sie ist Bestandteil von Verhaltensstandards und Erziehungsmustern, die von Experten im Gewande von Wissenschaftlern, professionellen Erziehern und Lehrern entworfen und stabilisiert werden. Betreuung geht heute einher mit wissenschaftlich begründeten Erziehungs- und Spielprogrammen oder populär-wissenschaftlich aufgemachten Elternratgebern. In dieser Entwicklung sind zwei für veränderte Sozialisationsprozesse wichtige Aspekte zu nennen: Einmal die Professionalisierung der Pädagogik und die Betreuung durch Experten, zum anderen die Aberkennung des elterlichen Kompetenzmonopols der Erziehung.

Heutige Eltern sind mehr und mehr verunsichert, ob sie richtig erziehen – und doch wollen sie ihre Kinder möglichst vielseitig fördern. Deshalb sind sie häufig froh, wenn sie von Experten Hilfe erhalten und ihnen die Erziehungslast abgenommen wird. Und in der Tat halten sich die Kinder heute mehr und mehr in

Betreuungsinstituten auf. Den Kindergarten und den pädagogisch behüteten Spielplatz haben wir schon genannt. Natürlich kommt noch die Schule hinzu.

In manchen Schulen mit Ganztagsbetrieb, in denen sich die Kinder fast über acht Stunden aufhalten, ist die universelle Betreuung noch am offensichtlichsten. Doch sind Ganztagsschulen noch Ausnahmen. Aber auch die nach wie vor übliche Halbtagsschule betreut die Kinder nicht selten über den ganzen Tag: Durch Hausaufgaben, die erledigt werden müssen, vor allem aber auch durch Arbeitsgemeinschaften und Silentien am Nachmittag.

All die bisher genannten Beispiele zunehmender Betreuung weisen auf eine enger werdende pädagogische Umstellung heutiger Kinder – auf eine Zunahme und Veränderung von Kontrolle.

Der Wandel ist aber nicht geradlinig einzuschätzen, sondern *widersprüchlich.* Denn es gibt auch eine positive Seite: Die körperliche Züchtigung von Kindern ist heute geächtet und geht merklich zurück.

Wuchsen Kinder in früheren Jahren unkontrollierter und freiwüchsiger auf, waren sie aber doch mit sehr schmerzhaften Erinnerungen belastet. Lloyd de Mause schreibt hierzu:

„Die Geschichte der Kindheit ist ein Alptraum, aus dem wir gerade erst erwachsen. Je weiter wir in der Geschichte zurückgehen, desto unzureichender wird die Pflege der Kinder, die Fürsorge für sie, und desto größer die Wahrscheinlichkeit, daß Kinder getötet, ausgesetzt, geschlagen, gequält und sexuell mißbraucht werden“[53].

Bis ins 19. Jahrhundert hinein war der Kindermord in Europa noch weit verbreitet. Gewalt und Prügel in der Erziehung haben sich auch in das 20. Jahrhundert „hinübergerettet“.

Sprechen wir von der Einschränkung freiwüchsiger Kindheit durch die Zunahme der Betreuung durch Experten, müssen wir auch davon sprechen, daß Kindheit heute zunehmend vor körperlicher Gewalt abgesichert ist. Spätestens mit dem Bundesverfassungsgerichtsurteil vom 29.9.1968 sind Kinder auch Träger von Grundrechten. Weiterhin werden Kinder in der Rechtsprechung vor entwürdigenden Erziehungsmaßnahmen geschützt. Neben dem rechtlichen Schutz der Kinder ist auch die Professionalisierung der Pädagogik positiv bestimmbar. Es wird z. B. nicht mehr blind erzogen, sondern Eltern, Lehrer und Erzieher machen sich über ihre Funktion und über ihr erzieherisches Handeln Gedanken. Sie informieren sich und wägen ab. Durch die Professionalisierung der Pädagogik wird bewußter und verantwortungsvoller erzogen.

Fazit dieses Kapitels: Mit der Expertisierung der Erziehung werden die Eltern verunsichert. An die Stelle der elterlichen Erziehung tritt mehr und mehr das fürsorgliche Verwaltungshandeln.

Anmerkungen

1 Siehe dazu Bronfenbrenner, U.: Ökologische Sozialisationsforschung. Stuttgart 1976. Sowie: Zeitschrift für Sozialisationsforschung und Erziehungssoziologie. 10. Jg., Heft 2, 1990
2 Recker, M.L.: Wohnen und Bombardierung im Zweiten Weltkrieg. In: Niethammer: Wohnen im Wandel. Wuppertal 1979, S. 411.
3 Rösner, E./Tillmann, K.-J.: Schule in der Trabantensiedlung. In Rolff, H.-G./Klemm, K./Tillmann, K.-J. (Hrsg.): Jahrbuch der Schulentwicklung, Band II. Weinheim/Basel 1982.
4 Vgl. dazu Herlyn: Wohnen im Hochhaus. Stuttgart/Berlin 1970. Rauschenbach, B./Nehling, G.: Zeitraum Kindheit. Zum Erfahrungsraum von Kindern in unterschiedlichen Wohngebieten. Heidelberg 1989.
5 Mundt, J.W.: Vorschulkinder und ihre Umwelt. Weinheim/Basel 1989, S. 83f.
6 Herlyn/Herlyn: Wohnverhältnisse in der Bundesrepublik. Frankfurt/M., New York 1976, S. 62f.
7 Aus: Neumann, K. (Hrsg.): Kindsein. Göttingen 1981, S. 77.
8 Mundt 1980, S. 78.
9 Aus: Neumann, K. (Hrsg.): Kindsein. Göttingen 1981, S. 78.
10 Meyer-Ehlers: Wohnung und Familie. Stuttgart 1968, S. 77.
11 Ballerstedt/Glatzer: Soziologischer Almanach. Handbuch gesellschaftlicher Daten und Indikatoren. Frankfurt/New York 1979, S. 130.
12 Sachs, W.: Kindheit in der Auto-Gesellschaft. In: Psychologie heute 2/1982, S. 38–41.
13 Bronfenbrenner: Wie wirksam ist kompensatorische Erziehung?. Stuttgart 1974, S. 138.
14 Holzer, H.: Theorie des Fernsehens. Hamburg 1975, S. 86.

15 Maletzke, G.: Kinder und Fernsehen. In: Sturm, H./Brown, J.R. (Hrsg.): Wie Kinder mit dem Fernsehen umgehen. Stuttgart 1979, S. 28.
16 Hurrelmann, B.: Fernsehen in der Familie. Weinheim/München 1988, S. 48. Daten der GfK-Fernsehforschungen erscheinen in der Zeitschrift Media-Perspektiven. Hier wird die Ausgabe 1/90, S. 57 zitiert.
17 Böckelmann/Huber/Middelmann: Werbefernsehkinder. Berlin 1979, S. 14
18 Schnoor, D./Zimmermann, P.: Kinder, Kabel, Keyboards – Wie Grundschulkinder Bildschirmmedien nutzen. In: Rolff, H.-G./Klemm, K./Pfeiffer, H./Rösner, E.: Jahrbuch der Schulentwicklung, Bd. 5, Weinheim/München 1988, S. 229
19 Cramond, J.: Auswirkungen des Fernsehens auf das Alltagsleben der Kinder. In: Sturm, H./Brown, J. R. (Hrsg.): Wie Kinder mit dem Fernsehen umgehen. Stuttgart 1979, S. 291.
20 Ebenda, S. 301.
21 Krebs, Dagmar: Gewaltdarstellungen im Fernsehen und die Einstellungen zu aggressiven Handlungen bei 12- bis 15jährigen Kindern – Bericht über eine Längsschnittstudie. In: Zeitschrift für Sozialpsychologie 12/1981, S. 281–307.
22 Krebs 1981, S. 301.
23 Vgl. dazu auch Sturm/Brown: Wie Kinder mit dem Fernsehen umgehen. Stuttgart 1979.
24 Bruner, J. S.: Der Prozeß der Erziehung. Düsseldorf 1970.
25 Mander, J.: Schafft das Fernsehen ab!. In: Psychologie heute – Redaktion, Lebens-Wandel. Weinheim/Basel 1981, S. 113.
26 Spiegel 48, 29.11.1982, S. 226.
27 Neumann, K. (Hrsg.): Kindsein. Zur Lebenssituation von Kindern in modernen Gesellschaften. Göttingen 1981, S. 91.
28 Vgl. Merkel, Johannes: Unterhaltungsmedien und Phantasie. In: päd. extra 20/1974, päd. extra-Lexikon.
Hengst, H.: Zur aktuellen Diskussion um die Kinderliteratur. In: Diskussion Deutsch 47/1979.
29 Weiß, Peter: Abschied von den Eltern. 1964, S. 62f.
30 Diese Aussage muß hinsichtlich der Schichtenzugehörigkeit relativiert werden. Es kann angenommen werden, daß Mittelschichtkinder sehr viel mehr lesen als Unterschichtkinder, was in einer empirischen Studie zum Leseverhalten bestätigt wird: „Der Initiativeeinfluß, d.h. die direkte Beeinflussung des Leseverhaltens der Kinder durch ihre Eltern, ist vorwiegend auf die mittleren Schichten und die Oberschicht beschränkt ... Die Auswirkungen der direkten Einflußnahme von seiten der Eltern auf das Leseverhalten ihrer Kinder zeigen, daß in den mittleren Schichten und der oberen Schicht die zukünftigen bildungsbewußten Bücherleser geboren werden: Für die Heranwachsenden, deren Eltern sich um das Lesen kümmern, hat das Leben einen hohen Stellenwert, wird als bildend angesehen, zu einer beliebten Freizeitbeschäftigung erkoren und häufiger zum Gegenstand der Kommunikation genommen“ (Gerlach, Dirk u.a.: Lesen und soziale Herkunft. Weinheim/Basel 1976, S. 136).
31 Ehlers, H. J.: Comic – ein erfolgreiches Unterhaltungs- und Werbemedium bei Kindern. In: Media-Perspektiven 8/1978.
32 Fuchs, W. (Hrsg.): Comics. Institut Jugend, Film und Fernsehen. Opladen 1977.
33 Bastian, Hannelore: Birne und Supermann. In: Westermanns Pädagogische Beiträge.
34 Burkert, Hans: Sozialmagazin 8/1979.
35 Hengst, H.: Kinder und Massenmedien. Heidelberg 1981.
Merkel, J.: Ruckediguuk. Hörspielkassetten für Kinder. Die neuen Sprachlehren vom Wühltisch. In: Jahrbuch für Lehrer. Reinbek 1977.
36 Hengst, H.: Kinder und Massenmedien. Heidelberg 1981, S. 57.
37 Vgl. ebenda.
38 Vgl. Köhler in: Hengst, H.: Kinder und Massenmedien.
39 Vgl. Flitner, A.: Das Kinderspiel. München 1973.
40 Siehe Flitner.
41 Piaget, E.: Das moralische Urteil beim Kinde. Zürich 1954.
42 Eine ausführliche Darstellung dieses Spielzeugs findet sich in: Steinlein, R.: Phantasie-Figuren. Ästhetik und Kommunikation, Heft 27/1977.
43 Rinn, S.: Eine Gliederpuppe für Einzelkinder. In: Ästhetik und Kommunikation 38/1979.
44 Köhler, M.: Unterhaltung als Botschaft und Kauf als Erfahrung: Die Equipierung der Kindheit. In: Hengst u.a.: Kindheit als Fiktion. Frankfurt/Main 1981, S. 112.
45 Vgl. Elschenbroich, D.: Spielen und Spielzeug. Kursbuch 34.
46 Vgl. auch Elschenbroich, D.: Spielen und Spielzeug. In: Kursbuch 34.
47 Geulen, D.: Die Generation der 1960 Geborenen. Manuskript. Berlin 1983.

48 Jugendwerk der Deutschen Shell (Hrsg.): Jugend ’81. Hamburg 1981, S. 94, 95.
49 Geulen, D.: Die Generation der 1960 Geborenen. Manuskript. Berlin 1983.
50 Ballerstedt/Glatzer: Soziologischer Almanach. Frankfurt/Main, New York 1979, S. 328.
51 Mundt: Vorschulkinder und ihre Umwelt. Weinheim/Basel 1980, S. 136.
52 Garbrecht, D.: Gehen. Plädoyer für das Leben in der Stadt. Weinheim/Basel 1981, S. 35.
53 De Mause, L.: Hört ihr die Kinder weinen? Eine psychogenetische Geschichte der Kindheit. Frankfurt/M. 1977, S. 12.

Teil III

Konturen eines neuen Sozialcharakters – Fazit und Erklärungsversuche

1 Veränderte Rahmenbedingungen von Sozialisation

In der Nachkriegszeit herrschte Mangel auch und vor allem in der Kinderwelt. Es gab kaum Spielzeug, wenig Kinderbücher und erst recht keine Kindermode. Eine elektrische Eisenbahn zu besitzen, die irgendwer über den Krieg gerettet hatte, war ein außergewöhnliches Privileg, im ganzen Wohngebiet bekannt und beneidet. Die meisten Kinder mußten ihr Spielzeug selber basteln: Das Katapult, eine Astgabel mit dazwischen gespanntem Einmachgummi zum Steinchen- oder Krampenschießen, den Drachen, mancherorts auch Windvogel genannt, die Stelzen, die aus Besenstielen und Querlatten zusammengezimmert wurden, oder die Buden und Bauten, die als Versteck, Lager oder Regenschutz dienten. Gelesen, oft aus geliehenen Büchern, wurde sicher nicht weniger als heute, doch Kino gab es zunächst gar nicht für Kinder und das Radio war Hoheitsgebiet der Erwachsenen.

Heute dagegen herrscht ein Überangebot an Spielwaren bis in alle sozialen Schichten. Es hat sich eine bis dahin unbekannte Ausbreitung der Kinderwelt entwickelt, von Kinderfernsehsendungen über Kinderzeitschriften und Kinderkleidung bis zu Kinderschallplatten, Kinderhörspielkassetten und Kinderlerncomputern reichend. Dennoch gibt es Anzeichen für eine Verarmung der Kindheit, häufig beschrieben als Interessenlosigkeit, Unmotiviertsein, Konzentrationsmangel, Isoliertheit oder auch nur Bewegungsarmut.

Wir haben nun die Frage zu beantworten, wie dieses reiche Angebot von heutigen Kindern wahrgenommen wird. Wir gehen dabei wieder davon aus, daß Sozialisation als individuelle Aneignung der materiellen und symbolischen Kultur begriffen werden kann. Dementsprechend haben wir im Teil II Veränderungen der materiellen und der symbolischen Kultur beschrieben. Jetzt müssen wir herausarbeiten, was diese Veränderungen bei der Herausbildung von Sozialcharakteren bewirken. Der Wandel der Aneignung von symbolischer und materieller Kultur läßt sich im Anschluß an Teil II entlang dreier Entwicklungslinien deuten:

- *Reduktion von Eigentätigkeit,*
- *Mediatisierung der Erfahrungen,*
- *Expertisierung der Erziehung.*

Alle drei Entwicklungslinien sollen nun genauer behandelt werden. Die folgenden Abschnitte sind als Wiederholung, aber auch als Zusammenfassung und Präzisierung unserer Hauptgedanken zum Wandel der Kindheit gedacht.

1.1 Reduktion von Eigentätigkeit durch konsumierende Aneignung der materiellen Kultur

Die Kultur, die sich Nachkriegskinder aneigneten, kann auch beim schlechtesten Willen nicht Konsumkultur genannt werden.

Helga, eine unserer Interviewpartnerinnen, schildert einen Sommernachmittag um 1950 so:

„... Anfangs waren auf dem Hof nur einige Jugendliche, und einige Kinder liefen drumherum. Plötzlich kam jemand auf die Idee, Zelte aufzubauen, und bald waren alle in den Häusern verschwunden, um Material zu holen. Die Ausrüstung bestand aus alten Wolldekken, Wäscheklammern und Steinen. Die Wolldecken, die wurden mit Wäscheklammern am Zaun befestigt, und auf die Enden der Decke hat man die Steine gelegt. So entstanden dann die Zelte, und im Laufe des Tages, es kamen ja immer mehr Kinder und Jugendliche nach draußen, da war auch schon ein ganzes Zeltdorf entstanden. Ja, wir hatten dort eine Post, einen Krämerladen, eine Arztpraxis ... Die Kinder, die ahmten uns alle nach, und wir haben die auch gewähren lassen. Aber wir Größeren hatten nur die höheren Funktionen inne, die Kleinen waren mehr unsere Handlanger. Manche Zelte standen sogar bis zur Dämmerung, und dann boten sie Schutz für einen flüchtigen Kuß oder eine Umarmung ... Ich weiß noch", ergänzte Helga, „wir hatten da in der Nähe unseres Hauses so einen freien Platz, und da wurde abends oft Lagerfeuer gemacht. Wir haben da die Kartoffeln gebraten und alle haben das organisiert. Gleich daneben war auch noch ein Wäldchen, wo wir anschließend immer drinrumstromerten."

Claudia, kurz nach 1960 geboren, erzählt im Interview weniger von Spielen und desto mehr von ihren Spielsachen:

„An Spielzeug besaßen wir ziemlich viel z.B. Puppen, Babypuppen, Puppenhaus, Puppenwiege und -wagen, alle erdenklichen Stofftiere, Kaspertheater und dazugehörige Puppen, Arztkoffer, Kaufladen, Zauberkasten, Spielesammlung, viele Bücher, Legosteine, Klötze, Knete, Fimo, Emaillierkasten, Granulat, Silberdraht, Farbkästen, Plakafarben, Malstifte, Malbücher, Berge von Glanzbildern, Tierpostkarten, Roller, Rollschuhe, Schlittschuhe, Fahrrad und vieles, vieles andere mehr!"

Die Interviewszenen illustrieren eindrucksvoll, wie sehr sich der Kinderalltag in einem Zeitraum von höchstens 10 bis 15 Jahren verändert hat. In der Nachkriegszeit verfügte kaum ein Kind über Taschengeld, jedenfalls nicht über nennenswertes. Wenngleich der Verkauf von Buntmetall auch hin und wieder einige Groschen brachte, so bewirkte das doch keine Nachfrage nach Spielwaren – höchstens nach einem Heißgetränk. Konsequenterweise wurden Kinder zu jener Zeit als Käufer und Kunden nicht ernstgenommen.

Zur Entwicklung des Taschengeldes bei Kindern gibt es nicht allzu viele brauchbare Untersuchungen, vor allem deshalb nicht, weil die zugrundeliegenden Altersgruppen zu jedem Zeitpunkt unterschiedlich ausgewählt sind. Nach der Übersicht von Groß erhielt ein Kind pro Woche im Durchschnitt nur 5,15 DM Taschengeld, ein 10- bis 16jähriges 19 DM[1]. Danach erst, also nach Beendigung der Wiederaufbauphase, vervielfältigte sich die Kaufkraft der Kinder. Die Kinderwelt wurde als absatzträchtiger Markt entdeckt. Der Umsatz der Spielwarenindustrie stieg 1981 auf über drei Milliarden Mark an. Die potentielle Käuferschicht der Vier- bis Vierzehnjährigen verfügte 1976 über ein Jahrestaschengeld von mehr als 1,5 Milliarden Mark[2], Summen also, die als Absatzmarkt für große Industrien interessant sind.

Der Hauptkonsumartikel ist fraglos das Spielzeug. Nach Angaben der Arbeitsgemeinschaft Spielzeug e.V. in Bamberg führt ein Spielzeugeinzelhandelsgeschäft heute im Durchschnitt 20000 bis 25000 Artikel, Warenhäuser und Fachabteilungen bis zu 100000. Zur Zeit sind schätzungsweise eine Viertelmillion verschiedene Spielsachen auf dem Markt.

Das Spielzeug selbst ist anders geworden. Es übt viele Funktionen selber aus. So können Puppen heutzutage weinen, sprechen, Liedchen singen, laufen und pinkeln. Die Tätigkeit der Kinder bleibt bei nicht wenigen Artikeln zunehmend auf den Griff zum Schalter, auf den Druck eines Hebels, also im wesentlichen auf Bedienung, beschränkt. Einmal so in Gang gesetzt, spult derart hochtechnisiertes Spielzeug automatisch sein vorprogrammiertes Spielerlebnisrepertoire ab, ohne daß eine produktive Veränderung möglich ist. Oftmals ist zu beobachten, daß Spielen im hergebrachten Sinne erst dann beginnt, wenn diese Spielapparate ihre Funktion aufgeben. Die Reparaturarbeiten sind für Kinder plötzlich interessanter als das Spielprogramm.

Das Außmaß der Konsumhandlungen von Kindern hat sich vehement über den Bereich der gegenständlichen Waren ausgeweitet in den Bereich der Dienstleistungen hinein. Öffentliche Dienste kann das Kind inzwischen konsumieren wie vor ihm schon die Erwachsenen, sei es beim Spielpädagogen auf dem Abenteuerspielplatz, bei der Erzieherin im Kinderhort oder auf der Ferienparty. Kinder lernen, daß ein gutes Leben darin besteht, die richtigen Waren und Dienstleistungen zu konsumieren, oder wie Fromm es ausdrücken würde, das Sein über das Haben zu definieren.

Die Kehrseite dieses Trends zum Massenkonsum besteht in einem merklichen Verlust an Eigentätigkeit.

Um Mißverständnisse gar nicht erst aufkommen zu lassen, räumen wir ein, daß Konsumhandlungen eben auch Handlungen sind, also keineswegs als Untätigkeit verstanden werden dürfen. Jedoch sind Konsumhandlungen im spezifischen Sinne beschränkt: Sie ziehen wohl das Bedienen und die Anwendung, die Pflege und die Wartung und möglicherweise auch die einfallsreiche Reparaturarbeit nach sich, aber sie schließen die Herstellung und damit die Planung und Herstellung der Artikel von vornherein aus. Damit schöpfen sie nicht die prinzipiell gegebenen Möglichkeiten aus, die Kinder haben, um sich konstruktiv mit der Objekt- und Ideenwelt auseinanderzusetzen. Demgegenüber schließt Eigentätigkeit immer auch die Planung und Herstellung des Gegenstandes ein und damit der Abarbeitung an der Widerständigkeit der objektivierten Welt. Eigentätigkeit ist die intensivste Form der Aneigung von Erfahrungen und dessen, was sie bedeuten, nicht nur, weil Eigentätigkeit je nach den Umständen alle Sinne anspricht, sondern auch deshalb, weil der Produktionsprozeß durchsichtig wird und damit der ganze Bedeutungsumfang ebenso wie das Veränderungspotential. Und weil das nicht für jede Tätigkeit zutrifft, die ja auch rein rezeptiv, reproduktiv oder reaktiv sein kann, nennen wir diese produktive Form der Tätigkeit pointierte Eigentätigkeit. Natürlich wäre es ein antipädagogisches Mißverständnis zu meinen, ein Kind könne sich die ganze entwickelte Welt eigentätig aneignen. Eigentätigkeit ist kein Maßstab der Ausschließlichkeit, kein Alternativbegriff, sondern ein Intensitätsmaß.

In der Konsumkultur erkennt sich das Kind zunehmend nur in den Waren wieder – und die kommen aus einer anderen Lebenswelt, müssen dem Kind also äußerlich bleiben und sind austauschbar. Bei eigentätiger Aneignung objektivieren sich Selbstbild und Selbstsicherheit, Kompetenz und Urteilsvermögen. Im hergestellten Gegenstand, der verinnerlicht wird, bleiben sie erhalten. Das Selbstbild beruht also mehr auf Eigenem, und es ist gefestigter und ist deshalb auch weniger von den schwankenden Urteilen und Erwartungen anderer abhängig, weniger narzißtisch orientiert.

Schließlich kommt der Eigentätigkeit noch eine besondere Eigenschaft zu, die konsumierender Aneignung gänzlich abgeht: Eigentätigkeit ist die materielle Grundlage der Erkenntnistätigkeit. Das Kinder lernt durch die eigene Herstellung des Gegenstandes noch am ehesten Eigenschaften und Verwendungsmöglichkeiten, ja sogar dessen Wesen kennen: Wenn man etwas wirklich verstehen will, muß man es entstehen sehen. Das gilt nicht nur für schöpferische Leistungen, sondern ebenso für den Nachvollzug oder die Wiederholung derselben. Und selbstverständlich haben die Nachkriegskinder ihre selbstangefertigten Spielzeuge nicht selbst erfunden, sondern nachgebaut – aber nicht per Konsumhandlung erworben.

In der Konsumhandlung entfällt diese Erkenntnistätigkeit weitgehend. Der Käufer muß sich auf die Bedienungsanleitungen der Produzenten verlassen, um die Waren richtig benutzen zu können. Leiß veranschaulicht das an einem Beispiel:

„Würden ... viele Produkte nur mit Informationen über ihre chemischen Zusammensetzung ausgestattet sein, wären viele Menschen nicht in der Lage, ihren Zweck bestimmen zu können" (Leiß 1979, S. 141).

Die sozialisatorische Folge sei wachsende Gleichgültigkeit gegenüber den Gegenständen:

„Dieser Mangel an Vertrautheit mit den spezifischen Eigenschaften der für die Bedürfnisbefriedigung produzierten Objekte führt zu Gleichgültigkeit gegenüber den spezifischen Qualitäten des Objekts (und gegenüber den Bedürfnissen, mit denen sie assoziiert werden). Da wir die Bestandteile der Dinge weder kennen noch uns darum kümmern, ist es für uns bedeutungslos, wenn sie durch andere ersetzt werden" (Leiß, a. a. O.).

Da Konsumhandlungen nicht aus sich selbst heraus das nötige Maß an Vertrautheit mit den Gegenständen erzeugen, gehören zum Massenkonsum unweigerlich die Massenmedien, die über das informieren, was nicht mehr aus sich selbst oder der vertrauten Lebenswelt spricht.

1.2 Erfahrung aus zweiter Hand durch mediatisierte Aneignung der symbolischen Kultur

Gewiß sind Zeitungen und Illustrierte, Bücher und das Radio auch Massenmedien, und gewiß waren sie schon vor dem Zweiten Weltkrieg weit verbreitet. Neu für die Kindheit ist jedoch das Fernsehen, das dem Massenkonsum korrespondierende Medium, das seit den sechziger Jahren auch das unangefochtene Vorbild eines gigantischen Medienverbundsystems geworden ist.

Wichtiger noch als der vielbeklagte Umstand, daß das Fernsehen viel Zeit der Kinder bindet und fragwürdige Imitationsfiguren anbietet, scheint uns zu sein, daß vom Fernsehen eine Tendenz ausgeht, die *Weise der Aneignung* grundlegend umzumodeln. Man kann, angeregt durch Postman (1979) feststellen, daß beim Fernsehen eine ikonische Weise der Aneignung zur Geltung kommt, die die zuvor herrschende verbalargumentative Weise zu dominieren beginnt, daß Bildkultur an die Stelle von Wortkultur tritt, was wir im Teil II im Kap. 2 ausführlich dargestellt haben.

Wortkultur setzt Aneignung auf begrifflicher Ebene voraus, ohne die nichts begriffen werden kann. Das Fernsehen lehrt vornehmlich durch das, was wir sehen und fühlen, und das Wortcurriculum durch das, was wir besprechen und verstehen. Das Fernsehen zeigt auch nicht die Wirklichkeit, auch nicht einen Ausschnitt, wie häufig behauptet wird, sondern eine „Botschaft" über die Wirklichkeit. „So war es". „So ist Friesland zu sehen" oder „So verlief heute der Libanon-Krieg". Die Botschaft ist nicht die Wirklichkeit selber, sondern eine bearbeitete Version der Wirklichkeit; sie gibt die Auffassung über die Wirklichkeit wieder, wie sie Regisseur und Kameramann sich ausgedacht haben.

Als problematisch erweisen sich also nicht so sehr die Inhalte selber, die das Fernsehen verbreitet, sondern die Aneignungsweise, die damit verbunden ist. Das Medium wird immer mehr selbst zur Botschaft (McLuhan), die massenhaft erzeugte Aneignungsweise projiziert sich zunehmend auf den transportierten Inhalt.

Der Typus von Aneignung von Erfahrung, der durch das Fernsehen vermittelt wird, breitet sich in dem Maße aus, wie das Fernsehen hegemonial ausgreift auf fast alle übrigen Industrien. Am Beispiel der Fernsehbiene Maja läßt sich das illustrieren: Es gibt inzwischen Biene-Maja-Platten (über 2,2 Millionen) und Kassetten, Biene-Maja-Comics und Biene-Maja-(Plastik-)Spielzeug, eine Biene-Maja-Mode („sich kleiden wie eine flotte Biene") und sogar ein Biene-Maja-Menü (in kinderfreundlichen Gaststätten). Ein Kind kann heute mit Biene Maja aufstehen und mit Biene Maja zu Bett gehen – und sich auch zwischendurch ganz im Stile dieses Medienproduktes bewegen.

Zum Medienverbund des Fernsehens gehören Radio, Plattenspieler, Kassetten, Journale, Spiele und Moden. Alle genannten Medien vermitteln Erfahrungen aus zweiter Hand: Nicht Landschaften oder Menschen begegnen den Kindern, sondern symbolische Repräsentationen davon, in von den Kindern nicht beeinflußtem Tempo, Ausschnitt, Zuschnitt und Rahmen. Dabei produzieren sie einen Schein von Unmittelbarkeit, der trügt – nicht einmal anfassen kann man diese Gegenstände der Erfahrung.

Die Mediatisierung der kindlichen Lebenswelt hat zur Folge, daß sich zwischen Musik und Hörer die Kassette schiebt, zwischen Puppenspiel und Zuschauer das Fernsehgerät und zwischen Landschaft und Raumerleben die laufenden Bilder. Dies führt gewiß nicht zu einem Verlust an Information, die eher sintflutartig anschwillt, wohl aber zu einer Verarmung des Bereichs unmittelbarer Erfahrungen. Während in den Jahren direkt nach 1945 noch viele Kinder ihre Welt aus eigener Anschauung kannten, gewinnen sie jetzt immer mehr Erfahrung aus zweiter Hand.

Mediatisierung verdeckt mehr und mehr die Fähigkeit der Phantasie, eigene Erfahrungen zu organisieren.

Die Bewußtseins- und Programmindustrie, so heißt es bei Negt/Kluge (1972), hat Techniken entwickelt, um den Rohstoff Phantasie in eine domestizierte Form zu verwandeln. Wir haben den Wandlungsprozeß am Beispiel des Fernsehens verdeutlicht.

Die Kinder sind zweifellos von vielen Programmen gefesselt und sitzen aufmerksam vor dem Gerät. Aber es ist nicht ihre eigene Lebenswirklichkeit, die sie auf dem Bildschirm verfolgen. Die Kinderserie „Pipi Langstrumpf" ist ein gutes Beispiel:

„Welcher Wirklichkeitsbegriff wird z.B. in der Kinderserie der Pipi-Langstrumpf-Filme vermittelt? Es geht nicht um einen menschlichen Umgang mit den Dingen, sondern es wird über die Wirklichkeit verfügt: willkürlicher, rascher Schauplatzwechsel; willkürlicher Handlungswechsel, wie er angeblich den rasch wechselnden Interessen und Aufmerksamkeitsgraden der Kinder entspricht. Es entstehen völlig irreale Abenteuerhäufungen, Erlebniskonzentrate, die die Kinder in ihrer Eigentätigkeit nicht nachmachen könnten" (Negt/Kluge 1972, S. 467/568).

Auch was die Kinder in anderen Kinderserien einschließlich „Sesame Street" per Bildschirm miterleben, sind Erfahrungen, die kaum aus einer aktiv erfaßten, eigenen Wirklichkeit gewonnen werden könnten. Welches Kind hat schon Gelegenheit, als Helfer der Kriminalpolizei oder als Spionjäger aufzutreten.

Kinder wissen sehr wohl, daß eine solche Wirklichkeit eine gedachte und inszenierte ist. Bedenklich wird es aber bei Vielsehern, die die vorgeführten Bilder zur Interpretation ihrer selbst erlebten Welt benutzen.

„Die aufgenommenen und ‚gespeicherten' Fernsehbilder sind dann die Grundfolie, auf die die Bilder der nichtmedialen Wirklichkeit treffen. Der Apparat tritt also nicht mehr wie beim Beispiel der Eisenbahnreise nur zwischen das wahrnehmende Subjekt und die Wirklichkeit, sondern er schafft eine eigene Wirklichkeit. Daß diese Wirklichkeit aus ‚zweiter Hand' ist, bleibt den Kindern zunächst verborgen"[3].

Es bleibt den Kindern wie den Erwachsenen auch deshalb verborgen, weil über den Bildschirm keine Vorstellung vom Entstehen der Sendung vermittelt wird.

„Kein anderes Medium vermittelt ähnlich klar mit dem Schein der Unmittelbarkeit gleichzeitig den Schein der Vollständigkeit und vermag an die Stelle eines Bewußtseins des Zuschauers vom eigentlichen Produktionsvorgang das bloße Resultat am Bildschirm zu setzen" (Negt/Kluge 1972, S. 181).

Fehlt die Vorstellung vom *Entstehen,* wird das *Verstehen* schwieriger, wenn nicht sogar unmöglich. Der Wunsch, etwas durch den geistigen oder praktischen Nachvollzug verstehen zu wollen – also auch eigene Erfahrungen zu organisieren – erhält durch die Mediatisierung keine Impulse. Es erscheint auch gar nicht mehr nötig, sich solcherart Anstrengungen zu unterwerfen. Die Deutungsmuster für das Verstehen von Welt sind immer schon da. Die Verarbeitung von Umwelt, was „Erfahrung" im eigentlichen Sinne vorstellt, ist somit durch Mediatisierungserscheinungen vorstrukturiert und gleichsam konsumierbar.

Der eingeschränkte Zugang für eigene, man kann sagen „primäre" Erfahrungen hat noch in einem zweiten Aspekt große Bedeutung für veränderte Sozialisationsprozesse.

Anders als bei Tieren, deren Erfahrungen erblich fixiert sind, ist der Mensch darauf angewiesen, sich seine Erfahrungen in der Ontogenese zu erwerben (vgl. Keiler 1983). Durch die Aneignung von Erfahrungen und Fähigkeiten, die wir als materielle und symbolische Kultur beschreiben, ist der Mensch prinzipiell in der Lage, neue Erfahrungen und neue Fähigkeiten zu entwickeln.

„Dabei ist es notwendig, daß der Mensch, um sein Schöpfertum zu entwickeln, mit der Welt der materiellen und geistigen Produkte *praktisch* in Wechselwirkung treten können muß, und daß sich in dieser Wechselwirkung eine *adäquate Beziehung* zu den Objekten ausdrückt" (Keiler 1983, S. 101/102).

Eine Wechselwirkung, eine adäquate Beziehung, ist zwischen Mensch und mediatisierten Erfahrungen nun gerade nicht vorhanden. Bei Vielsehern können wir sogar von einer extrem einseitigen Situation sprechen. Die vorproduzierte, medial vermittelte Erfahrung wird als eigene genommen. Etwas überspitzt formuliert: Der Mensch wird zur Matrize einer TV-Sendung, er wird Abnehmer, Konsument vorfabrizierter Erfahrungen.

Diese einseitige Beziehung von Mensch und Medienwelt beschränkt zunehmend die schöpferische Aneignung von Erfahrungen, weil wir uns mehr und mehr in Lauscher und Voyeurs verwandeln.

„So kann etwa ein Individuum nur *schöpferisch tätig* sein, wenn es sich die von der Menschheit im Laufe ihrer Geschichte geschaffenen materiellen und geistigen Reichtümer aneignet, so daß also seine schöpferischen Fähigkeiten jene Fähigkeiten reproduzieren, die von der Menschheit entwickelt worden sind“ (Keiler 1983, S. 101).

Das Medium Fernsehen beispielsweise ermöglicht kaum eine schöpferische, eigentätige Reproduktion all der Erfahrungen, die in ihm stecken, es sei denn, daß eine adäquate Beziehung erkämpft bzw. bewußt gesucht wird.

Diesen Gedanken werden wir in Kapitel 6 „Widersprüchlichkeiten und Gegenbewegungen“ noch einmal aufgreifen.

Worauf wir in der Erörterung des Zusammenhangs von Mediatisierungsphänomenen und Erfahrungen hinweisen wollen, ist die Beschränkung des Grads der Aneignung, eben durch diese Mediatisierung, was mit dem Beispiel Fernsehen wohl am deutlichsten geworden ist.

1.3 Expertisierung der Erziehung

Die Nachkriegskinder wuchsen bemerkenswert frei von elterlicher Kontrolle auf, zumindest ein Teil von ihnen, nämlich die, deren Väter im Krieg bzw. in Gefangenschaft waren und die in zerstörten Städten wohnen, deren Wiederaufbau die ganze Aufmerksamkeit der Eltern erforderte. Sie gingen ein paar Stunden am Tag in die Schule, aber um Schularbeiten kümmerten sie sich wenig. So entstand eine Art „Kontrolloch“, in dem die Jahrgänge aufwuchsen, die 1957/58 die sogenannten Halbstarkenkrawalle inszenierten. Halbstarke waren Arbeiterjugendliche, die ihr diffus empfundenes Unbehagen in Randale und Krawall umsetzten.

Zehn Jahre später meldeten sich aus denselben Jahrgängen die Mittelschichtkinder. Ein Teil von ihnen entfachte die Studentenprotestbewegung der 60er Jahre. Diese Jahrgänge wuchsen im gleichen Kontrolloch auf.

Doch dieses Kontrolloch war eine Ausnahmeerscheinung, die bald durch ein zunehmend enger werdendes Netz der Kontrolle wieder zugezogen wurde. Dabei änderte sich die Form der Kontrolle allerdings wesentlich: Gegenüber dem patriarchalischen Stil der Nazizeit und relativ repressiver Erziehung in den 50er Jahren entstand in den 60er Jahren eine Form von Kontrollen, die sich zunehmend zur Betreuung oder zum fürsorglichen Verwaltungshandeln wandelte. Dieses ist vornehmlich am Kinderspiel zu belegen, das in den unmittelbaren Nachkriegsjahren frei, ja wildwüchsig war und seitdem zusehends auf freilich sanfte, weiche Art kontrolliert wird durch professionelle Einrichtungen: Durch Kinderkrippen und Kindergärten, pädagogisch behütete Spielplätze und Kindertagesstätten, also alles

Einrichtungen, die auf irgendeine Weise „betreuen". In diesen Einrichtungen arbeiten Spezialisten und Experten. Die Entwicklung der Erziehung von 1945 bis heute ist also als Weg vom „Kontrolloch" zur Kontrolle durch Autorität bis zur Kontrolle durch Erziehungsexperten beschreibbar.

Der Erziehungsexperte erwirbt seine Kompetenz auf einer Fach- oder Hochschule. Dort wird er nach wissenschaftlichen Maßstäben für den Erziehungsberuf ausgebildet. Hinter dem professionellen Erzieher steht somit Wissenschaftsorientierung.

Wissenschaftsorientierung hat fraglos positive Seiten. Sie vermag das Wissen über Erziehungsprozesse über Ziele und Methoden, ihre Folgen und Wertungen, zu vervollständigen und Erziehungsideologien entgegenzuwirken.

Professionalisierung hat aber auch eine andere Seite, die seit den 60er Jahren ihren Verlauf nahm. Die Erziehertätigkeit wurde zunehmend spezialisiert. Es gibt nun einen Erzieher für Abenteuer auf dem Abenteuerspielplatz. Es gibt Spezialisten für Rollenspiele oder Kreativitätsförderung, um nur einige Spielarten der neuen Erziehungsexperten zu nennen.

Neben dem Lehrer, bei dem die Spezialisierung in der ausschließlichen Verantwortlichkeit für den Unterricht begann, gibt es nun mehr und mehr Erzieher, die vor, neben und nach dem Unterricht die Kinder betreuen und verwalten.

Diese expertistische Spezialisierung ist eher als ein Fallstrick denn als Fortschritt einzuschätzen, was wir am Beispiel des Lehrers noch deutlicher machen wollen.

Mit der Professionalisierung rückte ein Typus von Fachwissen in die Lehrerausbildung, der Teil der technologischen Kultur des Rationalismus ist und der die „volkstümliche Bildung" verdrängte, ohne an deren Stelle etwas Neues zu setzen. Der professionelle Wissenstypus ist Expertenwissen. Er *trennt die Welt mehr und mehr auf in Experten und Laien,* ein Prozeß, der auch Erzieher und Lehrer betrifft und sie nicht nur zu Experten werden läßt, sondern paradoxerweise gleichzeitig auch dequalifiziert. Denn curriculares Wissen, als Wissen über Unterrichtsplanung, wurde im Zuge der Professionalisierung immer mehr in zentrale Einrichtungen der Curriculumentwicklung zusammengefaßt, in der Kultusbürokratie wie in Instituten. Damit passierte eine tendenzielle Trennung von curricularer Vorplanung und unterrichtlicher Ausführung, wobei die Lehrer zunehmend von der Vorplanung ausgeschlossen wurden. Das Planungswissen wurde von der Praxis abgezogen und zentralisiert und in zu Expertenwissen verwandelter Form an die Lehrer zurückgegeben. Im Gang durch die Bürokratie unterlag es selbst der Bürokratisierung. Da auf diese Weise außerdem neue Möglichkeiten „sachlicher" und zentraler Kontrolle durch gelenkte Weitergabe zentralisierten Wissens entstanden, trifft jetzt auch den Lehrer, was Illich „entmündigende Expertenherrschaft"[4] genannt hat.

Die Expertisierung des Erzieherischen kann eine Entpersönlichung der zwischenmenschlichen Beziehung zur Folge haben. Denn die ethische Verpflichtung auf das Wohl der Klienten äußert sich nicht notwendig in mehr Einfühlungsvermögen oder gar Opferbereitschaft. Professioneller Dienst am Menschen ist häufig nur Dienst am Kunden, dem man ja nur vormacht, daß er König ist. Er führt zudem in neue Abhängigkeiten, weil Wissen nicht selbst angeeignet, sondern von anderen „bezogen" werden muß. Als Klient wurde im alten Rom nicht umsonst ein Höriger oder Halbfreier bezeichnet, der seinem Patronus Gefolgschaft schuldete – wofür dieser ihn in Not und vor Gericht schützen mußte. Die Formen professioneller Kontrolle sind besonders subtil, werden sie doch von Experten ausgeübt, denen es um „affektive Absicherung kognitiver Lernprozesse" – oder ähnlich schwer verständliche oder offenbar notwendige Dinge geht. Charakteristisch ist, daß sich die Personen dabei gern hinter Regeln und Verfahrensweisen verstecken, wobei die moderne Selbstverpflichtung auf Klientenorientierung nicht selten benutzt wird, um das eigene Engagement beträchtlich zu halten. Der Kommunikationsstil wird entsprechend unverbindlicher. In Büros, Sprechzimmern und eben auch in Schulen hört man immer mehr Sätze wie: „Ich schlage vor, daß wir jetzt“, „Möchtest du vorlesen ...“ oder das bekannte „Ich würde sagen ...“ Alles Anzeichen dafür, wie das persönliche Engagement zurückgenommen wird und sich hinter Verfahren und Redewendungen verflüchtet.

Zu den Lehrern gesellen sich die neu erstandenen professionellen oder halbprofessionellen Kinderbetreuer, wie Spiel- oder Sozialpädagogen und die Fachlehrer in der Grundschule. Experten, Spezialisten für Pädagogik greifen mit Erziehungstechnologien in naturwüchsige und eigentlich selbstverständliche Sozialisationsprozesse ein.

Eltern werden dadurch ihrer Erziehungsfähigkeit tendenziell enteignet. Verunsichert suchen sie Rat bei Experten. Wie nie zuvor machen sie sich über Schule, Erziehung und Lernen Gedanken, lesen populärwissenschaftliche pädagogische Untersuchungen. Sie lesen dort, daß viele Fehlentwicklungen in der frühen Kindheit angelegt sind und fürchten nun ständig, etwas falsch zu machen. Davon profitieren die Professionellen, die Experten. Der Beratungsmarkt blüht, bereits 1976 gab es auf dem Buchsektor ca. 10000 Elternratgeber allein für den Bereich der Kindermedien[5].

Kaum eine Tätigkeit oder Äußerung von Kindern bleibt dem spezialisierten Psychologen oder Pädagogen verborgen. Schnell sind dazu didaktische Einheiten, Erziehungsstrategien oder kompensatorische oder emanzipatorische Programme entwickelt. Programme und Verfahren, das sind wohl die wesentlichen negativen Resultate der Professionalisierung.

Fassen wir die Ergebnisse zusammen, so ergibt sich, daß neue Bedingungen für die Herausbildung von Sozialcharakteren entstanden sind:

- die Reduktion von Eigentätigkeit,
- die Mediatisierung der Erfahrungen,
- die Expertisierung der Erziehung.

2 Verändertes Zeit- und Raumerleben

Das aufwachsende Kind findet das Material für seine Kulturarbeit, die Aneignung der symbolischen und materiellen Kultur, vor allem in den Bereichen, die wir im Teil II vorgestellt haben. Die beschriebenen Gegenstände und Symbolisierungen sind für sich bedeutungsvoll und stellen den Bedingungsrahmen für die Sozialisation dar. Doch dies ist nur eine Seite. Ganz wesentlich, so ergab die Analyse, bestimmt die Art und Weise, wie sich das Kind das Material aneignet, die Persönlichkeitsentwicklung. Das Kind wird nicht nur sozialisiert, sondern sozialisiert sich so gesehen zum Teil auch selbst.

Die allgemeinsten Organisationsprinzipien der Persönlichkeitsentwicklung sind Zeit und Raum:

- In der Zeit organisiert sich die „Aufschichtung" der Erfahrungen in einem Nacheinander, d. h. in einer Reihenfolge.
- Im Raum organisiert sich die Lebenswelt, das Nebeneinander.

Das Verständnis von Zeit und Raum hat sich insbesondere seit 1960 stark verändert. Es handelt sich allerdings um säkulare Trends, die in dem hier zu behandelnden Zeitraum nicht entstanden sind, wohl aber sich dramatisch beschleunigen. Beide Organisationsprinzipien von Sozialisation, deren Veränderung und deren Bedeutung für veränderte Sozialisationsprozesse werden wir im Folgenden darstellen.

2.1 Zeiterleben

„Zeit ist das Leben, und das Leben wohnt im Herzen", so heißt es im Klappentext des Bestsellers „Momo" von Michael Ende. In „Momo" geht es um das Rätsel „Zeit", „... das nachdenkliche Kinder und Erwachsene, die noch nicht verlernt haben, sich über das scheinbar selbstverständliche zu wundern, gleichermaßen beschäftigen kann"[6].

Auch wir wollen die Zeit nicht als etwas Selbstverständliches nehmen, sondern Zeit, genauer Zeiterleben und Zeitordnung als etwas Soziales untersuchen. Wir wollen zeigen, wie sich das Zeiterleben gewandelt hat, welche Triebkräfte dabei wirksam waren und was der Wandel des Zeiterlebens für Sozialisation bedeutet.

Unser Bewußtsein von Zeit richtet sich nach Kalender und Uhr. Der im wesentlichen auch heute noch gültige Kalender ist der Julianische, der von Julius Cäsar eingeführt wurde. Er hatte sich hierfür den ägyptischen Astronomen und Mathematiker Sosigenes kommen lassen, der eine Zeitgliederung aufgrund von Sonnen- und Sternbeobachtungen entwickelt hatte. Die folgende Beschreibung zeigt, wie bei der Zeiteinteilung des Julianischen Kalenders auch Willkür und Machtfragen eine Rolle spielten:

„Cäsar führte nun im Jahre 46 v. Chr. diesen Kalender mit einigen wesentlichen Änderungen ein. Während die Ägypter 12 Monate mit 30 Tagen hatten und dann 5 Tage feierten, um das Jahr vollzumachen, hielt Cäsar diese 5-Tage-Feier für unpraktisch. So nahm er vom Februar als dem damals letzten Monat des Jahres einen Tag weg und hatte nun im Jahr insgesamt 6 Tage, die er den 6 ‚ungeraden‘ Monaten von Januar bis November hinzufügte. Der Februar als Ausnahme hatte damit 29 und in den Schaltjahren 30 Tage. Außerdem verlegte er den Anfang des Jahres vom 1. März auf den 1. Januar. Um den Übergang zum neuen Kalender zu realisieren, mußte das Jahr 46 aus 445 Tagen bestehen, was durch 23 Zusatztage im Februar und 67 Zusatztage zwischen November und Dezember verwirklicht wurde. Nach diesem ‚Jahr der Verwirrung‘ war dann kalendarisch alles in Ordnung.

Zwei ergänzende Merkwürdigkeiten müssen aber erwähnt werden, weil sie zeigen, in welchem Maße das Kalenderzeitmachen eine Macht- und Prestigefrage war und von welcher Cäsarlaune unser heutiger, für das 20. oder 21. Jahrhundert eigentlich nicht mehr als funktionell zweckmäßig anzusehender Kalender mitgeformt wurde.

Bald nach Cäsars Tod veranlaßte Mark Antonius, daß der Name des nach alter Zählung fünften Monats, in dem Cäsar geboren war, nämlich Quintilis (= 5), zu Ehren Julius Cäsars in Juli umbenannt wurde. Als aber Augustus Kaiser wurde, sah er mit Eifersucht auf alles, was Cäsar getan hatte, auch auf dessen Ehrung im Kalender. Seinem Stolz entsprach es, im Jahr 8 n. Chr. einen anderen Monat nach sich selbst zu benennen, und so wurde aus dem alten 6. Monat Sexitilus der August. Nur konnte es Augustus nicht ertragen, daß dieser Monat im Sinne der regelmäßigen Abfolge von 31- und 30-Tage-Monaten einen Tag weniger hatte als der Monat Cäsars. Konsequenterweise bekam nun der August ebenfalls 31 Tage, und jeder Schüler muß nun den hübschen Merkvers lernen (wie im Englischen) oder die Knöchel der nebeneinanderliegenden Hände abzählen, um sich die unregelmäßige Folge der Monatslängen einzuprägen. Der ergänzende Augusttag wurde dem Februar weggenommen, der nurmehr noch weiter auf 28 (29) Tage schrumpfte“ (Wendorf, R., 1980, S. 74, 75).

Die Überwachung des Kalenders oblag dem Pontifex maximus, dem Vorsteher des altrömischen Priesterkollegiums, und wurde als politisch bedeutsame Angelegenheit angesehen. Die Einhaltung des Kalenders, d. h. die einheitliche Zeitmessung, war einfach notwendig, um die Verwaltung des riesigen römischen Reiches zu ermöglichen. Die Vereinheitlichung der Zeit erfolgte somit als Antwort auf Zentralmachtprobleme.

Neben dem Kalender bestimmten Sonnen- und Wasseruhren den römischen Alltag.

„Man gebrauchte Uhren bei Gericht, im Heerwesen, bei der Post, später auch zur Realisierung und Kontrolle von Wasserordnungen, nach denen es z. B. nur zu bestimmten Zeiten erlaubt war, Trinkwasser zu entnehmen. Sklavenarbeiten wurden mit Hilfe der Wasseruhren kontrolliert, und Herodicus Atticus ließ mit Hilfe der Wasseruhr die Arbeitsnorm für Schreibarbeiten feststellen: Wieviel Minuten durften im Normalfall und für die genaue Bezahlung aufgewendet werden, um 100 Zeilen zu schreiben?“ (ebenda, S. 76).

Die Uhr wurde zum wichtigsten Instrument der Zeitgliederung. In der Form, in der wir sie täglich mit uns tragen, nämlich als Taschen- oder Armbanduhr, gibt sie es erst seit Ende des 18. Jahrhunderts. Vorher wurde die Zeit mit Turm- oder Standuhren angezeigt, davor durch die gerade erwähnten Wasseruhren. Und noch früher gab es Epochen, in denen kamen die Menschen ganz ohne Uhren aus.

Historische und kulturanthropologische Untersuchungen beschreiben, wie das

Zeitgefühl mit den vertrauten Vorgängen des Arbeitszyklus oder der Hausarbeit verbunden ist. Der Tag in der vorindustriellen Zeit begann mit dem Sonnenaufgang. Die weitere Tageszeit bestimmte den Arbeitsrhythmus, wie z. B. das Melken oder der Viehtrieb. Das Tagesende kündigte sich mit der anbrechenden Dunkelheit an.

Die Jahreszeiten waren allen durch die Wachstums- und Arbeitszyklen und die Wetterlage bekannt.

Das Zeitverständnis in dieser agrarisch-vorindustriellen Lebenswelt richtete sich nach Tag und Nacht, Sommer und Winter, kurz: Das Zeiterleben lag im Rhythmus der Natur. Das Frühjahr begann also z.B. nicht mit einem bestimmten Datum, sondern mit bestimmten Arbeiten, z.B. aussäen. Das Zeiterleben war deshalb ein zyklisches. Eine Zeiteinteilung, die sich von den natürlichen Phasen unabhängig machte, gab es lange Zeit nur im sakralen Bereich[7], ermöglicht durch die mechanische Uhr mit Rädern, Gewicht und Hemmung.

In den Klöstern verwirklichte sich zuerst das pünktlich geordnete Leben. Voraussetzung war das technische Prinzip, die Zeit präzise in kleinen Einheiten zu erfassen. Die mittelalterliche Räderuhr realisierte dieses Prinzip. Mit einem Gewicht wurde der Antrieb betätigt, dessen Kraftabfluß durch „Hemmung“ einmal gebremst, dann wieder freigegeben wurde.

Mit dieser Technik wird die Zeit sozusagen zerhackt, was auch das wesentlich Neue der mittelalterlichen Räderuhr ist. Mit ihr wird die Zeit in meßbare Einzelteile zerlegt.

Sehr schnell, noch in der ersten Hälfte des 14. Jahrhunderts, wurde das Uhrwerk mit einem Schlag gekoppelt. Jedermann konnte nun ein neutrales Stundensignal hören, ob in der Werkstatt oder auf dem Acker in der Nähe von Dorf und Kirchturm.

Die Untergliederung des Tages ist nun nicht auf ein technisches, mathematisches Problem reduzierbar, sondern im Wechselspiel von Traditionen, Gewohnheiten, sozialen Bedürfnissen und naturwissenschaftlichem Denken begreifbar. Die Durchsetzung einer linearen Zeitvorstellung hat in unseren Breiten immerhin so viel

Schwierigkeiten bereitet, daß sie mehr als ein Jahrhundert gedauert hat (vgl. ebenda, S. 147).

Mit einem veränderten Zeitdenken mußte schließlich ein grundlegendes Organisationsprinzip von der Lebenswelt verändert werden. Mit dem Anwachsen der gesellschaftlichen Arbeitsteilung, Verflechtung der Märkte, durch bürokratische Regulierungen und Ausweitungen des Verkehrs wurde eine allgemeingültige Zeiteinteilung immer notwendiger. Die in Agrargesellschaften charakteristische aufgabenorientierte Zeitmessung blieb lediglich für Bauern und in kleinen Werkstätten ohne weitgehende Arbeitsteilung bestehen.

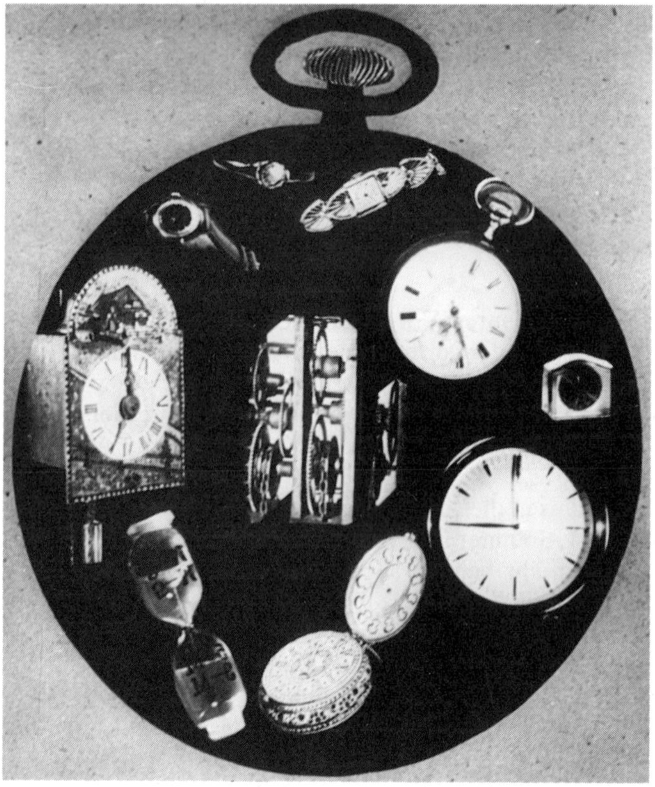

Solange noch in kleinen Werkstätten oder in Heimarbeit produziert wurde, beherrschte die Orientierung an den Aufgaben weithin den Arbeitsprozeß (vgl. Thompson 1973, S. 88). Holen, Bringen und das Warten auf Material, der eigene Hausbau oder die Feldarbeit ließ keine Synchronisation des Arbeitsprozesses zu. Auszüge aus dem Tagebuch eines bäuerlichen Webers bringt uns die Natur des Arbeitsalltags im 18. Jahrhundert etwas näher:

„Im Oktober 1782 war er neben dem Weben noch immer mit dem Einbringen der Ernte und dem Dreschen beschäftigt. An einem regnerischen Tag wob er etwa 8½–9 Ellen; am 14. Oktober lieferte er sein fertiges Stück ab und webte daher nur 4¾ Ellen; am 23. arbeitete er bis 3 Uhr auf dem Feld, webte 2 Ellen bis Sonnenuntergang und – flickte abends meinen Rock –. Am 24. Dezember: – webte 2 Ellen vor 11 Uhr. Ich schichtete die Kohlen auf, reinigte die Decke und die Wände der Küche und legte den Misthaufen an bis 10 Uhr nachts –. Außer über Erntearbeit, Dreschen, Buttern, Grabenziehen und Gärtnern finden wir folgende Einträge: 18. Januar 1783: Ich richtete einen Verschlag für das Kalb her und schaffte die Kronen von drei Platanen nach Hause, die am Wege wuchsen und an diesem Tag geschlagen und an John Blagbrough verkauft wurden. 21. Januar: Webte 2¾ Ellen; da die Kuh gekalbt hatte, brauchte sie viel Pflege. (Am nächsten Tag ging er zu Fuß nach Halifax, um eine Medizin für die Kuh zu kaufen.) Am 25. Februar webte er 2 Ellen, ging zum nahen Dorf und verrichtete verschiedene Arbeiten an der Drehbank und auf dem Hof und schrieb am Abend einen Brief. Andere Beschäftigungen umfaßten Gelegenheitsarbeiten mit Pferd und Wagen, Kirschenpflücken, Arbeit an einem Mühlendamm, Teilnahme an einer Baptistenveranstaltung und einer öffentlichen Hinrichtung durch den Strang" (Thompson 1973, S. 89).

Zu dem unregelmäßigen Arbeitsrhythmus gesellte sich, fast als Selbstverständlichkeit, der „Blaue Montag", vor allem durch die ausgiebige Zeche am Wochenende.

Der unregelmäßige Arbeitsrhythmus führte zu Disziplinierungsmaßnahmen, durch die aufstrebenden Fabrikbesitzer. Kontrollkarten, Aufseher, Denunzianten und Fabrikstrafen wurden wirksame Mittel, die Arbeiter an ein lineares Zeitgefühl zu gewöhnen.

Neben Fabriken gewöhnten vor allem Schulen an den sparsamen Umgang mit der Zeit. Erst seit Ende des 18. Jahrhunderts stehen Ermahnungen zur Pünktlichkeit und Regelmäßigkeit in allen Schulordnungen.

Die Durchsetzung der neuen Zeitdisziplin ging nicht ohne Widerstand von sich. Nicht mehr gegen, sondern um die Zeit wurde gekämpft.

„Der ersten Generation Fabrikarbeiter wurde die Bedeutung der Zeit von ihren Vorgesetzten eingebläut, die zweite Generation kämpfte in den Komitees der Zehn-Stunden-Bewegung für eine kürzere Arbeitszeit, die dritte schließlich für einen Überstundenzuschlag. Sie hatten die Kategorien ihrer Arbeitgeber akzeptiert und gelernt, innerhalb dieser Kategorien zurückzuschlagen. Sie hatten ihre Lektion – Zeit ist Geld – nur zu gut begriffen" (ebenda, S. 97).

Mit der Ausdehnung der Mechanisierung wurde die Zeitgliederung für die einzelnen Arbeitsgänge den Arbeitern letztendlich aus den Händen genommen, die Maschine bestimmt sie jetzt. Besonders deutlich wird dieser Vorgang bei der Fließbandarbeit. Der Arbeiter ist nur noch ein Anhängsel des Maschinentaktes.

Die Zeiterfahrung wird dadurch von der Arbeit und vom Produkt getrennt, sie wird zu einer abstrakten Erfahrung, eine physikalische Größe, ähnlich dem metrischen Längenmeßsystem.

Mit der kapitalistischen Industrialisierung setzt sich noch eine weitere folgenreiche Veränderung im Zeiterleben durch: Die Zeit wird knapp. Auch als sich der allgemeine Gebrauch von Uhren schon durchgesetzt hatte, war immer noch Zeit für Feste und Müßiggang vorhanden.

„Knapp war die Zeit erst in dem Augenblick, wo sie mit dem Geld in Berührung kommt. Denn erst wenn die Zeit Geld geworden ist, kann man von ihr nicht genug kriegen. Dann erst wird mit der Zeit gewirtschaftet. Zeit zu sparen, wird dann ebenso wichtig wie Geld zu sparen, weil beides unmittelbar füreinander einstehen kann"[8].

Die Erfahrung, daß Zeit knapp ist, bleibt nicht nur in der Produktionssphäre bedeutsam. Der Termindruck setzt sich im gesamten Lebenslauf durch. Man zerstückelt sich den Tag und füllt ihn mit Terminen aus. Eine Uhr ist für uns hierbei unentbehrlich geworden. Kinder unterliegen heute mehr als vor einigen Jahrzehnten der Zeitökonomie und den Zeitdifferenzierungen.

Schon im Vorschulalter erhalten heute die meisten Kinder eine Uhr. In den unmittelbaren Nachkriegsjahren war dies noch anders. Damals besaßen Kinder keine Uhren; sie wurden ihnen vielmehr am Ende der Kindheit, z. B. zur Konfirmation, geschenkt – sicherlich ähnlich den Ritualen, mit Symbolen den endgültigen Abschluß der Kindheit zu markieren.

Kinder haben heute weniger Zeit, zumindest weniger frei verfügbare Zeit. Sie benötigen jetzt eine Uhr, um die vielfältigen Anforderungen ihres Terminplanes koordinieren zu können: Die betreute Freizeit, Kinderfeste und Musikunterricht, die festen Sendezeiten der beliebtesten Fernsehsendungen, Freiluftsport und Schwimmunterricht, Freundes- und Verwandtenbesuche müssen miteinander und auch noch mit dem Autofahrplan ihrer Eltern abgestimmt werden. Die von der Werbung genährte Haltung, alle Angebote wahrnehmen zu müssen, macht die Zeit ebenfalls knapper. Die Schule mit ihrem komplizierter gewordenen Stundenplan (transportgerecht variabler Schulanfang, Fachunterricht in der Grundschule und parallele Fördergruppen) tut ein übriges, um den Kindern ein Gefühl von Zeitknappheit zu geben und sie auf die kommerzialisierte Zeitstruktur vorzubereiten, die in der spätbürgerlichen Gesellschaft vorherrscht[9].

Linder hat nachgewiesen, daß die zunehmende Zeitverknappung nicht nur darauf zurückzuführen ist, daß aufgrund gesteigerter Produktivität die Arbeitszeit teurer geworden ist. Er legt überzeugend dar, daß nicht nur das Produzieren, sondern auch das Konsumieren Zeit in Anspruch nimmt. Zumindest für Verbrauchsgüter gilt, daß deren „Konsum Zeit konsumiert“[10].

„Je mehr Konsumgüter angeboten werden und desto häufiger auch noch solche Dienste hinzukommen, die ebenfalls für den Konsum bestimmt sind, desto rarer wird die Zeit. Zeit wandelt sich in der Konsumgesellschaft zu einer Ressource, mit der man haushalten muß. Sie stellt im wirtschaftlichen Sinne ein knappes Gut dar (...). In diesem Fall ist sie aber den Gesetzen unterworfen, die in der Welt der Wirtschaft gelten“[11].

Diese kommerzialisierte Zeitökonomie regelt inzwischen auch den Rhythmus, in dem Kinder leben und aufwachsen. Noch in der Nachkriegszeit haben Kinder die Zeit wesentlich als „natürliche“, in jedem Fall als nicht standardisierte erlebt, als Zeit-Räume, „die für einzelne Handlungsabläufe oder Tätigkeiten benötigt werden und sie sich von anderen Zeiten qualitativ unterscheiden, die für andere Handlungsabläufe oder Tätigkeiten erforderlich sind“[12].

Zeit ist schematisierte, befristete und budgetierte Zeit – und wird als solche auch erfahren. Gegen solcherart terminierte Zeit grenzt sich für Kinder im gleichen Atemzug so etwas wie Exklusivzeit ab, d. h. frei verfügbare Zeit. Diese konzentriert sich in der Regel auf das freie Wochenende und den Urlaub. Exklusiv ist diese Zeit für viele Kinder auch deshalb, weil sie die einzige Zeit läßt, zu der sich Eltern voll auf die Kinder verlassen und sie nicht ihrer eigenen terminierten Zeit unterordnen.

Mit der Terminierung der Zeit geht eine Zukunftsorientierung einher, die zunehmend abstrakter wird. Sie zeigt sich vor allem in der Schule, deren Alltag die Kinder oft weniger anzieht als die Verheißung eines künftigen Abschlusses. Die Zukunftsorientierung nimmt so immer mehr die Form des Wartens an: Warten auch *im* Auto oder in der Straßenbahn, nicht nur *auf* das Auto oder die Straßenbahn; denn die Fahrt ist ja in aller Regel Beförderung, d. h. Überbrückung von Wartezeit. Gewartet wird auch auf die beliebte Fernsehsendung und auf das verlängerte Wochenende ebenfalls. „Die Hälfte seines Lebens wartet der Mensch vergebens“ – ein Soldatenspruch, der heute auch für die Kindheit gilt.

Diese Wartezeit steht in Spannung zum sich verstärkenden Wunsch nach Unmittelbarkeit, nach dem Auskosten des Hier und Jetzt. Dieser Wunsch nach Unmittelbarkeit wird gespeist durch Warenwerbung, die gegen Sparen und Aufschub aufruft, und durch die neuen Massenmedien, vor allem durch das Fernsehen.

Die Erfahrung, daß Zeit knapp ist und produktiv und intensiv genutzt werden muß, vermitteln vor allem ehrgeizige Eltern. Diese haben im Zuge der Erziehung Angst bekommen, daß sich die Entwicklung ihrer Kinder verzögern könnte. Also beginnen sie frühzeitig mit Fördermaßnahmen. Kindheit wird so schon in der frühesten Phase mit Zeitdruck begleitet.

2.2 Raumerleben

Ähnlich dramatisch wie das Zeiterleben hat sich das Raumerleben gewandelt.

Vor allem das aktive Aneignen des alltäglich genutzten Raumes, von Muchow[13] Streifraum genannt, ist für die Persönlichkeitsentwicklung von grundlegender Bedeutsamkeit. Bahrdt[14] hält es deshalb für unverzichtbar, daß ein Kind „selbständig die räumliche Distanz in eigener Regie überwindet und damit aus eigener Kraft die Brücke zwischen den heterogenen, ihm zugemuteten Rollen schlägt, indem es den Schulweg nicht an der Hand der Mutter oder im Auto neben der Mutter sitzend, zurücklegt, sondern allein. Bei dieser autonom vollzogenen Vermittlung zwischen zwei Rollen hat es gleichzeitig die Chancen, sich ein drittes Feld sozialer und räumlicher Umwelt zu erschließen, die Quartiersöffentlichkeit, wie sie sich auf den Straßen und Plätzen repräsentiert. Wir wissen, daß unsere Wohnviertel diese Chance des selbständigen Überschreitens jener Schwelle, die die räumliche Binnenwelt der Familie von der Außenwelt trennt, in immer geringerem Maße bieten. Die Schulwege sind zu gefährlich. Oft sind sie zu weit oder zu langweilig. Das heißt sie haben nicht die Funktion, die sie im Sozialisationsprozeß haben könnten. Sie bieten dem Kind nicht die Chance, in eigener Regie Außenwelt als ein Stück eigenständiger, qualitativ von der Familiensphäre unterschiedener städtischer Umwelt zu erschließen ... So wie sich im Augenblick unsere Städte entwickeln, bedeutet die Quartiersstruktur eine wachsende Freiheitsberaubung für Kinder“[15].

Daß der Raum heute anders als in der unmittelbaren Nachkriegszeit erlebt wird, liegt vor allem daran, daß er seitdem bis zur Unkenntlichkeit umgeformt wurde, was jeder heute etwa Vierzigjährige eindrucksvoll erfahren kann, wenn er das Quartier und die Streifräume seiner Kindheit nach längerer Abwesenheit wieder einmal aufsucht.

Die Straßen sind glatter und gerader, kurz, autogerechter geworden – und damit unbespielbarer. Viele kleine Läden und Handwerksbetriebe haben zugemacht. Der Lebensraum wurde urbanisiert – 1950 wohnten noch 25,5% der Bevölkerung in Orten mit weniger als 2000 Einwohnern, heute sind es nur noch 7,9%; dafür lebten 1950 ca. 46% der Bevölkerung in Städten mit mehr als 20000 Einwohner, heute sind es immerhin rund 60%[16].

Wenngleich in diese Statistiken kleine Ungenauigkeiten eingehen, die durch die nach 1970 vorgenommenen Gemeindegrenzenreformen verursacht werden, zeigen sie doch einen deutlichen Trend vom Dorf zur Stadt.

Die Urbanisierung bedeutete nicht notwendige Industrialisierung des dörflichen Raumes. Vieles ist auf dem Lande auch heute noch anzutreffen, was in den Städten durch Industrialisierung verändert wurde oder sogar verschwand[17].

Funk kann belegen, daß periphere ländliche Regionen nicht einfach industrialisiert, sondern selektiv für einzelne Funktionen umgenutzt wurden. Solche Umnutzungen gehen aus:

- „von der Industrie zur Auslagerung arbeitsintensiver Teilfertigungen in die peripheren Regionen mit niedrigem Lohnniveau;
- von der Energieversorgung als günstigen Standort für Atomkraftwerke ...;
- von den Bewohnern der Städte als Freizeit- und Erholungsmöglichkeit ...;
- von den Ökologen als Wasser und Luftreservoir oder
- von den Rentnern, Pensionären und Altenheimplanern als Rückzugsmöglichkeit aus den teuren städtischen Wohnorten“[18].

Dort, wo Urbanisierung und Industrialisierung des Raumes stattfanden, haben sich die Streifräume der Kinder erheblich verändert.

Wie Muchow für die 30er Jahre beschreibt und wie es auch noch für die 50er Jahre gilt, eigneten sich die Kinder ihre Streifräume in konzentrischen Kreisen an.

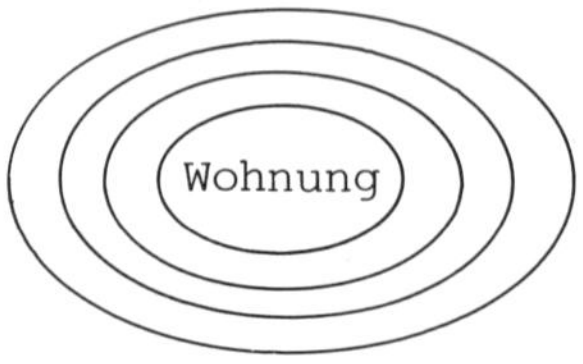

Erweiterung der Streifräume
in den Vorkriegsjahren
und in den 50er Jahren.

Von der eigenen Wohnung ausgehend, erkundeten sie nach und nach die weitere Umgebung.

Die heutigen Streifräume sind – jedenfalls in der Großstadt – nun nicht unbedingt kleiner geworden, wie man auf den ersten Blick meinen könnte, also auf Wohnung und Kinderzimmer geschrumpft. Sie wurden gleichzeitig erheblich erweitert, haben allerdings eine vollkommen neue Form angenommen, die am ehesten noch als Leben auf mehreren Inseln zu beschreiben ist.

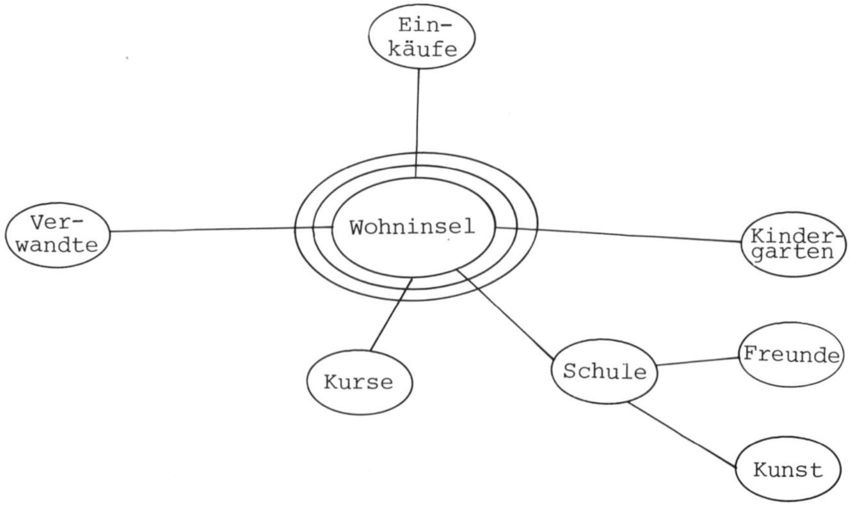

Die „Wohninsel" ist der Ausgangspunkt für zahlreiche Ausflüge zur „Kindergarteninsel", später zur „Schulinsel", zu den Inseln, wo die Spielkameraden wohnen oder die Verwandten, die Inseln, wo eingekauft wird usw. Die Entfernungen zwischen den Inseln werden mit dem Auto oder einem öffentlichen Verkehrsmittel zurückgelegt. Der Raum zwischen den Inseln verschwindet, verdünnt sich zum erlebnisarmen „Zwischenraum"[19]. Dieser wird nicht mehr zum Spazieren, Schlendern oder Spielen genutzt, sondern nur noch überbrückt. Im Extrem versinkt der „Zwischenraum" sogar, nämlich in Großstädten mit U-Bahnen, wo er zur Röhre wird, durch die man befördert wird, um anschließend auf einer anderen Insel wieder aufzutauchen.

Von Urlaubsreisenden in den USA wird eine Geschichte erzählt, die noch eine andere Seite dieses Aspekts des neuen Raumerlebens illustriert: In den USA sind die Motels weitgehend standardisiert: Betritt man ein Zimmer, befindet sich in der Regel auf der einen Seite das Fernsehgerät und auf der anderen das Kingsize-Doppelbett und in einer Ecke das Bad und die Kaffeemaschine. Und es soll Kinder geben, die wochenlang mit ihren Eltern durch die USA gereist sind, von den Rocky Mountains bis zu der weiten Deltamündung des Mississippi, und die glaubten, sie wären die ganze Zeit im selben Hotel gewesen, auf einer Wohninsel, und hätten nur unterschiedliche Tagesausflüge gemacht.

Schivelbusch[20] hat die Entstehung eines anderen Aspekts des neuen Raumerlebens an der Geschichte der Eisenbahnreise untersucht. Mit der Eisenbahnreise, deren Geschwindigkeit ein Mehrfaches der Pferdekutsche beträgt, geschah es wohl zum ersten Mal, daß Räume und Landschaften an einem vorbeirauschten. Schivelbusch nennt dies „panoramatisches Raumerleben". Bezeichnend dafür sind Flüchtigkeit und die Unmöglichkeit, Details zu erkennen, innezuhalten oder zurückzublicken, aber auch das erhebende Gefühl, das Ganze zu erfassen, Überblick zu haben, ein Gefühl, das allerdings im großen und ganzen trügt.

Schivelbusch verweist ferner auf die Tendenz dieses panoramatischen Raumerlebens, die Unterschiede unterschiedslos werden zu lassen und er betont die Verflüchtigung der nahegelegenen Objekte durch die Geschwindigkeit; letzteres bedeute das „Ende des Vordergrundes, jener Raumdimension, die wesentliche Erfahrung vorindustriellen Reisens ausmacht ..., so trennt die Geschwindigkeit ... den Reisenden vom Raum, dessen Teil er bis dahin gewesen war"[21].

Diese Art panoramatischen Sehens ist in jüngster Zeit ein Massenphänomen geworden für Kinder, die mit dem Pkw ihrer Eltern, mit Straßen- oder U-Bahn von „Streifinsel" zu „Streifinsel" gefahren werden.

In den Gruppeninterviews kam der Wandel des Raumerlebens anschaulich zur Sprache:

Frau A.: Also, ich kann das wirklich nicht nachvollziehen, welche Empfindungen jetzt beispielsweise mein Sohn haben muß. Er wird mit Sicherheit ein anderes Landschaftserleben haben als ich. Mein Landschaftserleben ist noch geprägt von einem Feld, weil ich auf dem Feld arbeiten und durfte mit all' dem, was darin ist – und dem Duft und dem Geruch und eine Wiese und ein Baum oder zwei Bäume ... Das waren ziemlich begrenzte Räume, die ich aber ganz genau kannte, bis auf jeden Maulwurfshügel oder so. Und später – als ich in den Trümmern spielte – kannte ich auch jeden Sims, über den man klettern konnte, jede Möglichkeit, irgendwo hinzukommen, jeden Busch, jeden Strauch. Eckhard z. B. hat das ja gar nicht mehr, er hat weder Busch noch Strauch, er lebt ja nun mitten in der Stadt und da ist Straße und er benutzt sein Fahrrad, um seine Freunde zu besuchen. Er legt dann eine Strecke über mehrere Straßen zurück, aber von Landschaftserleben kann keine Rede sein. Ich z. B. verbringe meinen Urlaub so, daß ich mir einen Rucksack nehme und in eine Gegend fahre, die ich gerne erkunden möchte und da mit den öffentlichen Verkehrsmitteln oder zu Fuß herumreise und mich überall da niederlasse, wo es mir gefällt, und sei es im Schlafsack irgendwo. Ich kann mir das bei meinem Sohn schon gar nicht mehr vorstellen, daß ihm das überhaupt gefällt, weil so die Landschaft, die ich dann sehe oder über die ich mich freue, oder Architektur, oder was auch immer, oder Menschen, eine Kneipe oder so, fürchte ich, wird ihn gar nicht mehr interessieren. Er würde wahrscheinlich in die Disco gehen wollen.

Interviewer: Die sehen ja überall fast gleich aus, egal, in welcher Landschaft sie stehen.

Frau K.: Ja, ja, die sehen überall ziemlich gleich aus, und die spielen überall die gleiche Musik.

Herr D.: Und das hängt genau mit der Erfahrung und Zerstörung von Streifräumen und Umwelt zusammen, die wir so intensiv gemacht haben, weil wir genau diese Phasen miterlebt haben. Unsere Kinder haben das in dem Maße gar nicht. Das heißt, wir sehen das auch völlig anders. Wir sehen also so ein Stück, wo wir drin rumwandern als Rucksacktouristen, so ganz anders ...

Frau B.: Ich halte das hohe Tempo gar nicht mehr aus.

Interviewer: Was meinst du damit?

Frau B.: ... Das Überbrücken von Landschaften, die ich erleben möchte, das, was du soeben schildertest, das könnte ich nicht mehr. Ich könnte nicht mehr fliegen ...

Für heutige Kinder ist es selbstverständlich, große Entfernungen zu überwinden. Überhaupt wird die Ferne manchmal wichtiger als die Nähe. Fast alles ist weiter geworden: Der Gang zu den Freunden, zu den Spielstätten, das Einkaufen in den Einkaufszentren, der Weg in die Mittelpunktschule.

Zeitsparend werden die Strecken zwischen den Stätten überwunden. Die Beschleunigung der Kinder wird zunehmend größer. Die Länge der zu überwindenden Strecken ist gar nicht mehr so wichtig – wichtig wird die Zeit, in der das Ziel erreicht wird. Zeit und Raum werden voneinander abhängiger. Und doch sind ihre Entwicklungstendenzen sehr entgegengesetzt: Unterschiede im *Raum verlieren,* Unterschiede in der *Zeit gewinnen* an Bedeutung.

Zusammenfassend kann davon ausgegangen werden, daß tatsächlich ein neuer Sozialcharakter entstanden ist. Er konstituiert sich unter den Rahmenbedingungen von Reduktion der Eigentätigkeit, Mediatisierung der Erfahrung und Expertisierung der Erziehung angesichts von *Zeitknappheit* und *Beschleunigung* sowie *inselhaftem* und *panoramatischem* Raumerleben.

Die Frage, die noch offen geblieben ist, lautet: Wie ist der Wandel des Sozialcharakters zu erklären?

3 Veränderung der gesellschaftlichen Arbeit – Industrialisierung der Lebenswelt

Wenn die Ursachen für den Wandel des Sozialcharakters gründlich geklärt werden sollen, muß er auf den Wandel gesellschaftlicher Arbeit zurückgeführt werden. Auch hier wollen wir in die Nachkriegszeit zurückgehen. In der Nachkriegszeit herrschte Mangel an Arbeitsplätzen. Die Produktion in den Großbetrieben, vor allem in der Rüstungsindustrie, war gestoppt, viele andere Betriebe waren kaum funktionsfähig.

Es herrschte aber auch Mangel an Arbeitern. Zahlreiche Männer waren noch in Gefangenschaft oder arbeitsunfähig oder gar tot. Viele Aufgaben übernahmen die Frauen. Die „Trümmerfrauen" von Berlin, die mit Hämmern und Meißeln die Steine sauberklopften, sind hierbei in die Geschichte eingegangen.

Auch in anderen Bereichen, wie z. B. in der eigenen, oftmals zerstörten Wohnung, in Kleinbetrieben und Werkstätten, soweit erhalten, und in der Landwirtschaft sowieso, war die manuelle Arbeit Bestandteil und Mittelpunkt des Alltags. Auch für Kinder, denn die Schule begann auch erst sehr schleppend und für Schularbeiten war keine Zeit vorhanden.

Die Herstellung von wichtigen Gütern begann in handwerklichen bis manufakturmäßigen Dimensionen. Arbeit hatte teilweise wieder vorindustriellen Charakter, nämlich handwerklich mit unmittelbarem Bezug zum Gegenstand.

Damit ist auch die Frage beantwortet, warum auch dieser Teil der Analyse mit der Nachkriegszeit beginnt. Zu dieser Zeit läßt sich nämlich ein Teil der gesellschaftlichen Arbeit recht deutlich als Rückfall in vorindustrielle Verhältnisse beschreiben. Damit kann die Wirkung der folgenden rasanten Industrialisierung mit ihren Entwicklungsschüben verständlicher dargestellt werden.

Ein weiterer Aspekt kommt hinzu. Dadurch, daß die einzig funktionierenden Betriebe Handwerksbetriebe wie Bäckereien, Schustereien usw. (in welchen häufig die Meisterfrau die Position ihres Mannes einnahm) waren, herrschte kurzfristig eine Form von Arbeitsteilung, die *gesellschaftliche Arbeitsteilung* genannt wird. Es ist dies eine naturwüchsig entstandene und sinnvolle Arbeitsteilung: denn niemand kann alles selbst herstellen oder reparieren. Insofern ist eine solche gesellschaftliche Arbeitsteilung nicht nur lebenssichernd, also gesellschaftlich notwendig, sondern das Leben erleichternd und angenehm.

Gesellschaftliche Arbeitsteilung bezeichnet ein Resultat der spezifischen Natur der menschlichen Arbeit, nämlich gesellschaftliche Arbeit zu sein. Ein Mensch kann nicht gleichzeitig Fischer, Bäcker, Maurer und Schneider sein. Gesellschaftliche Arbeitsteilung ist im Charakter der menschlichen Arbeit enthalten, sobald diese zu gesellschaftlicher Arbeit wird, d. h. sobald sie in einer und durch eine Gesellschaft geleistet wird. Die gesellschaftliche Arbeitsteilung unterteilt die Gesellschaft und bereichert das Individuum und die Gattung.

Doch diese Phase dauerte nicht lange an. Schon bald nach Kriegsende begann die Produktion in größeren Maßstäben. Die ersten Fabriken produzierten wieder, neue kamen hinzu, auch wenn zunächst aus Gasmaskenbüchsen Blumengießkannen und aus Stahlhelmen Kochtöpfe geformt wurden. Die ehemaligen Führungsleute der Großindustrie trauten sich wieder in ihre Büros. Dann kam der 20. Juni 1948: die Währungsreform. Mit ihr wurde die DM eine harte Währung und mit ihr begannen sich mehr Fabrikhallen mit Arbeitern zu füllen. Es gab auch qualifizierte Arbeitskräfte; Männer, die aus dem Krieg oder aus der Gefangenschaft heimkehrten, und jede Menge Flüchtlinge. Nicht zu vergessen ist der Marshall-Plan 1948 und die Herabsetzung der Einkommensteuer. Die Restauration des kapitalistischen Systems nahm ihren Weg, der unter dem Etikett Rekonstruktionsperiode oder einfacher Wiederaufbau bekannt ist.

Damit verschob sich auch die Organisation der gesellschaftlichen Arbeit wieder hin zu einer Form der Arbeitsteilung, wie sie von Marx als ein besonderes Produkt der kapitalistischen Industrialisierung analysiert wurde. Die Industrialisierung zerlegt die Arbeit in Stücke und gibt es dem Arbeiter stückchenweise zurück.

Ein Höhepunkt dieser Entwicklung ist die Fließbandproduktion: Jeder Arbeiter führt hierbei lediglich eine bestimmte Operation durch, repetitive Detailarbeit. Der einzelne ist gar nicht mehr in der Lage, seine Arbeit zu kontrollieren, das Fließband kontrolliert.

Mit dieser zum Kriegsende unterbrochenen und auf höherer Stufenleiter wieder auferstandenen Industrialisiereung ist ein für Sozialisationsprozesse besonders wichtiges Moment der Arbeitsteilung zu beschreiben: Die Trennung von planender und ausführender Arbeit. Das System moderner kapitalistischer Betriebsführung, eingeleitet von Ford und Taylor, nimmt den Arbeitern jede Planung des konkreten

Arbeitsvollzugs ab. Die Planung ist die Sache von Experten, was Taylor, ein Erfinder der wissenschaftlichen Betriebsführung, wie folgt beschreibt:

„Die Entwicklung einer wissenschaftlichen Methode bringt die Aufstellung einer Menge von Regeln, Gesetzen und Formen mit sich, welche anstelle des Gutdünkens des einzelnen Arbeits treten. Sie können mit Erfolg erst angewandt werden, wenn sie systematisch aufgezeichnet und zusammengestellt sind. Die praktische Anwendung von wissenschaftlichen Aufzeichnungen erfordert auch einen Raum, in dem die Bücher, Statistiken etc. aufbewahrt werden, und einen Tisch, an dem der disponierende Kopfarbeiter arbeiten kann. So muß alle Kopfarbeit, die unter dem alten System von dem Arbeiter geleistet wurde und ein Resultat seiner persönlichen Erfahrung war, unter dem neuen System notwendigerweise von der Leitung getan werden in Übereinstimmung mit wissenschaftlich entwickelten Gesetzen. Denn selbst, wenn der Arbeiter geeignet wäre, solche wissenschaftlichen Gesetze zu entwickeln und zu verwerten, so würde es doch physisch für ihn unmöglich sein, gleichzeitig an seiner Maschine und am Pult zu arbeiten. Es ist also ohne weiteres ersichtlich, daß in den meisten Fällen eine besondere Art von Mann zur Kopfarbeit und ein völlig verschiedener Typ von Arbeiter zur Handarbeit nötig ist" (in Bravermann 1977, S. 95).

Die Trennung von Konzeption oder Vorstellung von Ausführung führt dazu, von vielen Arbeitsplätzen zunehmend Wissen abzuziehen und in Planungsbüros zu zentralisieren.

Da sich eine solche Organisation der gesellschaftlichen Arbeit ja nicht von selbst entwickelt, ist die Frage berechtigt: Welche Triebkräfte geben den Anstoß für die Veränderung?

In der frühen Nachkriegszeit war der Anlaß zur Arbeit teilweise, wenn auch kurzfristig, die Lebenssicherung und der Versuch der Umweltkontrolle, also auch ganz spezifische Merkmale natürlicher menschlicher Existenz. Ein kapitalistischer Unternehmer, ob er will oder nicht, muß ständig versuchen, so profitgünstig wie möglich produzieren zu lassen. Das verlief in den 50er Jahren noch recht reibungslos. Die Löhne waren niedrig, die Arbeiterbewegung vom Faschismus zerschlagen und der Markt expandierte, die Auftragsbücher quollen über.

Ohne jetzt ausführlich auf die ökonomischen und wirtschaftspolitischen Hintergründe einzugehen, ergab sich für die 60er Jahre eine neue Situation[22].

Bei konstantem Arbeitsvolumen mußten ja dennoch die Profite erhalten bleiben, denn sonst entfällt der Anreiz für private Investition. Das geschah dadurch, daß mit weniger Arbeitskräften mehr produziert wurde. Die Steigerung der Produktivität der Arbeit war ein bestimmendes Moment (ein weiteres wird noch beschrieben) der wirtschaftlichen Prosperität in den 60er Jahren.

Steigerung der Produktivität der Arbeit wird zunehmend durch Rationalisierung und Intensivierung betrieben, was zu einer Bedeutungszunahme des wissenschaftlichen Managements führt. Für die Arbeit hat dies dramatische Folgen. Nicht nur, daß vom Arbeiter repetitive Detailarbeit gefordert wird, auch wird jede Bewegung von ihm ausgerechnet und vorgezeichnet. Zum Beispiel mit der sogenannten „Zeit-Bewegungsablauf-Beschreibung". Hierzu gehört eine Fotografie des Arbeitsplatzes mit darüber projizierten Bewegungslinien; eine stroboskopische Aufnahme, um veränderte Stellungen zu sichten und ein Film des gesamten Arbeitsganges. Jede Bewegung hat einen Namen, ein Symbol, einen Farbcode und einen Zeitwert in zehntausendstel Minuten.

Das belebende Prinzip solcher Arbeitsstunden ist die Darstellung von Menschen als Maschinenelemente. Arbeit ist nicht mehr eine spezifisch menschliche Tätigkeit, sondern nur noch ein Bewegungstypus, von allen konkreten Eigenschaften abstrahiert.

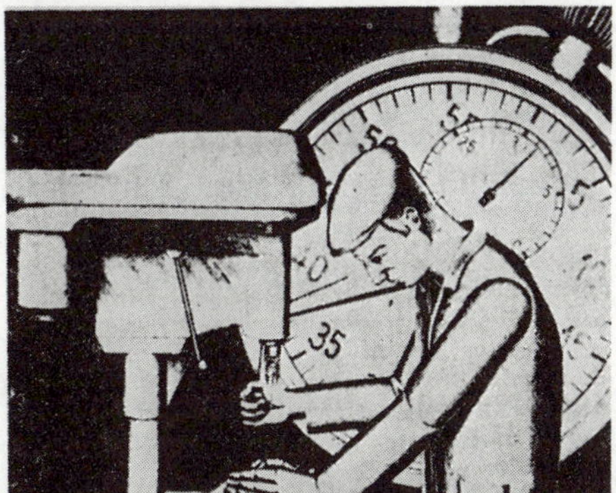

Eine Verschärfung der Trennung des Arbeitsprozesses in einen Apparat der Planung einerseits und einen der Durchführung andererseits setzte ein, was insbesondere dadurch gekennzeichnet ist, daß das Wissen zur Produktion jetzt vornehmlich in den Händen von Experten liegt. Mehr und mehr ist eine klare Unterscheidung der Produktion in einen Bereich der Verwaltung und Planung als bürokratische Regie und in einen Bereich der materiellen Produktion festgesetzt.

Die Folge ist ein Zerfall der Sinnqualität von Arbeit. Anstelle von ganzheitlicher Kompetenz tritt die Forderung nach Detailgeschick. Ein Schuh wird nicht mehr von einem einzigen Schuster hergestellt, sondern von Verkaufsstrategen konzipiert, von

Designern entworfen, von Fertigungsingenieuren geplant, von Zuschneidern zugeschnitten, von Nähern genäht, von Leimern geleimt, von Verpackern verpackt und von Prüfern geprüft.

Aber auch in der Arbeit der Angestellten und der Dienstleistungen sind Umwandlungen im Zuge der Industrialisierung der Arbeit wirksam.

Schon am Ende des 19. Jahrhunderts wuchsen die Büros aus einer bloßen Nebenerscheinung der Betriebsleitung zu einem selbständigen Arbeitsprozeß heraus. Gleichzeitig machte sich die Notwendigkeit bemerkbar, diesen Arbeitsprozeß zu systematisieren und zu kontrollieren. Für jene Zeit bedeutete dies, die Methoden der wissenschaftlichen Betriebsführung, wie sie von Taylor entwickelt wurden, auch auf die Büroarbeit anzuwenden. Alle Formen der Büroarbeit versuchte man nun zu standardisieren und zu rationalisieren. Sämtliche Arbeitsgänge und sämtliche Nebentätigkeiten sollten so wenig Wege wie möglich erfordern. Rohrpostanlagen entstanden und auch das Wassertrinken, was ja wegen der trockenen Luft notwendig und arbeitskrafterhaltend war, sollte direkt am Arbeitsplatz erfolgen, um jeglichen Zeitverlust zu vermeiden.

„Leffingwell errechnete, daß das Aufstellen von Wasserbecken in der Weise, daß jeder Angestellte, wenn er trinken wollte, im Durchschnitt nur 100 m zu Fuß zu gehen hatte, dazu führen würde, daß die Angestellten eines Büros, nur um eine angemessene Menge Wasser zu trinken, jedes Jahr insgesamt 50000 Meilen gehen würden, mit dem entsprechenden Zeitverlust für den Arbeitgeber. Die Sorgfalt, mit der Vorkehrungen getroffen werden, um diese ‚Vergeudung' zu verhindern, ruft die Tradition der sitzenden Arbeitsweise ins Leben, die den Angestellten ebenso ankettet, wie der Fabrikarbeiter angekettet ist – indem alles gut innerhalb seiner Reichweite angebracht wird, so daß der Angestellte sich nicht nur nicht zu lange von seinem Schreibtisch zu entfernen braucht, sondern dies auch nicht mehr zu tun wagt" (Bravermann 1977, S. 238).

Solche Berechnungen sind aus dem Bereich der Fließbandarbeit bekannt. Ein erster Hinweis also, daß sich die Arbeit von Angestellten und von Produktionsarbeitern angleicht.

Die Entwicklung nahm in den 60er Jahren einen nahezu dramatischen Verlauf. In diesem Jahrzehnt – in welchem wir auch die Entstehung des neuen Sozialcharakters registrieren – wurde die Mechanisierung der Büros im großen Maßstab ausgeweitet. Schnelldrucker und automatische Datenverarbeitung führten zu einer Umwandlung der Büroarbeit nach dem Schema der Industrialisierung. Die Bildschirmtechnik verstärkte ab den 70er Jahren diesen Trend. Büroangestellte, ob in der Verwaltung von Industrieunternehmen oder am Bankschalter werden mehr und mehr zu Anwendern bestimmter Automaten ohne Kenntnisse des umfassenden Prozesses. Ein Großteil der Büroarbeit wird zur reinen Routine und kann deshalb auch häufig an billige Arbeitskräfte delegiert werden. So ist die moderne Form der Angestelltenarbeit von der repetitiven Detailarbeit an computergesteuerten Fertigungsstraßen kaum zu unterscheiden.

Nicht viel besser ergeht es den Beschäftigten im Dienstleistungsbereich. Man betrachte nur die Arbeit in Großküchen, in denen der Koch rein repetitive vorgeschriebene Tätigkeiten an einem Mikrowellengerät oder an einem Konvektionsdruckofen ausübt. Oftmals taut er vorgefertigte Gerichte lediglich auf.

Oder man betrachte die Industrialisierungstrends im Verkauf und Handel. Die Kassiererin am computergesteuerten halbautomatischen Kassensystem führt lediglich zwei Tätigkeiten aus: Eindrücken, Geld abzählen (was beim Kleingeld häufig

auch Automaten übernehmen). Die Kenntnis dessen, was verkauft wird, ist überhaupt nicht mehr notwendig.

Gewiß hat die Industrialisierung als Entfaltung der „Großen Industrie" vielen Menschen große Erleichterungen und eine verbesserte Lebenssicherung gebracht. Es ist zweifellos richtig, wenn behauptet wird, daß in hochindustrialisierten Ländern die Warenangebote, die Bildungsmöglichkeiten, die Freizeitangebote, die Möglichkeiten zur Muße und die Kulturangebote so groß sind wie nie zuvor. Der Preis liegt aber offenbar in der Zerstückelung der Lebenswelt und damit auch des Umfeldes von Sozialisation.

Die Industrialisierung der gesellschaftlichen Arbeit hat Auswirkungen auf fast sämtliche Lebensbereiche. Einige der Auswirkungen wollen wir im folgenden verdeutlichen.

Das Gesundheitswesen ist ein eindrucksvolles Beispiel für die Ausbreitung von Industrialisierung. Die Mittel und Möglichkeiten der Medizin sind zwar gewachsen, aber die Kenntnisse der Gesundheitspflege nehmen in der Bevölkerung ebenso ab wie die Volksgesundheit selbst. Krankheiten, deren Heilung früher jede Mutter verstand, werden von Experten, d.h. von wissenschaftlich geschulten Medizinern behandelt. Krankenanstalten wirken von außen wie von innen schon oft wie große Fabrikanlagen.

Was Industrialisierung des Gesundheitswesens heißt, wird in dem von uns schon an anderer Stelle herangezogenen Film „E.T." anschaulich demonstriert: Als der außerirdische „E.T." im Hause seines kleinen Freundes von den Behörden letztendlich doch aufgespürt wurde, war er schon krank geworden. Ein gigantischer Apparat setzte sich in Bewegung, denn „E.T." war ein interessantes Objekt und sollte gerettet werden.

Das Haus wurde keimfrei eingewickelt und nur noch über Außentunnel betretbar. Ein Heer von Spezialisten besetzte das Haus und man versuchte mit supertechnischem Großaufwand, das Leben des „E.T." zu retten.

Als die Elektronik es aber nicht schaffte, gab man auf; der „E.T." war ab sofort uninteressant. Das Haus, das mittlerweile mehr einer Raumstation glich, wurde wieder geräumt.

So wie dem „E.T." – der, wie man weiß, doch noch überlebte, – wird es vielen Kranken gehen. Sie sind Objekt in einer hochtechnisierten und spezialisierten Krankenheilfabrik. Eine Krankenmaschine mit riesigem Sachenanteil wird zur Durchschleuse des „Krankengutes" (Ulrich 1979, S. 116).

Mehr und mehr werden die Krankenhäuser, aber auch Schulen und Altersheime an die Stadtränder verlagert. Diese Verlagerung ist möglich, weil die Gebäude durch viele Straßen mit dem Umland verbunden sind. Auch dies ist ein sichtbarer Ausdruck der Industrialisierung unserer Lebenswelt: Die Vernetzung der Gesellschaft durch Transportwege. Straßen zerschneiden die Räume. Durch einen dichter und schneller werdenden Autoverkehr geprägt, werden die Straßen laufend begradigt und verbreitert. Dadurch wird die Fahrzeit verringert.

„Zeit ist Geld", diese Devise zieht sich durch sämtliche Bereiche der industrialisierten Welt. Die Zeithetze, wie im vorangehenden Kapitel schon gezeigt, ist ein paradoxes Phänomen. Mit den großen technischen Errungenschaften lassen sich viele Verrichtungen sehr viel schneller erledigen als früher. Aber dennoch leiden wir an chronischem Zeitmangel.

Die Industrialisierung der Zeit erfordert von den Kindern schon von früh an, ihre Bedürfnisse, ihre individuellen Rhythmen und ihre spontane Lust in externe Zeitvorgaben einzufügen. Dies geschieht am augenfälligsten in Institutionen wie Kindergarten und Schule. Der Pädagogikprofessor Horst Rumpf spricht hierzu von einem Curriculum in Zeitdisziplin[23].

Die Vergrößerung und Verinselung des Raums zwingen sie, Wegzeiten oder Öffnungszeiten, Termine sowie im Falle des Transports durch die Mutter, deren Zeitplan zu berücksichtigen. Kinder leben mit Zeitplanung, Terminkalender und Zeitmangel – ein Effekt der Industrialisierung der Zeit.

Was Industrialisierung für die Landwirtschaft bedeutet, zeigt die folgende Beschreibung:

„Das Vieh wird von der Weide genommen und in Fütterungssilos kaserniert. Der Kot und die Abfälle, die hier anfallen, wandern nicht als Dünger auf den Boden zurück, sondern werden zu ‚Müll', der beseitigt werden muß: Die stickstoffhaltigen Abfälle werden in lösbare Verbindungen wie Ammoniak und Nitrat verwandelt, die dann in den Flüssen und im Grundwasser ernste Umweltschäden verursachen. Der so beseitigte Dünger muß nun auf dem Feld durch Kunstdünger ersetzt werden. Das Düngerproblem verschärft sich, weil das Vieh in den Silos nicht mit Gras oder Heu gefüttert wird, sondern mit Getreide. Eine Getreidebewirtschaftung des ehemaligen Weidelandes belastet den Boden stärker. Er braucht noch mehr Kunstdünger" (Ulrich 1979, S. 91f.).

Industrialisierung der Landwirtschaft heißt in diesem Zusammenhang Abhängigkeit von der Chemie und dem Maschinenbau und Zerstörung natürlicher Ressourcen.

In Anbetracht dieser Entwicklung wird niemand erstaunt sein, daß wir auch von einer Industrialisierung des Essens sprechen. Die heutigen Küchen in modernen Wohnungen z.B. sind hochtechnisierte Einrichtungen – die Großküchen in den Fabriken allemal.

Um Zeit zu sparen, gibt es „Fast Food", ein schnelles Essen in Schnellrestaurants. Bei Kindern und Jugendlichen sind besonders die McDonalds-Restaurants beliebt.

In diesen Schnellrestaurants nehmen die Kinder und Jugendlichen Hamburger und Pommes Frites zu sich und trinken Cola oder Vanille-Shakes aus Plastikbechern. Sie erleben hier eine neue Art des Essens. Gerade das Essen mit den Fingern gefällt den Kindern außerordentlich – frei von den Tischmaßregeln der Eltern. McDonalds ist eine „soziale Einrichtung", in der jeder – ob Kleinkind oder Erwachsener, arm oder reich, in Jeans oder im Abendanzug – ohne jeden Umstand essen kann wie er will. Jugendliche und Kinder besetzen diese Schnellrestaurants regelrecht: man trifft sich und albert herum: Ein bißchen Straßenheimat unter einer Neonsonne. McDonalds ist ein Raum, wo es den Veranstaltern nur um den Verdienst geht; gleichzeitig ist hier ein Stück moderner Kontrollfreiheit gewährleistet. Die heutigen Kinder und Jugendlichen sind in dieser Stätte des industrialisierten Essens laufend dabei, sich in der Käufer- und Konsumentenrolle einzuüben.

So ist auch die Suche nach kontrollfreien, zeitgemäßen Räumen, die wenig mit den „Kontrollöchern" der frühen Nachkriegszeit gemein haben, der Industrialisierung der Lebenswelt unterworfen.

4 Sozialisation durch Massenkultur

Wir wollen in diesem Kapitel erklären, warum sich die Aneignungsweisen von materieller und symbolischer Kultur geändert haben. Jedem Kind steht es ja frei, einen Drachen nicht zu kaufen, sondern selbst zu bauen oder die ohnehin wenig geschätzte „Glotze“ auszuschalten. Zu erklären ist, warum ein Großteil heutiger Kinder tatsächlich auch andere Aneignungsweisen wählt als die Mehrzahl der Nachkriegskinder.

Eine naheliegende Erklärung ist zwar zutreffend, reicht aber nicht aus: Der Hinweis, daß sowohl die Gelegenheiten als auch Notwendigkeiten, eigentätig zu werden, häufig verschwunden sind, weil einerseits Straßen und Höfe unbespielbar werden und andererseits materieller Mangel so gut wie behoben ist. Diese „ökologische“ Erklärung reicht allein deshalb nicht aus, weil die weiter oben beschriebenen Phänomene auch dort zu beobachten sind, wo die Straßen noch bespielbar sind und Mangel nach wie vor besteht, in Obdachlosensiedlungen beispielsweise.

Wir halten eine kultursoziologische Interpretation des Wandels der Lebenswelt für angemessen, die den Mangel an Aneignung aus der Durchsetzung von Massenkultur erklärt, die industriell vorfabrizierte Aneignungsmuster verbreitet und den Kindern in subtiler Weise aufherrscht. Massenkultur in diesem Sinne begreifen wir als modernstes Instrument kultureller Kontrolle, das nicht nur äußerst wirksam ist, sondern gleichzeitig seinen wahren Charakter als Herrschaftsinstrument vertuscht.

Bezeichnend für Massenkultur ist, daß sie „Botschaften“, also Bedeutungen und Sinngebungen, verbreitet, die vorfabriziert sind und deshalb nicht in mehr oder weniger aufwendiger und mühseliger Weise entschlüsselt zu werden brauchen. Sie sprechen für sich selbst, ohne daß man sie groß bedenken oder dechiffrieren müßte. Die „Botschaften“ der Massenkultur sind darüber hinaus auch in einem materiellen Sinne vorfabriziert, in den Redaktionen, Studios und Labors der Kulturindustrie. Die Kulturindustrie bedient sich dabei der unterschiedlichsten Quellen, der Volks- und Regionalkultur, der Klassenkultur und der Gegenkultur. Sie schöpft sie gewissermaßen von diesen Quellen ab und kanalisiert sie in einer Weise, die sie für ein maximal ausgeweitetes Verteilersystem geeignet macht. Denn Massenkultur zielt nicht so sehr auf Bedürfnisbefriedigung ab, sondern auf Marktgängigkeit. Sie wird zum Zwecke des Tausches produziert und tauschen lassen sich nur Waren.

Somit ist die Kulturindustrie den allgemeinen Gesetzen der Warenproduktion unterworfen wie möglichst hoher Ausstoß und Standardisierung. Die Kulturindustrie verarbeitet und verpackt aber nicht nur vorfindliche Kultur, sie erfindet zunehmend ganz neu Kulturwaren in synthetischer Weise. E.T. ist im Bereich der Kinderkultur ein gutes Beispiel: Ein außerirdisches Wesen, von Designern entworfen, durch Marktforschung angeregt und in der Formgebung beeinflußt, durch Mikroprozessoren oder Puppenspieler bewegt, für einen weltweiten Markt produziert, wird als Film und Spielzeug angeboten. Kulturwaren werden zentral hergestellt, gleichgültig, ob sie aus der Lebenswelt „abgezogen" oder künstlich konstruiert sind. Sie werden von dieser Zeit ab vermarktet und in diesem Sinne von oben nach unten verteilt. Dabei darf das Moment der Zentralisierung nicht zu eng aufgefaßt werden. Es gibt in spätbürgerlichen Gesellschaften immer mehrere Zentralen, die miteinander konkurrieren, Redaktionen unter sich und mit Fernsehanstalten, Verlage und Filmstudios, Werbeagenturen, Modeateliers, aber auch Spielzeugfabriken – mit der Tendenz, sich auszuweiten: Massenkultur mag ihren Ursprung in der Unterhaltungsindustrie haben, sie hat längst weitere Lebensbereiche infiziert, fast die gesamte Warenproduktion, zumindest deren Werbeabteilungen – und das Strickmuster von Massenkultur ist selbst in Religion und Wissenschaft eingedrungen. Billy-Graham-Shows oder die Psychologie des Alltags-Kurse sind nur allzu offensichtlich Beispiele dafür.

Massenkultur präsentiert sich genau wie Massenkonsum und Massenmedien als freiwilliges Angebot, das verschweigt, daß es strukturell unverzichtbar geworden ist. Massenkultur ist vor allem deshalb unvermeidlich geworden, weil vieles von den Traditionen der Lebenswelt zerstört oder aufgebraucht ist und sowohl bürgerliche als auch andere Klassenkulturen in ihrer sozialen Basis auch ihre Selbstverständlichkeit verloren haben. Produktion und Aneignung fallen mit der auf die Spitze getriebenen Arbeitsteilung auseinander. Es entsteht so eine Nachfrage nach Erklärungen und Sinngebungen. Kaum etwas kann problemlos der Tradition entnommen werden, nicht einmal die Art, in der man sich kleidet oder gesellig miteinander verkehrt. Das ist ein Grund für das vielbeklagte Defizit an Sinn und Orientierung. Massenkultur stößt in diese Lücke. Massenkultur, wie sie die Warenwelt und das Fernsehen verkörpern, zwingt sich also dem einzelnen Kinde nicht direkt auf, sondern wird aufgrund des strukturierten Sinndefizits nachgefragt. Hinzu kommt die zunehmende Durchorganisierung der heutigen Kindheit, die unter anderem zu Überlagerung und permanenter Zeitnot führt. Es liegt auf der Hand, daß unter diesen Bedingungen schnelle, verständliche und leichtverdauliche Deutungsmuster Konjunktur haben. Wenn ein Kind nicht fernsieht und fast alle anderen Kinder reden über Fernsehsendungen, dann geht nicht zuletzt davon eine Verführung zum Fernsehen aus. Oder wenn die meisten Spielkameraden den Drachen aus dem Warenhaus höher schätzen als den eigenen selbst gebauten, dann erreicht auch den Drachenbauer der Sog von Massenkultur. Gleichzeitig tarnt die betonte Vielfalt, Freiwilligkeit und Neutralität des Angebotes, daß die Produktion und Verbreitung von Massenkultur ein der Konsumkultur angemessenes Mittel kultureller Herrschaft ist.

Wenn Kultur zur Massenkultur wird und Sozialisation die individuelle Aneignung von materieller und symbolischer Kultur ist, dann wird Massenkultur zur zentralen Sozialisationsinstanz. Kultur und Massenkultur werden so die elementaren Kategorien der Sozialisationstheorie. Sie bedürfen schon allein deshalb einer begrifflichen Erläuterung.

Kultur ist nach dem Verständnis des Birminghamer „Centre for Contemporary Cultural Studies" Ausdruck der gelebten Praxis. Plausibler ist Kultur wohl zu bestimmen als die artikulierte Deutung der gelebten Praxis, also als Deutung, die sich an einem mehr oder weniger gegliederten und schlüssigen Zusammenhang orientiert und mißt. Dieser Kulturbegriff berücksichtigt, daß Praxis der objektive Gegenstandsbereich von Kultur ist, und daß dennoch keine Praxis für sich selber spricht, daß Bedeutung nicht nur aus ihr herausgelesen wird, was die gleichsam objektive Seite wäre, sondern ihr auch gegeben werden muß – aufgrund von

Vorerfahrungen, Gehörtem und Gelesenem, letztlich des ganzen gattungsgeschichtlichen aufgehäuften Wissens. Er nimmt also die Dialektik von objektiver Bedeutung und subjektivem Sinn ernst, von relativer Autonomie der Kultur bei gleichzeitiger materieller Determiniertheit durch die sozialökonomische Basis. Ein so verstandener Kulturbegriff trennt selbstverständlich nicht zwischen elitärer Hochkultur und „niedriger" Volkskultur – beides ist Kultur, solange nur eigenständige Rückbindung an die Lebenspraxis beibehalten wird.

Das aufwachsende Kind findet das Material für seine Kulturarbeit, die Deutung seiner Lebenspraxis, zu Hause, im Fernsehen, in der Schule, in der Nachbarschaft. Es eignet sich seine Sprache beispielsweise von den Eltern an, am Anfang zumal; dann aber auch in Abgrenzung von den Eltern anhand der Sprache der Schlager, Comics, Filme, TV-Serien. Es drückt sein Selbstverständnis in Momenten der Kleidung, der Frisur oder der bevorzugten Musik aus. Die Bedeutung der Praxis kann nicht allein an den Gegenständen oder Symbolisierungen selbst abgelesen werden, sondern an der Weise, wie sie sich das Kind aneignet. Insoweit kann man sagen, daß ein Kind nicht nur sozialisiert wird, sondern sich zum Teil auch selbst sozialisiert.

Sozialisation wird hier kultursoziologisch nach dem Paradigma des Architekten verstanden. Der Architekt erfindet das Haus weder gänzlich neu, noch erfindet er Fertighäuser – im letzten Fall wäre er überflüssig. Der Architekt arbeitet mit vorfindlichen Materialien. Er eignet sie sich in unterschiedlicher Weise an, definiert einige auch um, wenn er z. B. Glas zum tragenden Moment macht, und kombiniert sie zu einem einheitlichen Bauplan. Das Paradigma des Architekten scheint auch geeignet, die Besonderheit von Massenkultur anschaulich zu machen.

Massenkultur wird ja kulturindustriell und nicht in der Lebenspraxis erzeugt und ist daher lebenspraktisch kaum nachvollziehbar. Massenkulturelle Botschaften sind warenästhetisch verpackt, tauschwertorientiert und deshalb eher glatt, standardisiert, als von Widersprüchen zeugend. Wenn sie Widersprüche thematisieren, dann als Spannungsmoment, das in einem Nacheinander, statt Gegeneinander gelöst wird (Fluck 1979, S. 56). Die Form ist von marktgängigen Waren (sie ist häufig wichtiger als der Inhalt) und die Ästhetik folgt den Gesetzen von Werbung, Verpackung und Vergnügen – sie ist wohl sinnlich, aber ohne Sinn.

Massenkultur wird für einen Markt produziert, Leitmotiv sind dabei nicht in erster Linie Bedürfnisse von Kindern, sondern die Verwertungschancen von Kapital; Leitmotiv ist also das Profitmotiv. Massenkulturelle Botschaften und Bedeutungen sind vorfabriziert, genauer: das Muster der Aneignung ist festgelegt durch die Konsumorientierung und Mediatisierung der Kulturgüter, die als Kulturwaren gehandelt werden. Das vorfabrizierte Aneignungsmuster intendiert eine Vordeutung der Bedeutungen.

Massenkultur wird universell angeboten wie stoffliche Waren auch. Je größer die Verbreitung, desto weniger fallen die Produktionskosten ins Gewicht. Standardisierung und Gleichmacherei sind die unvermeidliche Folge. Wie ein Zahnrad ins andere faßt, so greift auch das Fernsehen in den Prozeß der Standardisierung ein. Eine Fernsehserie, ob sie nun Dallas heißt oder Sesamstraße, wird für ein Massenpublikum gedreht und muß folglich auch für ein Massenpublikum verständlich sein, für den Puerto Ricaner wie für den Sauerländer, den Städter wie den Hinterwäldler, den Asiaten wie den Südamerikaner, den Aristokraten wie den Arbeiter, das Kind wie den Greis. Das ist nur auf dem kleinsten gemeinsamen Nenner erreichbar. So simplifiziert das Fernsehen das Bild der Wirklichkeit. Es liefert eine globale Weltversion, die regionale und ethnische Besonderheiten abwertet und das Bewußtsein für Geschichte vernichtet.

Wilensky hat schon Anfang der 60er Jahre anhand empirischer Untersuchungen klargelegt, daß diese Gleichmacherei nur auf der Oberflächenebene stattfindet:

„Die alten strukturellen Wurzeln sozialer Differenzierung sind bestehen geblieben, verschärfen sich zum Teil noch wie Teilung der Arbeit, Abstammung, Altersgruppenzugehörigkeit, aber die neuen Wurzeln kultureller Uniformität wie ... Massenmedien und Massenentertainment wachsen vielleicht stärker“[24].

Diese Feststellung dürfte am Ende der letzten Wirtschaftswachstumsperiode erst recht zutreffen, zu der soziale Unterschiede wieder zunehmen.

Massenkultur, deren gleichmacherische Wirkung ja kein Geheimnis ist, verkauft sich nicht von selbst. Sie muß ihre Nachfrage erst hervorlocken, genau wie viele stoffliche Güter auch, die für einen Markt des Überflusses produziert werden. Locken kann Massenkultur aber nur, wenn sie attraktiv ist, wenn sie ein Gebrauchswertversprechen enthält. Das heißt zum einen, daß Massenkultur ein Moment von Appell und Werbung enthalten muß, andererseits aber auch Spuren eines Gebrauchswerts haben muß, auch wenn es nur „Protzen“ ist. Fluck ist zuzustimmen, wenn er resümiert: Massenkultur „spricht Widersprüche und unterdrückte Wünsche aus und löst sie gleichzeitig im Sinn der herrschenden Wertvorstellung auf“ (Fluck 1979, S. 61).

Auf dem Markt der Kinderkultur berät inzwischen ein ganzes Heer von Psychologen, Pädagogen und Meinungsforschern die Kulturindustrie. Sie versuchen, den Stoff, aus dem kindliche Wünsche, Träume und Phantasien gewebt sind, vorzufabrizieren, um die Kinder als Kunden darin zu fangen.

Wenn Kinder nun als Architekten ihrer eigenen Sozialisation begriffen werden, dann bedeutet das Aufkommen von Massenkultur, daß sie immer weniger auf Rohstoffe der Primärerfahrungen zurückgreifen können und dafür immer mehr mit Fertigteilen arbeiten müssen. Hinzu kommt noch das engmaschige Netz von baupolizeilichen und sonstigen Sicherheitsvorschriften, das die Entwurfsphantasie zusätzlich einengt. Massenkulturell dominierte Lebenspraxis ist auf die kommerziellen Angebote der industriellen und massenmediatischen Konfektion angewiesen, die nicht mehr eigentätig angeeignet werden, sondern nach vorgefertigten Mustern: Stilen, Moden, Trends, „Wellen“ oder auch Pädagogischen Systemen.

Sie fungieren als „Drehbücher des Alltags“ (Cohen/Taylor), „Scripts“ (Steiner) oder „Landkarten der Bedeutung“ (Clarke)[25]. Das heißt nicht, daß Kinder diese Drehbücher zwangsläufig abspulen müssen. Aber sie sind in der Kinderwelt so allgegenwärtig geworden, daß sie nicht unbeachtet bleiben können:

„Die Mittel, die wir einsetzen, um uns vom Oberscript zu distanzieren – Witze, Ironie und Übertreibung – sind nur ein weiterer Beweis für seine hervorragende Bedeutung. Ähnlich wie die Gewohnheit und Routine uns sogar in Bereiche verfolgen, wo wir ‚frei‘ und ‚undeterminiert‘ zu sein meinen, dringen auch die Scripts in die wichtigsten und innersten Schächte unserer Erfahrung ein, Gefühle und Bedeutungen, Beziehungen und Erfahrungen, Belehrungen und Bekehrungen sind nicht willkürliche Zutaten, die jeder Einzelne bei seiner Suche nach Neuheit aufs neue mischen könnte, vielmehr sind sie in begrenzte Systeme symbolischer Bedeutungen eingebettet ... Tag für Tag wohnen wir unzähligen Dramen bei – alle mit sorgfältig gezeichneten Charakteren, Plots und Höhepunkten. Manche dieser Modelle sind explizit. Der Comicstrip in der Morgenzeitung, der aktuelle Bericht im Wochenmagazin, der

Roman, den wir in der Mittagspause lesen, die Kurzgeschichte in der Abendzeitung, die Thriller und Komödien, die abends im Fernsehen laufen – sie alle sind strukturierte Abläufe von Ereignissen, die einen Bezug zu Heim, Sexualität, Arbeit und Freizeit haben“[26].

Und sie alle sind vorgefertigte Muster der Aneignung von Welt.

5 Subjektive Verarbeitung der industrialisierten Lebenswelt

Wenn die bisherige Analyse soweit stimmig ist, dann kann tatsächlich angenommen werden, daß sich das Leben der Kinder seit der Nachkriegszeit grundlegend gewandelt hat und ein neuer Sozialcharakter entstanden ist, wobei bisher nicht erforscht wurde, wie häufig und in welchen Varianten er vorkommt. Den neuen Sozialcharakter als narzißtisch zu bezeichnen, wie es fast eine Mode geworden ist, erhellt wenig, aber verdunkelt etliches.

Klarer und folgenreicher ist es, den Wandel der Kindheit aneignungstheoretisch als Verlust von Eigentätigkeit und Durchsetzung von Konsumismus sowie Mediatisierung der Erfahrung und Dominantwerden einer Bildkultur zu bestimmen.

Die problematische Seite dieses Wandels wird deutlicher, wenn wir uns der Bedeutsamkeit der Aneignungsweise für die Persönlichkeitsentwicklung vergewissern. Gehen wir zuerst von dem Gegenstand der Aneignung aus, von uns als materielle und symbolische Kultur beschrieben. Allgemein ausgedrückt repräsentiert sie die Erfahrungen der Menschen, sie ist Verkörperung oder Vergegenständlichung geistiger Kräfte und Fähigkeiten. Im einfachsten Gegenstand haben wir Objektivierungen von „Wesenskräften des Menschen" (Leontjew) vor uns.

„In jedem von Menschen geschaffenen Gegenstand, sei es ein einfaches Werkzeug oder eine moderne elektronische Rechenmaschine, ist die historische Erfahrung der Menschheit enthalten.

Zugleich sind in ihm die im Laufe dieser Erfahrungen erworbenen geistigen Fähigkeiten verkörpert. Das gleiche gilt, vielleicht noch offensichtlicher, für die Sprache, für die Wissenschaft und für die Kunst" (Leontjew 1973, S. 451).

Jedes Kind, ob es will oder nicht, wächst in ein vorgefundenes kulturelles System hinein und tritt notwendig in Beziehung zu Dingen und Erscheinungen, die von früheren Generationen geschaffen wurden. Dies geschieht nun nicht von selbst, sondern offenbart sich als Aufgabe, die aktiv und immer aufs neue bewältigt werden muß.

„Selbst die einfachsten Werkzeuge und Gegenstände des täglichen Bedarfs, denen das Kind begegnet, müssen von ihm in ihrer spezifischen Qualität erschlossen werden. Mit anderen Worten: Das Kind muß an diesen Dingen eine praktische oder kognitive Tätigkeit vollziehen, die der in ihnen verkörperten menschlichen Tätigkeit *adäquat* (obwohl natürlich nicht mit ihr identisch) ist. In welchem Maße das gelingt und wie weit sich dem Kinde dabei die Bedeutung des gegebenen Gegenstandes oder der gegebenen Erscheinung erschließt, ist ein anderes Problem; *es muß jedoch stets diese Tätigkeit vollziehen*" (Leontjew 1973, S. 281).

Leontjew folgend verstehen auch wir diese tätige *Erschließung* der „spezifischen Qualität" (von materieller und symbolischer Kultur) als wesentliches Moment von Aneignung.

Aneignung ist mithin eine Tätigkeit; sie ist immer aktiv in dem Sinne, als sie aus der Auseinandersetzung des Subjekts mit der materiellen und symbolischen Kultur entsteht. Die Umwelt wird vom Kinde nicht passiv rezipiert, sondern verarbeitet. Aus der Aneignungstätigkeit entsteht Bewußtsein und erhalten Gegenstände und Symbolisierungen ihren Sinn und ihre Bedeutung.

Die Bedeutungen existieren einerseits objektiv, d.h. unabhängig von der individuellen Beziehung des einzelnen Menschen zu der ihm umgebenden Wirklichkeit (vgl. Keiler 1983, S. 97). Andererseits – und das betrifft die subjektive Verarbeitung des Vorgefundenen – wird diese Wirklichkeit individuell interpretiert. Ein Kinderfahrrad z.B. hat die objektive Bedeutung einer durch Körperkraft angetriebenen Fortbewegungsmaschine; es kann für das einzelne Kind aber noch einen ganz persönlichen Sinn erhalten, als Mittel des Obsiegens im Wettbewerb mit anderen etwa oder als Quelle des Schmerzes durch Stürze. Röhr, der allerdings den Gegenstandsbezug des Aneignungskonzepts übertreibt, betont zu Recht:

„Von Aneignung im vollen Sinne kann erst dann gesprochen werden, wenn das Individuum seine voll entwickelte Subjektivität betätigen kann. Als unentbehrliche Subjektfunktionen werden dabei Zwecksetzung der eigenen Betätigung, die ideelle Antizipation des Resultates im Ziel und des Prozesses im Programm und die wesentliche Übereinstimmung des tatsächlichen Resultats mit Zweck und Ziel angesehen. Das schließt die Beziehung jedes dieser Momente zur Äußerung, Befriedigung und Veränderung der Bedürfnisse des Individuums ein. Es schließt weiterhin die Bewertung aller Gegenstände und Momente dieses Prozesses der zweckmäßigen Tätigkeit in allen seinen Phasen und des Individuums selbst ein. Erst mit der tatsächlichen Eignung des Gegenstandes, den angestrebten Zweck zu erfüllen, werden mit der Befriedigung bestimmter Bedürfnisse des Menschen durch diesen Gegenstand sowohl seine Erwartungen bestätigt als auch seine Fähigkeiten und sein individueller Reichtum produziert“ (Röhr 1979, S. 26).

„Aneignung in vollem Sinne“ verlangt also nach Tätigkeiten, bei denen Planung und Ausführung noch nicht auseinanderfallen, kurz: Eigentätigkeit. Eigentätigkeit ist die intensivste Form der Aneignung von Erfahrungen und dessen, was sie bedeuten (vgl. Kap. 1).

„Es genügt nicht, Worte zu vermitteln, es genügt nicht, Worte zu verstehen, es genügt sogar nicht einmal, die in ihnen enthaltenen Gedanken und Gefühle zu erfassen, diese Gedanken und Gefühle müssen die Persönlichkeit in ihrem Interesse bestimmen“ (Leontjew 1979, S. 224).

Inwieweit Aneignung als Eigentätigkeit stattfindet – das heißt auch: Inwieweit Kultur als inneres Eigentum zum organischen Bestandteil des Lebens eines Menschen wird – hängt wesentlich von den Bedingungen und Möglichkeiten der Aneignungstätigkeit ab – und diese wiederum von den soziokulturellen Verhältnissen.

Zumindest zwei Dimensionen des Aneignungsprozesses können wir unterscheiden: Die Dimension der Vollständigkeit und die Dimension des Lebensweltbezugs. Die Dimension der Vollständigkeit hat als einen Pol die konsumistische Weise der Aneignung, was eine unvollständige Aneignung ist, und als anderen Pol Eigentätigkeit. Die Dimension des Lebensweltbezugs reicht vom Pol der Unmittelbarkeit, der Primärerfahrung, zum Pol Mediatisierung oder Sekundärerfahrung.

Der neue Sozialcharakter läßt sich demnach genauer beschreiben als reduziert in der Vollständigkeit und der Unmittelbarkeit des Lebensweltbezugs. Hinsichtlich des Umfanges einer dritten Dimension der Aneignung weist er indes Erweiterungen auf. Kinder von heute können sich im Unterschied zu den Nachkriegskindern eines enorm großen Konsumangebots bedienen und empfangen über den Bildschirm Botschaften aus aller Welt. Der neue Sozialcharakter erweist sich auch an dieser Stelle als widersprüchlich.

Der Sozialcharakter ist selbstverständlich nicht mit dem Individualcharakter identisch: Er bezeichnet vielmehr dessen „Generalnenner" oder dessen Bedingungsgefüge: Die vorherrschenden Möglichkeiten und Grenzen der Herausbildung von Individualität und Subjektivität. Ein privilegiertes Individuum, welches das volle Repertoire von Aneignungsweisen im Elternhaus lernt, wir die neuen Angebote der Medien und des Konsums für sich reichhaltig nutzen können; in anderen Fällen werden vermutlich die Restriktionen überwiegen und dürfte angesichts des Reichtums an neuen Gelegenheiten dennoch eine Armut der Persönlichkeitsentwicklung die Folge sein.

Die Verarbeitung der neuen industrialisierten Lebenswelt wird, und das haben wir im vorigen Kapitel gezeigt, zunehmend von massenkulturell vorproduzierten Mustern beeinflußt; sie hat aber auch eine davon unabhängige Komponente, die subjektive, von der Biographie ausgehende. Wäre diese subjektive Komponente verschwunden, wäre in der Tat das „Ende des Individuums" gekommen und die Psychoanalyse in dem Sinne veraltet, daß sie überflüssig würde. Solange das nicht der Fall ist, behält die psychoanalytische Sozialisationstheorie ihr Recht, auch im Rahmen eines materialistischen Theorieansatzes[27].

Zwar ist das Subjekt real in typische Bedingungsgefüge und Situationsfolgen des Sozialcharakters eingegrenzt, doch sind die individuellen Definitionen und Deutungen so unterschiedlich, mannigfaltig und unverwechselbar, daß wir keinesfalls von einer „Auflösung des Subjekts" oder einem „Ende des Individuums" sprechen wollen.

Eine individualpsychologische Ergänzung der Analyse von Sozialisationsprozessen erscheint uns deshalb unerläßlich zu sein, wobei wir die von der Psychoanalyse erörterten Mechanismen der Internalisierung und der Verdrängung für besonders wichtig halten, ohne die wir uns keine Konstitution von Subjektivität denken können.

Subjektivität in einer industrialisierten Lebenswelt ist keine reine Anpassung an die Übermacht der Verhältnisse, die zu einem Individuum führt, das nur noch ein „Anhängsel der Systeme" vorstellt. Ein solch düsteres Bild zeichnet vor allem Adorno:

> „Die Undurchsichtigkeit der entfremdeten Objektivität wirft die Subjekte auf ihr beschränktes Selbst zurück und spiegelt dessen abgespaltenes Für-sich-sein ... als das Wesentliche vor"[28].

An anderer Stelle heißt es:

> „Was dem Subjekt als sein eigenes Wesen erscheint und worin es gegenüber den entfremdeten gesellschaftlichen Notwendigkeiten, sich selbst zu besitzen, meint, ist, gemessen an jenen Notwendigkeiten, bloße Illusion"[29].

Daniel, dem wir einen für Studienzwecke sehr geeigneten Sammelband über „Theorien der Subjektivität" verdanken, faßt die Überlegungen von Adorno folgendermaßen zusammen:

„1) Unter dem Druck der verdinglichten spätkapitalistischen Verhältnisse wird das Selbst immer mehr zum Pseudo-Selbst, zum *Fassaden-Ich* herabgesetzt; 2) die gesellschaftlichen Umstände geben der Regression eine charakteristische Richtung auf Verstärkung des sekundären *Narzißmus;* 3) insgesamt gesehen wird das Übergewich der Apparate, Einrichtungen, Prozesse in der verwalteten Welt so groß, daß die Individuen zunehmend zu bloßen ‚Verkehrsknotenpunkten der Tendenzen des Allgemeinen' (Horkheimer/Adorno ...) herabsinken. Eine Tendenz zur *‚Entsubjektivierung der Subjektivität'* (...) zeichnet sich ab"[30].

Was hier beschrieben wird, ist eine Krise des Subjekts, dem höchstens eine Pseudoindividualität gestattet wird.

Obwohl in Adornos Thesen die negative Zuspitzung von Subjektivität als Charaktermaske überwiegt, bleibt für ihn das Ich dennoch Bezugspunkt für widerständige Gedanken und Absichten. Auch wir setzen in der Konstitution von Subjektivität die Möglichkeit, sich widerständig und aktiv auf die Formen der industrialisierten Lebenswelt richten zu können – auch wenn dies angesichts der Dominanz vorfabrizierter Aneignungsmuster oftmals zum Scheitern verurteilt ist.

Das Bedürfnis nach Identität und eines kohärenten Selbstgefühls, nach einem „Mehr an Subjektivität" (Ziehe) besteht allemal und führt zu den verschiedensten Verarbeitungswegen.

Schülein macht die Identitätsproblematik anhand der subjektiven Vorstellung von „Sinn" deutlich. Zur Konkretion dient ihm das Beispiel der Jugendsekten[31]. Wir wollen an dieser Stelle nicht die Organisation, Entstehung und Verbreitung von Sekten diskutieren, sondern was daran die subjektive Verarbeitung von industrialisierter Lebenswelt erklärt.

Schülein geht davon aus „..., daß in spätkapitalistischen Industriegesellschaften so etwas wie ein chronisches Sinndefizit besteht ..." und „..., daß entsprechende Stützen gesucht und gefunden werden"[32]. Eine Sekte kann eine solche Stütze bilden, aber auch – um zu ergänzen – Phänomene wie peer-groups, Subkulturen, Fanclubs usw.

Eine Stütze ist notwendig, weil die Menschen überfordert sind, einen Sinnzusammenhang ihres Lebens zu organisieren. Das liegt insbesondere an dem fehlenden Rückgriff auf Traditionen – auch biographischer Art. Auch der von uns schon mehrfach zitierte Thomas Ziehe sieht in der – wie er es nennt – Aufstörung tradierter Kultur eine folgenreiche Entwicklung für die subjektive Seite der Sinnproblematik:

„Die tradierte Lebensform der sozialen Klassen war immer schon eine *Vorinterpretation* des Sinnes gewesen, den die Menschen ihrer Biographie geben konnten. Noch schärfer gesagt: Der eigene biographische Entwurf (...) war die subjektive Nachkonstruktion dessen, was objektiv schon immer abgesteckt war, auch hinsichtlich möglicher Phantasien und biographischer Erwartungen. Traditionsaufstörung ist so gesehen auch eine *Ent-Bindung* von Möglichkeiten, die wir für unsere Selbstdeutung neu hinzugewinnen!

Wir brauchen nur die Biographie eines durchschnittlichen Mädchens oder Jungen der Arbeiterklasse oder auch des Bürgertums aus der Vorkriegszeit anzuschauen. In jedem Falle war das, was der einzelne von seinem Leben erwarten konnte, in so hohem Maße gesellschaftlich vorgedacht – bis in die innere Bildwelt hinein! –, daß der Spielraum, hiervon abzuweichen, nur gering war"[33].

In der industrialisierten Lebenswelt wechseln die Wertsysteme pausenlos und der Mensch ist in einer permanenten Neuanpassung an sich ändernde Verhältnisse.

„Unter disparaten und dynamischen Bedingungen bilden sich kaum fixe Grenzen und Strukturen, sondern eine eher durchlässige Psyche"[34].

Auch die Lösungsmodi von Heranwachsendenkrisen, die in der psychoanalytischen Sozialisationstheorie beispielsweise mit der Verarbeitung des Ödipuskonflikts beschrieben werden, sind kaum mehr identitätsstiftend, weil

„... auch hier durch die Auflösung von Traditionen die Bildung besonderer Heranwachsendenidentitäten, die selbstverständlich übernommen werden könnten, erschwert wird“[35].

Heranwachsende sind heute ständig auf der Suche nach „etwas ganz anderem“, das einen persönlichen Sinn bilden könnte, ohne „... daß sie immer zwischen Sein und Schein unterscheiden könnten“[36]. Schülein begründet damit eine Affinität von Jugendlichen zu Alternativweltbildern und Lebensweisen, also auch zu Sekten.

Damit ließe sich aber auch eine Affinität zu der technisch perfekten, glänzenden und immer in neuen Formen sich präsentierenden Massenkultur begründen.

Es ist naheliegend zu fragen: Ist dies in der Entwicklungsgeschichte des Kapitalismus nicht schon immer so gewesen? Gab es nicht schon früher rastlose Umwälzungen und bei Heranwachsenden Orientierungskrisen?

Es ist richtig, daß es mit Entstehen des Kapitalismus schnelle Folgen von Umwälzungen gegeben hat – es ist sozusagen das Charakteristikum des Kapitalismus. Neu ist aber, daß sich die kapitalistische Industrialisierung vor allem mittels Massenkultur, einem Produkt der Kulturindustrie, in alle Lebensbereiche hineingefressen hat. Die dadurch veränderte Vergesellschaftung ließ einen neuen Sozialcharakter entstehen.

Zur Erklärung veränderter Subjektivität haben wir versucht, einige – in unserem Verständnis individual-psychologische – Aspekte zu erörtern. Wir halten dieses Kapitel nicht für eine angemessene Behandlung des Problems individueller Subjektivität, sondern lediglich für einen Hinweis, der unsere Grundauffassung zum Thema Subjektgeschichte verdeutlichen soll. Eine Konkretisierung und Spezifizierung könnte nur in empirisch-biographischen Analysen gelingen. Ein Schritt, der im Nachvollzug und ausführlicher Interpretation wirklicher Lebensläufe vollzogen werden müßte. Eine Forschungsperspektive, die aber nicht im Rahmen unserer Studie angegangen werden sollte.

6 Widersprüchlichkeiten und Gegenbewegungen

Die Entstehung eines neuen Sozialcharakters folgt keinem Naturgesetz und ist schon gar nicht als geradlinige Entwicklung einzuschätzen, sondern als eine sehr widersprüchliche. Wir sprechen von Verarmungstendenzen für die heutige Kindheit und Jugend, sehen aber auch, daß die um 1960 Geborenen sich nicht bewußtlos dem herrschenden gesellschaftlichen und politischen System unterwerfen. Sie fühlen sich von den etablierten Parteien schon lange – aber auch von den Eltern und Älteren verraten.

In der großen Studie „Jugend '81" des Jugendwerks Shell ist zusammengefaßt, was für einen großen Teil der heutigen Jugendlichen gilt[37]:

„– gehen anders mit Erwachsenen um: sie provozieren sie, meiden häufiger den Kontakt;
– mißtrauen aller Art von Autorität: der göttlichen ebenso wie der staatlichen oder der privaten (am ehesten noch arrangierten sie sich mit den vertrauten Erwachsenen aus dem Familienbereich);
– denken kurzfristiger, eher gegenwartsbezogen, sind sich nicht so sicher, wie es in ihrem Leben einmal weitergehen wird;
– sehen die Zukunft eher düster, die eigene wie die gesellschaftliche;
– leben riskanter, sind mehr vom persönlichen Scheitern bedroht;
– streben in jüngeren Jahren danach, sich möglichst rasch aus der kontrollierten und behüteten Familiensituationen zu lösen, machen gewisse Entwicklungsschritte früher (z.B. Liebe Jungen/Mädchen, abends ausgeben, selbständig Urlaub machen, von zu Hause ausziehen);
– lehnen konventionelle Lebensentwürfe häufiger ab, suchen eine individuelle Art des Erwachsenwerdens;
– stehen unkonventionellen, gegenkulturellen Lebensentwürfen nahe, wohnen häufiger in Wohngemeinschaften, lehnen Heiraten ab, verweigern häufiger die Übernahme von Elternrollen;
– beteiligen sich vermehrt an Protestbewegungen (Hausbesetzer, Umweltschützer, Antiatomkraft) und beziehen gegen konservative politische Strömungen Stellung; orientieren sich politisch vorwiegend an den Grünen oder stehen dem Parteiensystem überhaupt fern."

Der von uns beschriebene und analysierte neue Sozialcharakter zeigt also ein sehr gebrochenes, widersprüchliches Bild. Sein Entstehen ist das Ergebnis der Dynamik von Vergesellschaftungsprozessen, die sich in erster Linie an Verwertungsinteressen orientieren. Dieses setzt sich ungestüm durch, und sie stülpen auch die Gesellschaftsformation um. So ist es auch kein Zufall, daß der Umbruch der Kindheit in der Bundesrepublik mit dem Ende des Wiederaufbaus zusammenfällt, der gleichzeitig Ende des Wirtschaftswunders war (vgl. Altvater u. a. 1979). Vieles spricht dafür, daß eine neue Phase der gesellschaftlichen Entwicklung um das Jahr 1960 begonnen hat. Um 1960 setzen wir auch die Zeit an, ab welcher von einer neuen Generation gesprochen werden kann[38].

Eine Generation bestimmt sich nicht nur vom Alter her, sondern auch durch historisch einmalige Kindheitserfahrungen. Einmalige historische Konstellationen sind z.B. Kriegserfahrung, Nachkriegszeit, die Studentenbewegung, die ökologische Krise usw. (vgl. Preuß-Lausitz u.a. 1983). Aufgrund unserer bisherigen Analysen können wir zwei Generationen nach 1945 umreißen: Erstens die Generation der um 1940 Geborenen, die von der Nachkriegszeit geprägt wurden, und zweitens die Generation der um 1960 Geborenen, deren Kindheit von Wachstum, Wohlstand und Überfluß geprägt wurde.

Die 40er-Generation wird durch die Phase des „Kontrollochs" in der frühen Nachkriegszeit konstituiert, die 60er-Generation durch die Wachstumszeit.

Die beiden Generationen werden durch völlig unterschiedliche Kindheitserfahrungen gebildet. Dennoch finden wir auch etwas Gemeinsames: Beide Generationen protestierten. Bei der einen waren es die Halbstarken und später die Studenten, bei der anderen sind es die Beteiligten der sogenannten neuen Jugendrevolte.

Die um 1940 Geborenen wuchsen recht freiwüchsig und selbständig auf. Die Erwachsenen hatten unmittelbar nach dem Krieg wenig Zeit und so besaßen die Kinder relativ große Freiheit von sozialen Kontrollen. Als Jugendliche erhielten sie aber einen kräftigen Dämpfer in der „großen" Adenauer-Zeit. Das bürgerlich-kleinbürgerliche Leben mit seinen tradierten Erziehungsnormen und Erziehungsstilen setzte sich mit Macht und Autorität wieder durch. Randale und Krawall war die Antwort der Jugendlichen in den 50er Jahren. Es waren zumeist Arbeiterkinder, Halbstarke genannt. Die Mittelschichtkinder meldeten sich etwa zehn Jahre später und entfachten die Studentenrevolte.

Aber auch die um 1960 Geborenen erhielten als Jugendliche einen Dämpfer. Sie wuchsen in den 60er Jahren recht erwartungsvoll auf. Befreiung, Liberalisierung, Chancengleichheit – das waren Schlagworte dieser Epoche. Der Dämpfer kam mit den 70ern, den Krisenjahren. Jugendarbeitslosigkeit, Perspektivlosigkeit und Atomraketen führen bis heute immer wieder zu Protesten. (Bemerkenswert, daß die sogenannten 68er auch hier wieder dabei sind: als Projektemacher oder Bezugspersonen.)

Beide Generationen zeigen ihren Protest gegen die erfahrenen Dämpfer. Das ist das Gemeinsame; die Art und Weise des Protests ist hingegen völlig unterschiedlich. Unsere Untersuchungen blieben in diesem Zusammenhang im Bereich der materiellen und symbolischen Kultur, was wir jetzt noch einmal aufgreifen wollen.

Die vor 1960 Geborenen haben noch ähnliche Erinnerungen an die Ausstattung ihrer Kindheit wie die Nachkriegskinder; die Danachgeborenen nicht mehr. Bis 1960 mußte vor allem für die Deckung eines Bedarfs produziert werden, der Mangelbedarf war. Danach begann eine neue Epoche, die, wie immer man sie nennt, von Überflußproduktion und deshalb von Konsumdruck dominiert war, was zusammen mit dem Durchbruch der Massenmedien neue Voraussetzungen für das Aufwachsen von Kindern schuf und selbstproduzierte Erfahrungen durch Eigentätigkeit als hoffnungslos veraltet erscheinen läßt. Diese Schlußfolgerung aus den vorstehenden Analysen darf allerdings nicht kulturpessimistisch mißverstanden werden, etwa als Ende einer freiwüchsigen Kindheit oder als Zerfall von Kultur überhaupt. Das wird schon am Paradigma der Sozialisation nach dem Architektenmodell deutlich: Wenn ein Architekt alle Listen und Launen nutzt, vermag er auch aus Schund und Abfall ein ansehnliches Haus werden zu lassen; das gilt dann zu Recht als besonders respektable Leistung. Zudem besteht das kulturelle Angebot nicht nur aus Massenkultur, vielleicht nicht einmal zuvörderst, sondern genauso aus den überlieferten Gehalten der bürgerlichen wie der proletarischen Kultur, Resten einer höfisch-aristokratischen Orientierung und aus zahlreicher werdenden Sub- und Gegenkulturen[39]. Das Architekten-Kind findet also reichhaltig Material für den Aufriß von Selbstentwürfen, Lebensplänen und Weltbildern. Massenkultur verfügt also beileibe nicht über ein Monopol an Deutungen – aber es strebt danach, wie jeder Warenproduzent dies aus der immanenten Logik kapitalistischer Produktion tun muß.

Für die Einschätzung des Stellenwertes von Massenkonsum, Massenmedien und Massenkultur in der aktuellen Lebenswelt von Kindern ist vermutlich die Einsicht unverzichtbar, daß sie selber in sich widersprüchlich ist. Auch Massenkultur enthält wie immer auch geglättete oder verschüttete Momente, die über die bloß affirmative Seite hinausweisen. Doch wo liegen die Widersprüchlichkeiten und damit die Ansatzpunkte? Sie müssen im Gegenstand der Massenkultur selbst, also im Massenkonum und den Massenmedien, gesucht werden.

So hat Massenkonsum nicht nur problematische Seiten. Ihm wohnt auch ein Moment von Demokratisierung der Versorgung inne, d.h., auch ein Moment von Gleichheit. Die vielbeneidete elektrische Eisenbahn der Nachkriegszeit kann sich heute fast jeder leisten. Und daß Kinder Elektronikspielzeug beherrschen, sogar programmieren können, erweitert nicht nur deren Fähigkeiten, sondern nimmt vielen anderen die falsche Ehrfurcht vor der Computer Science.

Massenkonsum bereichert das Angebot und damit prinzipiell die Wahlmöglichkeiten. Auch wenn die Verwertungslogik zur Konzentration auf immer weniger Hersteller zwingt, so stellen diese doch eine reichhaltigere Produktionspalette her, zumindest liefern sie umfangreichere Ausstattungsvarianten als zuvor, was man wiederum gut an der Entwicklung der Spielzeugeisenbahn ablesen kann. Ebenso ist Standardisierung nicht nur Simplifizierung oder Reduktion. So wie es für uns alle erleichternd wäre, alle Taxenrufe in allen Städten zu vereinheitlichen, so käme es der Kinderwelt zugute, wenn Baukästen, Eisenbahnspuren oder alle möglichen Bedienungsanleitungen standardisiert würden.

Ausgeführt von Flucks These, daß Massenkultur Widersprüche und unterdrückte Wünsche ausspricht, ist nicht nur, wie es Fluck selbst vorzieht, zu folgern, daß Massenkultur sie im Sinne der herrschenden Wertvorstellungen auflöst; vielmehr zwingt genau dieser Widerspruch die Konsumkulturhersteller, bei Strafe der Überproduktion eine Vision eines besseren, leichteren, freundlicheren, fröhlicheren und bedürfnisgerechteren Lebens aufrechtzuerhalten. Das etabliert nicht nur eine Gegenbewegung zur anderweitig ausführlich analysierten Zeitökonomie, weil es an spontanes Fühlen und Handeln appelliert, es verleiht der Massenkultur auch etwas Befreiendes gegenüber den häufig schalen und tristen Klassenkulturen: Entertainment beinhalten eben auch Zwanglosigkeit, Vergnügen und Spaß. Dies macht nicht selten das Gespreizte, Unechte und Ideologische der überlieferten Kultur sichtbar.

Massenkultur ist verständlich, eingängig und scheinbar einfach. Es bedarf nicht der denkerischen Anstrengung bei der Entschlüsselung ihrer Botschaften, was, wie gezeigt, problematische Folgen für die Entwicklung von Denk- und Urteilsvermögen haben kann. Andererseits ist ein voraussetzungsloser Zugang zu Kulturgehalten geeignet, ungerechtfertigte soziale Privilegien zu unterlaufen, die darauf beruhen, den Erwerb abhängig zu machen.

Es geht nun sicherlich nicht darum, Kindern z.B. Comics oder Kassetten zu „vermiesen“ oder auszureden, sondern einen wachen Blick für deren immer wieder aufblitzende Kompetenz im Umgang mit den Medien zu behalten. Es geht auch nicht allein darum, Kinder durch eine Art kritisches Betrachten, durch Aufklärung zu bewußten Konsumenten zu erziehen.

Es geht vielmehr darum, die Eigentätigkeit zu fördern, um vor allem dadurch greifbare, primäre Erfahrungen in den Mediengebrauch mit einzubringen.

Das geht z.B., wenn Tonkonserven selbst hergestellt werden. Radio Bremen veranstaltete vor einigen Jahren einen Hörspielwettbewerb mit mehreren Themen. Von Kindern verfaßte Stücke zum Thema Familienärger zeigten, daß damit durchaus eigene Biografien und Identitätsfindungen aufgearbeitet wurden. Hingegen Stücke zum Thema Krimi verwiesen auf Klischees und bekannte Elemente der Fernsehkrimis[40].

Einmal mehr zeigt sich hier, daß mit Erfahrungen aus erster Hand, die eigentätig genutzt werden, die Dominanz vorgefertigter Bilder durchbrochen werden kann.

Ein solches Durchbrechen der Phantasiebesetzung durch die bildhafte Vermittlung, die, vom Fernsehen ausgehend, alle anderen Kindermedien durchfärbt, ist auch möglich, wenn man sich mit Bildern beschäftigt (also nicht durch die Ausschaltung der optischen Komponente). Zum Beispiel mit Comics: Durch Verfremdung und Umbauten (z.B. Tarzan und Heidi zusammenführen) wird die Scheinwelt von Comics vorgeführt. Oder aber auch durch selbst hergestellte Comics ohne Vorlagen, in denen eigene Wünsche verarbeitet werden, die dann möglichen kommerziellen „Super“-Gestalten vergleichbar gemacht werden[41].

Ebenso hat die Verbreitung der neuen audiovisuellen Massenmedien nicht nur die angewiesenen problematischen Aspekte. Die Fernsehgeräte und Videorecorder sind, wie schon hervorgehoben, auch ein Fenster zur Welt. Sie sind nur ein Vehikel bloß konsumistischer Aneignung. In der gleichen Sonderschule, in der die Kinder stets bei Sendeschluß zu Bett gehen, mag es vorkommen, daß ein Lehrer die Videogerätschaft nutzt, um mit den Schülern einen Film über eine Klassenfahrt zu drehen und zusammenzuschneiden. Die Schüler lernen dabei, wie man unterschiedliche Ausschnitte der Wirklichkeit aufnehmen und zu einem Bericht montieren kann und wie je nach Montageart unterschiedliche Lesarten der Wirklichkeit entstehen. Sie gewinnen dabei Einblick in die Produktionsweise des Fernsehens und damit auch in die Herstellung von Aneignungsmustern.

Überhaupt darf aus der Analyse der Problematik massenhaft mediatisierter Erfahrung nicht geschlossen werden, daß wir das Fernsehen am liebsten wieder aus der Lebenswelt verbannen würden, in die es ja erst vor verhältnismäßig kurzer Zeit eingetreten ist. Natürlich sehen auch wir uns ein Fußballspiel lieber im Fernsehen an, als daß wir uns eine Radioreportage anhören oder in der Zeitung einen Bericht darüber lesen. Und am liebsten sehen wir das Spiel live. Die Faszination des Fernsehens liegt wohl auch darin, daß sie die bisher konkurrenzlos beste Ersatzerfahrung liefert, die nur durch das Original zu übertreffen ist – und selbst da vermissen wir manchmal die Rückblende oder die Zeitlupe. Aber gerade das macht dieses Medium so verführerisch; es verleitet dazu, es der genuinen Wirklichkeit vorzuziehen – und es verleitet vor allem Kinder dazu.

Auch die Tendenz der Massenkultur und Massenmedien, sich alle möglichen, die „klassischen“ überlieferten wie die neuen, selbst die kritischen, an der Basis entstehenden Kulturen einzuverleiben und zu marktgängiger Ware zu verarbeiten, ist ambivalent, insofern sie nicht aufgehen kann. Die aufgesogenen und einverleibten Gehalte bleiben ein Stück sperrig und unverdaulich – sie signalisieren mit der massenkulturellen Botschaft gleichzeitig Reste eines anderen Bewußtseins. Eine hohle Geste eines Politikers im Parlament bleibt auch in einer noch so wohlfeil drapierten Fernsehsendung eine hohle Geste und ein Stück von Kroetz kann auch von den Massenmedien nicht gänzlich vereinnahmt werden. Solange es wider den Stachel lockende Kulturen gibt, verlieren sie auch bei massenkultureller Umarmung ihre Stacheligkeit nicht ganz; handelt es sich doch um eine Umarmung von Igeln.

Abgesehen von diesen internen Widersprüchlichkeiten massenkulturell infizierter Kindheit gibt es eine Gegenbewegung, die sich bewußt und direkt gegen die dargelegten Trends wendet und die sich in der Alternativbewegung manifestiert. Eigenarbeit statt Konsum ist ein Credo der Alternativbewegung, nicht nur der Bezeichnung, sondern auch der Sache nach der Eigentätigkeit gleichend. Eigenarbeit „setzt“ Bedeutungen, die aus der planenden und ausführenden Tätigkeit selber entstehen und die vorgeprägte durchbrechen. Selbstgemachte Alltagskultur ist ein anderes Credo, also Lebenspraxis, die von massenkulturellen Prägungen, in diesem Kontext meist Plastikkultur genannt, frei bleiben soll.

Ob die nach 1960 geborenen Kinder gegenüber den Nachkriegskindern günstigere oder schlechtere Bedingungen des Aufwachsens haben, läßt sich also theoretisch nicht entscheiden. Im Grunde ist beides der Fall – was auch die nie dagewesene Vielfalt an Jugendkulturen erklärt. Die Lage ist ambivalent, die Entwicklungslinien sind widersprüchlich. Es kommt darauf an, was Erzieher, Erziehungspolitik und nicht zuletzt die Aufwachsenden selbst daraus machen.

Anmerkungen

1 Groß, Eberhard: Geld in Kinderhänden. Stuttgart 1966, S. 29ff.
2 Spiegel 52/1977.
3 Bauer/Hengst: Wirklichkeit aus zweiter Hand. Reinbek 1980, S. 80.
4 Illich, I. (Hrsg.): Entmündigung durch Experten. Reinbek b. Hamburg 1979.
5 Vgl. Hengst u. a.: Kindheit als Fiktion. Frankfurt/M. 1981, S. 26.
6 Ende, Michael: Momo. Thienemann 1973, Klappentext.
7 Vgl. Hohn in Ästhetik und Kommunikation, 45/46, S. 91ff.
8 Laermann, K.: Alltagszeit. Kursbuch 41, S. 94.
9 Rabe-Kleberg, U./Zeiher, H.: Produktives Handeln und Lebensbedingungen. Manuskript des Max-Planck-Instituts für Bildungsforschung. Berlin 1981.
10 Linder, S. B.: Warum wir keine Zeit mehr haben. Gütersloh 1971, S. 21.
11 Ebenda, S. 13.
12 Klemann, K.: Alltags-Zeit. In: Kursbuch (1975) 41, S. 90.
13 Muchow, M./Muchow, H.: Der Lebensraum des Großstadtkindes. Hamburg 1935. päd.-extra Reprint. Bensheim 1978.
14 Bahrdt, H. P.: Sozialisation und gebaute Umwelt. In: Neue Sammlung 14 (1974) 3, S. 211–230.
15 Bahrdt, S. 230.
16 Ballerstedt, E./Glatzer, W.: Soziologischer Almanach. Handbuch gesellschaftlicher Daten und Indikatoren. Frankfurt/New York 1979, S. 327.
17 Funk, A.: Die Urbanisierung der bäuerlichen Dörfer. In: Brockmann, A. A. (Hrsg.): Landleben. Reinbek b. Hamburg 1977.
18 Ebenda, S. 248.
19 Holzapfel, H./Sachs, W.: So verwandeln sich Lebensräume in bloße Verbindungswege. In: Frankfurter Rundschau vom 24. 9. 1981.
20 Schivelbusch, G.: Geschichte der Eisenbahnreise. Zu Industrialisierung von Raum und Zeit im 19. Jahrhundert. München/Wien 1977.
21 Ebenda, S. 61.
22 Altvater u. a.: Vom Wirtschaftswunder zur Wirtschaftskrise, 2 Bände. Berlin 1980.
23 Vgl. päd. extra 12/82, S. 23.

24 Wilensky, Harold L.: „Mass Society and Mass Culture." In: American Sociological Review 29 (1964) 2, S. 173.
25 Clarke, John, u. a.: Subkulturen, Kulturen und Klasse. In: Clarke, J., u. a.: Jugendkultur und Widerstand. Frankfurt/M. 1979.
Cohen, Stanley, und Taylor, Laurie: Ausbruchsversuche – Identität und Widerstand in der modernen Lebenswelt. Frankfurt/M. 1980.
Steiner, Claude M.: Scripts People Live. New York 1974.
26 Cohen/Taylor, S. 55f.
27 Wir erinnern an die Kurseinheit I, in der die Psychoanalyse in ihrer Bedeutung zur Erklärung der „Innenseite" von Sozialisation hervorgehoben wird.
28 Adorno, Theodor W.: Aufsätze zur Gesellschaftstheorie und Methodologie. Frankfurt/M. 1970, S. 19f.
29 Ebenda, S. 36.
30 Daniel, Claus: Theorien der Subjektivität. Einführung in die Soziologie des Individuums. Frankfurt/M. 1981, S. 140.
31 Schülein, J. H.: Sinnprobleme in Industriegesellschaften am Beispiel der Jugendsekten. In: Schülein/Rammstedt/Horn/Leithäuser/Wacker/Bosse: Politische Psychologie. Entwürfe zu einer historisch-materialistischen Theorie des Subjekts. Frankfurt/M. 1981.
32 Ebenda, S. 23.
33 Ziehe/Stubenrauch: Plädoyer für ungewöhnliches Lernen. Reinbek 1982, S. 26.
34 Schülein: Sinnprobleme ..., S. 24.
35 Ebenda, S. 25.
36 Ebenda.
37 Jugendwerk der Deutschen Shell (Hrsg.): Jugend '81. Hamburg 1981, S. 18.
38 Es ist für uns noch nicht absehbar, ob die Kinder der 80er Jahre ebenfalls eine neue Generation bilden werden. Vieles spricht dafür.
39 Es gibt z. B. Eltern, die ihre Kinder anleiten, klassisches Theater aufzuführen. Es gibt auch Kinder, die Knickse einüben und einen Hauslehrer haben.
Das Kasperletheater ist vor allem bei proletarischen Kindern immer noch sehr beliebt.
40 Hengst/König/Niemann in päd. extra 11/1977.
41 Autorenkollektiv. Wir machen unsere Comics selber. In: Basis-Unterricht 3. Berlin 1974.

Literaturverzeichnis

Altvater, E., u.a.: Vom Wirtschaftswunder zum Wirtschaftswachstum. 2 Bände. Berlin 1977.

Ariès, Ph.: Geschichte der Kindheit. München 1988.

Argelander: Der Flieger. Frankfurt/M. 1972.

Bauer, K.W./Hengst, H.: Wirklichkeit aus zweiter Hand. Reinbek 1980.

BMJFG (Bundesminister für Jugend, Familie und Gesundheit) (Hrsg.): Kinderspielplätze. Bd. 1. Stuttgart u.a. 1976.

Braverman, H.: Die Arbeit im modernen Produktionsprozeß. Frankfurt, New York 1977.

Durkheim, E.: Erziehung, Moral und Gesellschaft. Neuwied 1973.

Edwards, R.: Herrschaft im modernen Produktionsprozeß. Frankfurt, New York 1981.

Ferenczi, S.: Schriften zur Psychoanalyse, Bd. 1. Frankfurt/M. 1970.

Flitner, A. (Hrsg.): Das Kinderspiel. München 1973.

Fluck, W. (Hrsg.): Comics. Opladen 1977.

Freud, S.: Studienausgabe. Bd. III, V, IX. Frankfurt/M. (Fischer-Verlag).

Geulen, D. (Hrsg.): Kindheit. Neue Realitäten und Aspekte. Weinheim/Basel 1989.

Haug, W.F.: Werbung und Konsum. Fernuniversität Hagen 1980.

Haug, W.F.: Produktion, Warenkonsumtion und Lebensweise. Fernuniversität Hagen 1981.

Heide, Chr.: Kind in Deutschland. Hamburg 1981.

Hentig, H. v.: Was ist eine humane Schule?. München, Wien 1977.

Hurrelmann, K./Ulrich, D. (Hrsg.): Handbuch der Sozialisationsforschung. Weinheim 1980.

Jugendwerk der Deutschen Shell: Jugend '81. 3 Bände. Hamburg 1981.

Keiler, P.: Das Aneignungskonzept A. N. Leontjews. In: Forum Kritische Psychologie 12. Berlin 1983.

Kohut, H.: Narzißmus. Frankfurt/M. 1973.

Laplanche/Pontalis: Das Vokabular der Psychoanalyse. Frankfurt/M. 1972.

Lasch, C.: Das Zeitalter des Narzißmus. München 1980.

Leis, W.: „Die Grenzen der Bedürfnisbefriedigung“. In: Technologie und Politik 2 (1979) 12, S. 128–151.

Leontjew, A. N.: Probleme der Entwicklung des Psychischen. Frankfurt/M. 1973.

Leontjew, A. N.: Psychologische Grundlagen des Spiels im Vorschulalter. In: Leontjew, A. N.: Probleme der Entwicklung des Psychischen. Frankfurt/M. 1923.

Leontjew, A. N.: Tätigkeit, Bewußtsein, Persönlichkeit. Berlin (DDR) 1979.

MAGS (Minister für Arbeit, Gesundheit und Soziales des Landes NW) (Hrsg.): Bericht über die Situation des Kindes in NW (Landes-Kinderbericht). Köln 1980.

Mahler, M. S.: Symbiose und Individuation, Bd. I. Stuttgart 1972.

de Mause, L. (Hrsg.): Hört ihr die Kinder weinen? Eine psychogenetische Geschichte der Kindheit. Frankfurt/M. 1977.

Mitscherlich, M.: Auf dem Weg zur vaterlosen Gesellschaft. München 1963.

Muchow, M./Muchow, H. H.: Der Lebensraum des Großstadtkindes. Bentheim 1980.

Negt, O./Kluge, A.: Öffentlichkeit und Erfahrung. Frankfurt/M. 1972.

Postman, N.: Teaching as a conserving acitivity. New York: Delacorte Press 1979.

Preuß-Lausitz, U., u.a.: Kriegskinder, Konsumkinder, Krisenkinder. Sozialisationsgeschichte seit 1945. Weinheim, Basel 1983.
Riedmüller, B.: Hilfe, Schutz und Kontrolle. Zur Verrechtlichung der Kindheit. In: Hengst u.a.: Kindheit als Fiktion. Frankfurt/M. 1981.
Röhr, W.: Aneignung und Persönlichkeit. Akademie Verlag Berlin (DDR) 1979.
Rolff, H.-G. (Hrsg.): Jahrbuch für Schulentwicklung 2. Weinheim, Basel 1982.
Rolff, H.-G.: Sozialisation und Auslese durch die Schule. Heidelberg 1980.
Rosenbaum, H.: Formen der Familie. Frankfurt/M. 1982.
Schneider, M.: Neurose und Klassenkampf. Reinbek 1973.
Shorter, E.: Die Geburt der modernen Familie. Reinbek 1977.
Statistisches Bundesamt (Hrsg.): Statistisches Jahrbuch 1989. Wiesbaden 1989.
Thompson. E.P.: Zeit, Arbeitsdisziplin und Industriekapitalismus. In: Gesellschaft in der industriellen Revolution. Köln 1973, S. 81–112.
Ulrich, O.: Weltniveau. Berlin 1979.
Weber-Kellermann, I.: Die Familie. Geschichte, Geschichten, Bilder. Frankfurt/M. 1976.
Wendorf, R.: Zeit und Kultur. Opladen 1980.
Winn, M.: Die Drogen im Wohnzimmer. Reinbek bei Hamburg 1979.
Ziehe, Th.: Pubertät und Narzißmus. Frankfurt/M. Köln 1975.
Ziehe, Th./Stubenrauch, H.: Plädoyer für ungewöhnliches Lernen. Reinbek 1982.

Glossar

affektiv
Das Gefühl bzw. die Gefühle betreffend.

Anthropologie
Wissenschaft bzw. Lehre vom Menschen. Man unterscheidet heute hauptsächlich zwischen der philosophischen A. und der naturwissenschaftlich verfahrenden biologischen A. Die A. im allgemeinsten Sinne ist eine integrative Wissenschaft, die Methoden und Ergebnisse anderer Wissenschaften aufnimmt und verarbeitet.

Curriculum
Begriff aus der Pädagogik, der in der BRD 1967 von S. B. Robinsohn eingeführt wurde. Das Curriculum bestimmt das Was der Erziehung, die Lernziele und den Inhaltsbereich.

deskriptiv
Beschreibend (meist im Unterschied zu erklärend, deutend, verstehend u. ä.).

Dyade
„Zweiheit", beschreibt eine enge soziale Beziehung, z. B. von Mutter und Kind.

Entwicklungspsychologie
Die Teildisziplin der Psychologie, die sich mit der Entwicklung und Entstehung der Psyche des Menschen von der frühen Kindheit bis ins Alter beschäftigt; seit einiger Zeit wird die Sichtweise der traditionellen E. durch die der Sozialisationsforschung (s. d.) ergänzt.

Eigentätigkeit
Ist die intensivste Form der Aneignung von Erfahrungen und dessen, was sie bedeuten. Eigentätigkeit spricht je nach Umständen alle Sinne an und macht den Produktionsprozeß durchsichtig. Eigentätigkeit schließt auch die Planung und Herstellung eines Gegenstandes ein und somit Abarbeitung an der Widerständigkeit der objektivierten Welt. Sie ist kein Maßstab der Ausschließlichkeit, kein Alternativbegriff, sondern ein Maß der Intensität der Aneignung.

Es
Psychoanalytische Bezeichnung für die Energie und Kräfte der Persönlichkeit eines Menschen, die triebhaft angelegt, sich einer „bewußten" Kontrolle und Beherrschung entziehen.

Generationen
Bevölkerungsstatistisch der durchschnittliche Abstand zwischen den Geburtsjahren der Eltern und ihrer Kinder. Bei einem durchschnittlichen Heirats- und Zeugungsalter von 20 Jahren gehen z.B. in 100 Jahren aus der Geburtenfolge 5 Generationen hervor. Da das Heirats- und Zeugungsalter wesentlich von den Lebensverhältnissen und kulturellen Normen einer Gesellschaft bestimmt wird, ist die Generationenfolge sozial determiniert. Soziologisch ist die Generation die Gesamtheit aller ungefähr gleichaltrigen Personen, die ähnliche kulturelle und soziale Orientierungen, Einstellungen und Verhaltensformen aufweisen. In stände- oder in erster Linie primärgruppenorientierten Gesellschaften leben mehrere Generation in engem, institutionell geregeltem und darum relativ konfliktlosem Kontakt. Die überwiegend statische Kultur dieser Generationen läßt die Generationen in der Sozialisation

insbesondere im Familienverband voneinander abhängig sein. In dynamischen, komplexeren, arbeitsteiligen Industriegesellschaften mit überwiegend sekundärgruppenorientierten Strukturen müssen heranwachsende Generationen frühzeitig aus ihren primären Herkunftsgruppen heraustreten, um sich auf neue, spezialisierte, oft bisher unbekannte Leistungen vorzubereiten. Öffentliche Lebenseinrichtungen und familienübergreifende soziale Beziehungen schaffen die Voraussetzungen für altersorientierte selbständige Gruppenbildung.

Das Verhältnis der Generationen ist immer auch ein Herrschaftsverhältnis (Autorität), das u.a. an die Verteilung der sozialen Rollen nach Lehren und Lernen, nach Besitz- und Verfügungsrechten an Produktions- und Konsumtionsmitteln sowie nach Möglichkeiten der Selbst- und Fremdbestimmung des sozialen Verhaltens geknüpft ist.

Genese
Entstehung, Entwicklung, genetisch: von der Entstehung bzw. Entwicklung her.

Ich
Bezeichnung der Theorie der Persönlichkeit für die Gesamtheit der einem Individuum an und von sich „bewußten" Ordnungs- und Bezugspunkte, die seine Orientierung und damit sein Handeln in bezug auf bestimmte materielle und soziale Gegebenheiten seiner Umwelt mitbestimmen, damit aber auch seine Möglichkeiten zur Aufnahme und Auswertung von Erfahrungen aus Aktivitäten der Umwelt steuern und begrenzen.

Nach Ansicht der Psychoanalyse entwickelt sich das Ich als Produkt der Auseinandersetzungen zwischen den beiden anderen tiefenpsychologischen unterschiedenen Persönlichkeitsschichten: dem Es und dem Über-Ich als den „Instanzen" des Unbewußten, Triebhaften und des moralischen Gewissens.

ikonisch
Bedeutet frei übersetzt „bildhaft". Ein ikonischer Gegenstand ist z. B. eine Fotografie.

intentional
Absichtlich, einer bewußten Absicht nach.

Interaktion
Wechselwirkung (zwischen mindestens zwei Größen); im statistisch-mathematischen Sinne: Wirkung, die durch das gemeinsame Auftreten mehrerer Bedingungen als solches zustandekommt (z. B. Bildung als Ergebnis einer Wechselwirkung von Anlage- und Umweltfaktoren); im soziologischen Sinne: Wechselseitig aufeinander gerichtetes und als solches bewußtes Handeln mehrerer Subjekte, z. B. beim Gespräch oder bei gemeinsamer Arbeit.

Internalisierung
Verinnerlichung, die Hereinnahme von „äußerer" Kontrolle (Norm, Rolle, Sanktion) und Lebens- und Moralauffassungen (derjenigen Personen, mit denen sich der „Sozialisierte" identifiziert) in die eigene Bedürfnisdisposition oder Motivation.

kognitiv
Auf Erkenntnis, im engeren Sinne Wahrnehmung und denkendes Erfassen bezogen.

Kultur
(lat.), ursprünglich „Ackerbau", später allgemein „Veredelung", „Pflege", „Vervollkommnung"; die Gesamtheit der Lebensformen, Leitvorstellungen und der durch menschliche Aktivitäten geformten Lebensbedingungen einer Bevölkerung in einem historischen und regional abgrenzbaren (Zeit-)Raum. Zur Kultur gehören: alle (von vorausgegangenen Generationen) übernommenen und im Prozeß der Weiterentwicklung und Veränderung befindlichen materiellen Gestaltungsformen der Umwelt (Bauten, Werkzeuge, Geräte); das Wissen und die Nutzung von gesetzmäßig ablaufenden Naturprozessen einschließlich des menschlichen Lebens (Wissenschaft und Technik); alle Ideen, Werte, Ideale und Sinngebungen; die Methoden und Institutionen des Zusammenlebens (Gesellschaft).

Nach dem Verständnis des Birminghamer „Centre for Contemporary Cultural Studies" ist Kultur Ausdruck der gelebten Praxis. In dem Kurs bestimmen wir Kultur hiervon ausgehend als Praxis, aus der Bedeutungen herausgelassen werden können und wobei der Praxis auch Bedeutungen gegeben werden.

Lebenswelt
Zentraler Begriff der Phänomenologischen Soziologie, der auch in phänomenologisch beeinflußten Richtungen der neueren Soziologie (Ethnomenthodologie, Symbolischer Interaktionismus, Verstehende Soziologie) zunehmende Bedeutung gewinnt. Wissenschaftlich besteht noch Uneinigkeit darüber, inwieweit sich Lebenswelt mit verwandten Begriffen wie Alltagswelt, alltägliche Lebenswelt, Welt der natürlichen Einstellung, selbstverständlich hingenommene Weltordnung, alltägliches Gewohnheitshandeln, soziokulturelle Umwelt deckt. Der Lebensbegriff wurde in bewußter Abgrenzung gegenüber dem einseitig objektivierenden, rational-quantifizierenden Weltbild der Naturwissenschaften von E. Husserl geprägt. Er bezeichnet mit Lebenswelt den Boden und Letzthorizont aller höherstufigen Sonderwelten. Diesem grundlegenden, umfassenden Bereich der Lebenswelt, auf den das Bewußtsein ausgerichtet ist, gehören alle Menschen in vorwissenschaftlicher, „natürlicher Einstellung" an. Lebenswelt erhält ihren Sinn – nicht ihre Existenz – von den sinnstiftenden, konstitutiven Leistungen des Menschen. Als das selbstverständlich Vorausgesetzte bildet Lebenswelt nicht nur die vorwissenschaftliche Basis, sondern auch die Sinngrundlage für alle Wissenschaften. Der bei Husserl nicht eindeutig und klar bestimmte Lebensbegriff ist im Zuge der Übernahme durch die Soziologie in seinem Bedeutungsinhalt noch vielfältiger und uneinheitlicher geworden, insbesondere durch Verknüpfung mit dem Alltagsbegriff. So bezieht sich der Begriff der alltäglichen Lebenswelt vor allem auf den jenseits abstrakter wissenschaftlicher Theorien liegenden, subjektiv und gruppenspezifisch ausgeprägten Bereich des alltäglichen, weitgehend selbstverständlichen, traditionalen Wissens (Alltagswissen), Handelns und Erlebens konstruktiv-aktiver Menschen. Zu dieser geschichtlich-soziokulturellen mannigfaltig ausgeformten Erfahrungswelt der „kleinen Leute" bzw. „einfachen Menschen" zählen u. a. Wertvorstellungen, Normen, Gewohnheiten, Routine, Interaktionsmuster, Arbeit, Machtunterschiede, Konsum, Freizeit, Familienleben.

Libido
Heißt im Lateinischen Lust, Wunsch und bezeichnet in der Psychoanalyse die psychische Energie im Hinblick auf ein Objekt und dem Ziel der Befriedigung. Bei Freud hat die Libido eine vorherrschende Bedeutung als sexueller Wunsch.

Massenkultur
Ist Kultur, die nicht in der Lebenspraxis, sondern kulturindustriell erzeugt wird. Massenkultur wird für einen Markt produziert und ist nach den Verwertungschancen orientiert. Leitmotiv ist also das Profitmotiv. Massenkulturelle Bedeutungen entstehen nicht in der Praxis, sondern sind vorgegeben, d.h. die Muster der Aneignung von Kultur sind bei Massenkultur festgelegt.

Medienverbund
Ein solcher Verbund erfaßt fast vollständig den Markt. Von einem Produkt ausgehen, z. B. „Sesamstraße", „Heidi" usw., werden unzählige Zusatzartikel produziert. Das Leitprodukt ist zumeist aus dem Fernsehen bekannt. Zur „Biene Maja" werden im Medienverbund z. B. Schallplatten, Kassetten, Comics, Bücher, Malhefte, Plüschtiere, Aufkleber, Kartenspiele, Zeichenschablonen u. v. m. angeboten.

Narzißmus, primär, sekundär
Narzißmus beschreibt die Liebe, die man dem Bild von sich selbst entgegenbringt.

Der primäre Narzißmus bezeichnet einen sehr frühen Zustand in der kindlichen Entwicklung, in dem das Kind sich selbst mit seiner ganzen Libido besetzt.

Der sekundäre Narzißmus bezeichnet eine Rückwendung der Libido, die schon für Objektbesetzungen eingesetzt war. Die Libido kehrt in das Ich zurück.

Neurose
Bezeichnung für Symptome, die symbolischer Ausdruck eines psychischen Konflikts sind. Dieser Konflikt hat seine Wurzeln in der Kindheitsgeschichte des Subjekts. Die Symptome einer Neurose sind Kompromißbildungen zwischen dem Wunsch und der Abwehr.

ontogenetisch
Die Keimesentwicklung, Entwicklungsgeschichte des einzelnen Lebewesens.

peer-group
Gruppe von „Gleichen". Bezeichnung der Jugendsoziologie für Gruppen von gleichaltrigen Jugendlichen, die dem einzelnen Individuum beim Übergang von der familienbezogenen und -geprägten Kindheit zum vollen Erwachsenen soziale Orientierung und soziale Kontrolle bedeuten. In der peer-group manifestiert sich in besonderer Weise jugendliche Subkultur.

phylogenetisch
Die Entstehung der Arten (der Lebewesen) betreffend. Phylogenie: Entstehung der Arten.

Professionalisierung
Beschreibt einen Prozeß, in welchem es einer bestimmten Berufsgruppe (in diesem Kurs vor allem Erzieher, Lehrer, Sozialpädagogen) gelingt, ihre Kompetenz in einem Bereich (hier: Betreuung, Erziehung) gesellschaftlich akzeptiert zu monopolisieren. Mit der Professionalisierung geht die Verwissenschaftlichung, Akademisierung und Verfachlichung einher, was einen Typus von spezialisiertem Expertenwissen konstituiert.

Rezeption
(lat.) Aufnahme, Übernahme. Rezeption erfolgt durch Zuhören, Lesen, Fernsehen, Bilder betrachten in jeweils aufnehmender Weise.

Repetitive Detailarbeit
Begriff aus der Arbeitswissenschaft. Er beschreibt die Zerteilung eines Arbeitsvorgangs, z. B. die Anfertigung eines Schuhs, eines Autos usw., wobei einem Arbeiter ein einzelner Handgriff zugewiesen wird, den er immer gleich und endlos ausführen muß (Beispiel Fließbandarbeit).

Schicht, soziale
In einer Gesellschaft die Gesamtheit der Individuen mit ähnlichen die Lebenslage bestimmenden Merkmalen (s. auch sozialer Status). Dem Begriff der S. liegt die – nicht unbestrittene – Annahme zugrunde, daß die feststellbaren sozialen Ungleichheiten in einem theoretischen Modell erfaßt werden können, nach dem Gesellschaft aus mehreren übereinandergelagerten Schichten besteht. In der empirischen Soziologie werden hauptsächlich Einkommen, Berufsprestige, Bildungsniveau, teilweise auch Besitz an höheren Konsumgütern als Merkmale der Schichtenzugehörigkeit verwendet. In der Literatur werden meist 5- oder 7-Schichten-Modelle angenommen. Die in der Sozialisationsforschung übliche Rede von „Mittelschicht" und „Unterschicht" stellt eine Vereinfachung dar.

Sozialisationsforschung
Erfahrungswissenschaftliche Forschungsrichtung, die die Entwicklung und Veränderung von Persönlichkeitsmerkmalen in Abhängigkeit von gesellschaftlichen Umweltbedingungen (Familie, Schule, Beruf u. a.) untersucht. Sie berührt Fragen u. a. der Psychologie, Soziologie und Erziehungswissenschaft.

Suburbs
Sind Vorstädte im modernen Sinne.

Trabantenstädte
Sind dadurch gekennzeichnet, daß
- es sich um reine Wohngebiete am Stadtrand handelt, die in weiter Entfernung zu den Versorgungszentren der Innenstadt liegen;
- sie als eine größere Zahl von Wohnblocks einheitlich geplant und errichtet wurden;

- sie aufgrund ihres geringen Alters moderne, gut augestattete Wohnungen aufweisen;
- viele Frei- und Rasenflächen vorhanden sind;
- für die ordnungsgemäße Abwicklung des Pkw-Verkehrs viel Straßen- und Parkplatzfläche zur Verfügung steht;
- trotz der Finanzierung im Rahmen des sozialen Wohnungsbaus die Neubaumieten relativ hoch liegen;
- insbesondere in der Anfangszeit viele jüngere Familien mit kleinen Kindern dort wohnen.

(Vgl. Rösner/Tillmann: Schule in der Trabantenstadt. In: Rolff/Klemm/Tillmann: Jahrbuch der Schulentwicklung, Band 2, S. 182. Weinheim 1983.)

Über-Ich
Super-Ego, Bezeichnung für die durch Sozialisation und Internalisierung in der Struktur der Persönlichkeit verankerten kulturellen und moralischen Grundnormen der umgebenden und Autorität darstellenden Gesellschaft. Das Über-Ich wirkt quasi als psychische Kontrollinstanz.

Widerspruch
Beschreibt einen Gegensatz in der Sache selbst. Ein Widerspruch ist also kein Paradox und ist nicht Ausdruck von Unlogik.

Bildnachweis

Die Fotos auf den Seiten 56 und 68 (oben) sind von Frau Prof. Dr. Ingeborg Weber-Kellermann zur Verfügung gestellt worden.

Die Karikaturen auf den Seiten 73, 75, 76, 77, 108, 109, 110, 113, 115, 117 stammen von Marie Marcks (entnommen aus: Vatermutterkind. Heidelberg, 3. Aufl. 1982).